Schriftenreihe Geschichte & Frieden – Bd. 18
Hg. von Dieter Riesenberger und Wolfram Wette

In der *Schriftenreihe Geschichte & Frieden* erscheinen Darstellungen, Biografien, Dokumentationen, Streitschriften und Abhandlungen, die mit dem Problemfeld Krieg und Frieden zusammenhängen. Gegenstand der Veröffentlichungen sind bedeutende Pazifist/Innen, Friedensgruppen und -organisationen sowie übernationale Institutionen, deren Ziel es war, Krieg zu verhindern und Frieden zu fördern. Das Interesse gilt zugleich Kriegsursachen, Erscheinungsformen der Gewalt und des Militarismus, der Rolle des Militärs, den Problemen von Rüstung und Abrüstung in der Geschichte und innergesellschaftlichen Konflikten. *Geschichte & Frieden* möchte einen Beitrag zur historisch-politischen Aufklärungs- und Bildungsarbeit leisten und Autoren und Lesern ein Forum bieten, die eine wichtige Aufgabe darin sehen, die Probleme des Friedens in ihrer historischen Dimension begreifen zu lernen.

Moritz Pfeiffer

Mein Großvater im Krieg 1939-1945

Erinnerung und Fakten im Vergleich

Mit einem Geleitwort
von Wolfram Wette

und einem Nachwort
von Helmut Donat

Donat Verlag

Bibliografische Information der Deutschen Bibliothek

Die Deutsche Bibliothek verzeichnet diese Publikation in der Deutschen Nationalbibliografie; detaillierte bibliografische Daten sind im Internet über http://dnb.ddb.de abrufbar.
ISBN 978-3-943425-02-4

Das Bild auf dem Umschlagtitel zeigt Soldaten der Roten Armee vor dem Überqueren der Wolga – Ausschnitt aus einem Gemälde von W.K. Dmitriewsky.

Borgfelder Heerstraße 29 · D-28357 Bremen
Telefon: (0421) 1733107 und 274886 Fax: (0421) 275106
E-Mail: info@donat-verlag.de

Lektorat: Helmut Donat, Bremen
Layout und Umschlaggestaltung:
hofAtelier Toni Horndasch, Bremen
Druck: Graspo CZ, a.s., Zlin

Inhalt

Geleitwort von Wolfram Wette 7
Großvaters Kriegserinnerungen unter
der Lupe des Historiker-Enkels

Einleitung 17

„Die wollten uns kaputtmachen" –
Kindheit in der Weimarer Republik 31

„Da habe ich mich nach vorne geschoben" –
Im Jungvolk: die Jahre bis 1939 39

„Man hatte den Verdacht, dass die SS
rücksichtslos vorging" – In Polen 51

„Der weiße Staub der Champagne" –
Krieg gegen Frankreich 60

„Ich hatte das letzte deutsche Pferd im Regiment" –
Überfall auf die Sowjetunion 68

„Ich gehe nicht in russische Gefangenschaft" –
Auf dem Weg nach Stalingrad 86

„Anständig und lebend da rauskommen" –
Bombenkrieg und Besatzung in Frankreich 121

„Nach vorne schauen und anpacken" –
Untergang, Gefangenschaft, Neuanfang 137

„Mein Bruder hat unter seiner Aufgabe gelitten" –
Siegfried bei der Waffen-SS 148

Schlussbetrachtung 163

Nachwort von Helmut Donat 177
Mütter und Großmütter, Väter und Großväter:
„Mit den Nazis nie etwas am Hut gehabt"?

Anmerkungen 185

Quellen und Literatur 204

Dank 213

Die Autoren 214

Geleitwort von Wolfram Wette

Großvaters Kriegserinnerungen unter der Lupe des Historiker-Enkels

Es ist nicht gerade alltäglich, dass ein Enkel im Rahmen seines Studiums der Geschichtswissenschaft eine Magisterarbeit über die Rolle seiner eigenen Großeltern im Zweiten Weltkrieg schreibt. Vielleicht handelt es sich sogar um den ersten Versuch dieser Art. So ist nicht auszuschließen, dass es sich um eine exemplarische intergenerationelle Auseinandersetzung handelt, die zum Nachdenken anregt. Während die Kommunikation zwischen Angehörigen der Kriegsgeneration und ihren Kindern in der Regel nicht stattfand,[1] zeigen sich Großväter und Großmütter gegenüber ihren Enkeln nicht selten offener. Ohne die Gesprächsbereitschaft des Großvaters und der Großmutter von Moritz Pfeiffer hätte das vorliegende Buch nicht entstehen können.

Aus Umfragen von heute ist uns bekannt, dass Jugendlichen die wesentlichen Fakten über die Zeit des Nationalsozialismus sehr wohl geläufig sind und sie die historische Last, die mit diesem Wissen verbunden ist, zu mildern suchen, indem sie einen eigenen Opa imaginieren, der „kein Nazi“ oder gar „irgendwie widerständig“ war.[2] Ist Opa kein Nazi gewesen, empfinden die Enkel das als tröstlich. Er gehörte dann nämlich zu den Guten, an die man sich gern erinnert. Wenn er gar erkennbar Distanz gehalten hat – „Bei uns waren sie immer dagegen!“ –, avanciert er in ihrer Erinnerung schnell zum Helden, auf den man stolz sein kann, weil man selbst an etwas Positives denken will. Wie

---

1 Vgl. Gesine Schwan: Politik und Schuld. Die zerstörerische Macht des Schweigens, Frankfurt am Main 1997.

2 Harald Welzer/Sabine Moller/Karoline Tschugall: „Opa war kein Nazi“. Nationalsozialismus und Holocaust im Familiengedächtnis, Frankfurt am Main 2002.

man sieht, verbindet sich bei den Jugendlichen das historische Wissen – wie lückenhaft auch immer es sein mag – ganz selbstverständlich mit den moralischen Bewertungsstandards von heute. Etwas Denunziatorisches ist darin nicht zu erkennen, eher die Bereitschaft zum Lernen aus der Geschichte.

Opas und Enkel kommen im Allgemeinen leichter miteinander zurecht als Eltern und Kinder, die oft Kräfte raubende Reibungskonflikte durchzustehen haben. Häufig schlägt sich das auch in der innerfamiliären Geschichtsbetrachtung nieder. Die Sehnsucht der Alten, nicht als Täter angesehen zu werden, sondern als Opfer von Krieg, Bombardierungen, Verfolgung und Vertreibung, wird von den Enkeln leichter erfüllt als von den Kriegskindern. Die historisch-politischen Protagonisten der ersten Nachkriegsgeneration, besonders die Achtundsechziger, betrachteten es als ihre Aufgabe, das Schweigen der Eltern durch die schonungslose Aufklärung über die Verbrechen der Nazi-Zeit zu brechen. Dabei handelte es sich um einen Kraftakt, der notwendig war, und der wohl kaum einer anderen Generation in dieser Weise abverlangt wurde. Es ist nicht zu erwarten und auch nicht erforderlich, dass die jüngeren Generationen von heute ebenfalls eine solche Leistung erbringen. Denn die alten Gefechte sind ausgefochten und die Jüngeren werden in der Fortschreibung der Erinnerungskultur andere Schwerpunkte setzen. Es ist nicht auszuschließen, dass sich einige unter den Jungen sogar anschicken, sich mit den Alten gegen die kritischen Eltern zu verbünden.

Als er seine Forschungsarbeiten begann, musste sich der junge Geschichtswissenschaftler Moritz Pfeiffer über seinen eigenen Standort Klarheit verschaffen. Würde ihn seine Rolle als Enkel im Verlaufe der Recherchen über seine Großeltern in unlösbare Gewissenskonflikte zwischen der Familienloyalität auf der einen Seite und dem Streben nach wissenschaftlicher Seriosität auf der anderen stürzen? Tatsächlich blieb Pfeiffer die Erfahrung nicht erspart, dass die Beschäftigung mit der eigenen nationalsozialistischen Familiengeschichte „unangenehm und schmerzhaft“ sein kann. Er hat sich jedoch in keiner Phase in den Fallstricken, die sich aus der Befassung mit seiner Familienbiographie ergeben konnten, verheddert. Sein selbst gestecktes Ziel, eine „innerfamiliäre Vergangenheitsaufarbeitung“ nach wissenschaftlichen Kriterien zu leisten, hat er überzeugend eingelöst. Notwendig hierfür war erstens ein fundiertes Wissen über die

NS-Zeit und den Zweiten Weltkrieg, also eine intensive Auseinandersetzung mit der Forschungsliteratur, und zweitens eine gute Quellenlage. Dem Autor lagen zeitgenössische Aufzeichnungen und Briefe seiner Großeltern im Original vor. Außerdem befragte der Enkel im Jahre 2005 den Großvater Hans Hermann K., Jahrgang 1921, Berufsoffizier, systematisch nach seinen Erinnerungen an den Krieg und hielt dessen Antworten in ausführlichen Wortprotokollen fest. Dabei zeigte sich einmal mehr, dass er als Angehöriger der sogenannten dritten Generation unbefangener nachzuhaken vermochte, als dies einem Angehörigen der zweiten Generation in der Regel möglich gewesen ist. Während seines Studiums der Geschichte an der Universität Freiburg, in dem er sich auch mit der Wehrmacht und ihrer Rolle im Zweiten Weltkrieg beschäftigte, entwickelte Moritz Pfeiffer schließlich die Idee, die sogenannten „Ego-Dokumente“, also die Feldpostbriefe und die persönlichen Erinnerungen des Großvaters, mit den erhalten gebliebenen Akten der Wehrmacht zu konfrontieren, die sich im Bundesarchiv-Militärarchiv (BA-MA) in Freiburg befinden. Damit stand ihm eine weitere Quelle zur Verfügung, die es ihm ermöglichte, Kriegssituationen zu beleuchten, die der Großvater entweder nicht mehr erinnern konnte oder aber nicht mehr erinnern wollte. Schließlich war Pfeiffer bestrebt, durch stetiges Nachfragen innerhalb der Familie besser zu verstehen, wie es zu der Katastrophe des Zweiten Weltkrieges und der Ermordung von Millionen von Menschen in den Vernichtungslagern kommen konnte.

Aus dem reichhaltigen, in den Interviews mit dem Großvater angesprochenen Erinnerungsstoff wählte Pfeiffer neun Themen aus, die sowohl in biographischer als auch in kriegshistorischer Hinsicht von Bedeutung sind: 1. Die Kindheit des Großvaters in der Weimarer Republik. 2. Seine Jahre im Jungvolk bis 1939. 3. Wie der Großvater den Kriegsbeginn in Polen erlebte. 4. Der Krieg gegen Frankreich. 5. Der Überfall auf die Sowjetunion. 6. Der Weg nach Stalingrad. 7. Bombenkrieg und Besatzung in Frankreich. 8. Untergang, Gefangenschaft und Neuanfang. Gelegentlich kommt auch die führergläubige Großmutter Edith in den Blick. Im 9. Kapitel setzt sich der Autor zudem mit der Rolle des NS-begeisterten Bruders seines Großvaters auseinander, der sich als Siebzehnjähriger freiwillig zur Waffen-SS meldete, und dessen Spuren nach Auschwitz-Birkenau und das kaum bekannte Durchgangslager Debica führten.

Über den im Krieg vermisst Gemeldeten kursierten in der Familie nur unklare Informationen.

Der Enkel/Autor machte die Erfahrung, dass wiederholtes Nachfragen den Erkenntnisgewinn erheblich zu steigern vermochte: So leugnete der Großvater in Bezug auf den Krieg gegen Polen 1939/40 zunächst reflexhaft, von deutschen Verbrechen gewusst zu haben. Die Wehrmacht habe sich dort nichts zu Schulden kommen lassen. Dann räumte er ein, gerüchteweise schon etwas gehört zu haben, um schließlich zu dem Eingeständnis zu gelangen: Ja, das mörderische Vorgehen der SS war bekannt. Bei den Erinnerungen des Großvaters an den Krieg gegen Frankreich entdeckte der Enkel die „quasi völlige Ausklammerung von konkreten Kriegerlebnissen", woraus er schließt, dass sie für den Opa „viel eher nicht *erzählbar* als nicht *erinnerbar*" waren.

Hellhörig wurde der forschende Enkel, als der Großvater auf die Frage nach der Anwendung der „verbrecherischen Befehlen" im Vernichtungskrieg gegen die Sowjetunion auswich: „Es hat aber keinen Zweck, jetzt so ins Detail zu gehen." In den Akten des BA-MAs fand Pfeiffer u. a. einen Ic-Bericht der 79. Infanterie-Division, der sein Großvater 1941 angehörte. Dort heißt es: „Im Rahmen der ergangenen Befehle zur Partisanenbekämpfung wurden herumstreunende Zivilisten, Saboteure und Spionageverdächtige erschossen bzw. erhängt." Darauf wollte der Großvater nicht angesprochen werden. Er schien die Verbrechen aus seiner Erinnerung gestrichen zu haben, ebenso die Verwundung oder den Tod eigener Kameraden.

Insgesamt gelangt der Autor zu der – ihn durchaus beunruhigenden – Einsicht, „dass meine Großeltern die Frage nach *‚Chronologie und Kausalität der Grausamkeiten'* weder 1943 noch 2006 gestellt oder beantwortet haben". Auch waren und blieben sie unsensibel gegenüber den Leiden der Opfer. Der Enkel stuft seine „respektierten und geliebten" Großeltern im Rückblick unter moralischen Gesichtspunkten als „belastet" ein: „Meine Großeltern waren zeit- und teilweise Augenzeugen, ja sogar mit ausführendes Organ eines Vernichtungskrieges und Genozids unvorstellbaren Ausmaßes."

Als Historiker argumentiert Moritz Pfeiffer quellennah, kenntnisreich, problembewusst und unprätentiös. Er gefällt sich nicht in der Pose des Anklägers, sondern beschränkt sich auf die Rolle des sensiblen, aber zugleich hartnäckigen und wissbegierigen Rechercheurs. So gelingt es ihm, an einem familiengeschichtlichen Beispiel die Mechanismen von Erinnern, Vergessen und Verdrängen einsehbar zu machen.

Das Spannungsfeld zwischen dem Großvater, dem ehemaligen Berufsoffizier, und dem Enkel, dem Studenten der Geschichtswissenschaft, war zunächst einmal durch die Frage nach den Fakten abgesteckt. Trotz aller Behutsamkeit, die Großvater und Enkel im Umgang miteinander an den Tag legten, trat irgendwann auch die Frage der Bewertung der Fakten auf, also das Problem des moralischen Urteils. Vielfach haben Angehörige der Kriegsgeneration den Jüngeren die ebenso populäre wie irritierende Frage gestellt: Und wie hättest du dich verhalten? Womit der Ältere indirekt – und mit warnendem Unterton – sagen wollte: Hüte dich vor vorschnellen moralischen Urteilen über unser damaliges Verhalten. Denn es wäre doch nicht auszuschließen, dass du dich in der gleichen Lage ebenso verhalten hättest wie wir seinerzeit. Der solchermaßen angesprochene junge Mensch fühlte sich dann verunsichert und in Selbstzweifel verstrickt. Schon das ist Grund genug, sich mit dieser Problematik näher auseinander zu setzen. Ist besagte Frage gerechtfertigt? Bringt sie einen Erkenntnisgewinn? Wem nützt, wem schadet sie?

Auf einer Tagung der Würzburger Akademie Frankenwarte Mitte der 1990er Jahre wurden neuere Forschungsergebnisse über die Wehrmacht und den Holocaust erörtert. In der Diskussion attackierte ein weißhaariger Herr, der sich als ehemaliger Angehöriger der Wehrmacht zu erkennen gab, einen jungen Teilnehmer mit eben dieser Frage: „Und wie hätten Sie sich damals verhalten?" Dem jungen Mann verschlug es zunächst die Sprache, weil er sich als konstruktiver Diskussionspartner auf das Ansinnen einzulassen versuchte, jedoch alsbald merkte, dass er nicht in der Lage war, eine Antwort zu geben. Statt seiner ergriff damals Susanne Miller das Wort, die bekannte Bonner Professorin für Geschichte und vormalige jüdische Emigrantin.[3] Sie trug mit erkennbarer Erregung vor, das sei eine ganz unpassende und falsche Frage. Denn erstens vermöge sich der junge Mann, der stellvertretend für seine Generation gesehen werden könne, gar nicht genau in die damalige Zeit – gemeint war die Zeit der NS-Diktatur und des Zweiten Weltkrieges – hineinzuversetzen. Daher sei es – zweitens – ein nutzloses Unterfangen, ihn mit der unterschwellig moralisierenden Frage zu konfrontieren, was er wohl getan hätte. Stattdessen komme es – drittens – auf etwas ganz anderes an, nämlich darauf, was der junge Mensch aus der Geschichte gelernt habe und wie er das Gelernte heute und in der Zukunft zu praktizieren gedenke.

Das war für viele Tagungsteilnehmer ein erhellendes Statement, auch für den Verfasser dieses Vorworts, wie schon aus der Tatsache hervorgeht, dass es ihm so präzise in Erinnerung geblieben ist. Susanne Miller hätte in Würzburg noch hinzufügen können, dass besagte Frage aller Wahrscheinlichkeit nach zu dem Zweck gestellt wurde, den Vertreter der Kriegsgeneration zu entlasten. Denn man geht wohl nicht fehl in der Annahme, dass in der von ihm aufgeworfenen Frage bereits die – anthropologisch gemeinte – Antwort mitschwang: Unter bestimmten extremen Bedingungen verlieren wir doch alle die humane Orientierung und sind nicht davor gefeit, uns an Verbrechen zu beteiligen. Also habt ihr Jüngeren kein Recht, über unser damaliges Verhalten, auch wenn es ein Versagen war, zu richten oder moralisch zu urteilen.

Besagte Frage ist also Teil des größeren Zusammenhangs der nachträglichen Rechtfertigung von Mitwisserschaft, Mitläuferschaft oder Mittäterschaft. Sie kommt nicht selten in der Aussage „Man hat doch nichts dagegen machen können!" daher. Dank intensiver historischer Forschungen wissen wir jedoch heute, dass zumindest eine Minderheit der damals lebenden Deutschen sich verweigerte oder etwas Widerständiges zu tun versuchte. Man denke an die Kriegsdienstverweigerer, die Wehrkraftzersetzer, die Deserteure der Wehrmacht, an die Tausende von Menschen, die verfolgten Juden Unterschlupf gewährten und bestrebt waren, sie vor dem Tode zu retten.[4] Nicht umsonst wurden diese gegen den Strom schwimmenden Menschen so lange totgeschwiegen und als Verräter diffamiert. Hielten

3 Die deutsche Historikerin Susanne Miller (1915-2008) emigrierte in der NS-Zeit von Wien nach London, wo sie ihren späteren Ehemann Willi Eichler kennenlernte. Mit ihm zusammen war sie an der Ausarbeitung des Godesberger Programms der SPD von 1959 beteiligt. Sie publizierte mehrere wichtige Bücher zur Geschichte der deutschen Arbeiterbewegung. Vgl. ihre Autobiographie: So würde ich noch einmal leben. Aufgezeichnet und eingeleitet von Antje Dertinger, Bonn 2005.

sie den Mitläufern und Mittätern doch den Spiegel vor, in dem eine ganz andere Frage stand: Und was hast du getan? Nicht etwa: Was hättest du getan, wenn du damals gelebt hättest, sondern, an die Adresse der Angehörigen der Kriegsgeneration: Was hast du damals tatsächlich gedacht und getan?

Der Literaturwissenschaftler Jan Philipp Reemtsma, Leiter des Hamburger Instituts für Sozialforschung, hat sich mit unserer Frage ebenfalls beschäftigt.[5] In ihr, vermutet er nicht ohne Grund, könne sich die Anmaßung von Zeitzeugen verstecken, die meinen, nur der könne mitreden, der dabei gewesen sei, was – methodisch betrachtet – keinerlei Sinn mache, weil sonst jegliche Geschichtsschreibung, die dem Streben nach Wahrheit verpflichtet ist, unmöglich sei. Weiterhin weist Reemtsma darauf hin, dass der miterlebende Zeitgenosse und der rückblickende Historiker keineswegs auf der gleichen Ebene urteilen müssten. Denn schließlich könne es „einen Zuwachs an moralischer Kompetenz in der Generationenfolge" geben.[6] Tatsächlich bestimmt doch unser Wissen um die historischen Fehlentwicklungen in der NS-Zeit unser heutiges und zukünftiges Denken und Handeln maßgeblich mit. Der Theoretiker Reemtsma wird vergleichsweise konkret, wenn er die fundamentalen Lehren beschreibt, die aus der NS-Zeit zu ziehen sind. Er nennt sie das „zivilisatorische Minimum" und schreibt: „Wir müssen voneinander – ohne jede Nachsicht – verlangen, dass wir keine Mörder werden. Dass wir uns nicht freiwillig an Verbrechen beteiligen, dass wir andere Menschen nicht denunzieren, ihr Leben nicht zerstören."[7]

Was bedeutet diese Lehre für das methodische Vorgehen des Historikers? Selbstverständlich muss er bestrebt sein, sich in die Zeit, die er untersucht, möglichst intensiv hineinzuversetzen, um zu erklären, weshalb bestimmte Menschen so handelten, wie sie es getan haben und nicht anders. Gleichzeitig

---

4 Vgl. dazu jetzt Arno Lustiger: Rettungswiderstand. Judenretter in Europa während der NS-Zeit, Göttingen 2011.

5 Jan Philipp Reemtsma: „Wie hätte ich mich verhalten?" und andere nicht nur deutsche Fragen, München 2001, S. 9-29.

6 Ebd., S. 17.

7 Ebd., S. 9 und 24 f.

hat er zu bedenken, dass andere Menschen sich anders verhalten und dass sie Handlungsspielräume im Sinne des menschlichen Anstands erkannt und genutzt haben. Aber er kann beim bloßen Ermitteln der Fakten nicht stehen bleiben. Eine solche antiquarische Geschichtsschreibung würde das Geschehene ja nur sprachlich verdoppeln. Auch Bewertungen sind gefordert.

Wenn beispielsweise Heinrich Himmler in seiner berüchtigten Posener Rede vom 4. Oktober 1943[8] seine SS-Offiziere lobte, dass sie bei der Ermordung der Juden „anständig geblieben" seien, weil sie diszipliniert getötet und nichts entwendet hatten, so kann diese Sentenz doch sinnvoll nur erörtert werden, wenn wir die damaligen und heutigen Moralvorstellungen miteinander vergleichen.[9] Es geht gar nicht anders: Der Historiker muss auch darlegen, wie das Verhalten von Menschen in der NS-Zeit nach unseren heutigen moralischen Maßstäben zu bewerten ist. Diese Normen haben sich bekanntlich in der jahrzehntelangen Auseinandersetzung mit dem Absturz der Deutschen während der NS-Zeit in die grenzenlose Inhumanität herausgebildet.

Der Schriftsteller und emeritierte Staatsrechtler Bernhard Schlink, Verfasser des Weltbestsellers „Der Vorleser", hat neuerdings kritisiert, dass die NS-Geschichte mit heutigen Moralvorstellungen bewertet wird, und von einer um sich greifenden „Kultur des Denunziatorischen" gesprochen. Statt zu entlarven und zu demontieren, sollten die Menschen von heute sich vielmehr in die damalige Lage hineinbegeben, denn: „Je mehr wir über das Dritte Reich wissen, desto weniger wissen wir darüber, wie damals gelebt und erlebt und was gedacht und gefühlt wurde."[10] Schon in der Schule, kritisiert Schlink, werde statt des Verständnisses des Verhaltens im Dritten Reich dessen moralische Bewertung „eingeübt", was die Gefahr in sich trage,

8 Abgedruckt in Bradley F. Smith/Agnes F. Petersen (Hrsg.): Heinrich Himmler. Geheimreden 1933–1945. Frankfurt am Main u.a. 1974. Siehe auch: de.wikipedia.org/wiki/Posener_Reden

9 Siehe dazu Raphael Gross: Anständig geblieben. Nationalsozialistische Moral. Frankfurt am Main 22010.

10 Bernhard Schlink: Die Kultur des Denunziatorischen. In: Merkur, Nr. 745, Juni 2011. Hierzu den Bericht von Reinhard Müller: Der Vor-Versteher. In: Frankfurter Allgemeine Zeitung, 16.6.2011, S. 10.

dass die künftigen Generationen von dieser Zeit einfach nichts mehr wissen wollen.

Hier scheint mir Schlink das Kinde mit dem Bade auszuschütten. Natürlich ist es Aufgabe der Historiker, sich die NS-Zeit vor Augen zu führen und sich der schwierigen Aufgabe zu unterziehen, die fließenden Übergänge zum Unrechtsstaat und zu den großen Verbrechen zu ermitteln und sich der emotionalen Lage der damals lebenden Deutschen anzunähern. Aber damit ist es nicht getan. Sie sind auch aufgefordert, die Teilhabe vieler Zeitgenossen an den damaligen Staatsverbrechen zu bewerten, und das geht nur mit den Augen und mit den Wertmaßstäben von heute, was selbstverständlich jeweils genau kenntlich gemacht werden muss.

In ihren Überlegungen zu einem angemessenen Umgang der heute lebenden Generationen mit der Zeit des Nationalsozialismus kommen die Historikerin Susanne Miller und der Literaturwissenschaftler Jan Philipp Reemtsma übrigens zu einem übereinstimmenden Ergebnis: Die Frage „Wie hätte ich mich verhalten?“ erbringt letztlich keinen Erkenntnisgewinn. Sie dient allenfalls der Entlastung desjenigen, der sie stellt. Viel wichtiger und auch viel folgenreicher ist die Frage der heute lebenden Menschen: „Wie *soll* ich mich verhalten?[11] Anders ausgedrückt: Habe ich die historische Lektion über das „zivilisatorische Minimum“ für die verantwortliche Gestaltung meines gegenwärtigen und zukünftigen Lebens gelernt?

---

11 Reemtsma: Wie hätte ich mich verhalten? S. 28.

Einleitung

Nationalsozialismus, Zweiter Weltkrieg und Holocaust sind Familiengeschichte – eine Raul Hilberg zugeschriebene[1] Aussage, die an sich wenig spektakulär ist. Der Nationalsozialismus war keine abstrakte Erscheinung, kein Phänomen weitab der eigenen Lebenswirklichkeit, sondern Alltag und Realität für Millionen Deutsche und somit für Millionen von Großeltern und Eltern. Gleichwohl jedoch scheint die nahe liegende Tatsache, dass Nationalsozialismus und Holocaust eben auch Teil unserer aller *Familien*geschichten sind, von einer großen Mehrheit der Bevölkerung kaum wahrgenommen beziehungsweise aus dem Gedächtnis verbannt zu werden – was offenbar auf früher erfolgte Verdrängungen zurückzuführen ist.

Die Auseinandersetzung der Deutschen mit dem Nationalsozialismus, Zweiten Weltkrieg und Holocaust hat sich in verschiedenen Phasen vollzogen. Waren die 1950er Jahre – im Unterschied zu den ersten Nachkriegsjahren – von einer großen Schweige- und Tabuisierungsmentalität geprägt, lenkten verschiedene aufsehenerregende Prozesse gegen KZ-Wachpersonal in den 1960er Jahren die öffentliche Aufmerksamkeit stärker auf die NS-Verbrechen. Vor allem aber die „68er"-Studentenbewegung bewirkte eine fundierte Beschäftigung mit dem Dritten Reich. Weitere wichtige Auslöser für die Befassung mit den NS-Verbrechen stellten etwa die Ausstrahlung der US-Serie „Holocaust" 1979 oder die Rede des damaligen Bundespräsidenten Richard von Weizsäcker im Mai 1985 dar. Ebenfalls in den 1980er Jahren setzte ein wahrer Forschungs-„Boom" ein, in dessen Verlauf Historikerinnen und Historiker sich vermehrt der Geschichte und Verbrechen des Nationalsozialismus annahmen. Die dabei zutage geförderten Erkenntnisse räumten vielfach mit Mythen und Versuchen der Verharmlosung auf. Legenden wie etwa jene von Hitler als alleinverantwortlichem „Dämon" oder die von einer „sauberen Wehrmacht" sind inzwischen widerlegt.[2]

Heute füllt die Forschungsliteratur zum Nationalsozialismus, Zweiten Weltkrieg und Holocaust ganze Bibliotheken. Neue Medienformate haben die Ergebnisse popularisiert und weit verbreitet. Ausstellungen, Presse, Literatur, Filme und Dokumentationen durchleuchten immer wieder aufs Neue die Zeit zwischen 1933 und 1945. Die Schulen setzen sich im Geschichts-, Politik-, Sozialkunde-, ja auch Deutsch- und Religionsunterricht mit dem Nationalsozialismus auseinander. Außerschulische Bildungsträger wie die Bundes- und Landeszentralen für politische Bildung, politische Stiftungen oder Gedenkstätten informieren umfangreich über die NS-Geschichte. Öffentliche Gedenktage und Trauerfeiern erinnern an die Opfer.

Obwohl beklagt wird, dass gerade Jugendliche zum Teil eklatante Wissenslücken bei den Themen Nationalsozialismus und Holocaust aufweisen,[3] dürfte nicht zu bestreiten sein, dass heute ein Detailwissen zur Verfügung steht, wie es in der unmittelbaren Nachkriegsgeneration wohl nicht der Fall gewesen ist. Offensichtlich wird jedoch keine direkte Verbindung des Wissens um die Ereignisse in Deutschland zwischen 1933 und 1945 und den zu dieser Zeit lebenden eigenen Eltern, Großeltern und Verwandten hergestellt. Ein innerfamiliärer Generationskonflikt, häufig der Tenor bei „den 68ern" – „Trau keinem über 30!" – scheint heute undenkbar. Im Gegenteil: Der Sozialpsychologe Harald Welzer kommt zu dem Schluss: *„Je fundierter das Geschichtswissen ist, desto größer wird die subjektiv empfundene Notwendigkeit, die eigene Familie vor diesem Wissen zu schützen – das heißt, sie aus dem historischen Zusammenhang herauszunehmen, über den man so gut Bescheid weiß."*[4]

Welzer wies im Rahmen eines groß angelegten Projekts zur Erforschung der Tradierung von Nationalsozialismus und Holocaust im Familiengedächtnis nach, dass die Erlebnisse der Eltern oder Großeltern in der Zeit zwischen 1933 und 1945, sofern überhaupt erzählt, im Lauf der Zeit zunehmend umgedeutet werden. Ursprünglich systemkonforme Eltern oder Großeltern, die vielleicht einer oder mehrerer der NSDAP-Organisationen angehörten, wandelten sich in den Darstellungen der Kinder und Enkel zu kritischen, manchmal gar dem passiven oder aktiven Widerstand zugerechneten, heldengleichen Vorfahren. Offenkundige Widersprüche in den Berichten würden nicht verfolgt, sondern eher noch übernommen und weiter ausgeprägt.

Welzers Befund entspricht eine repräsentative Untersuchung des Meinungsforschungsinstituts Emnid: Knapp die Hälfte der Interviewten (49 %) ging davon aus, die eigenen Eltern oder

Großeltern hätten dem Nationalsozialismus sehr negativ oder eher negativ gegenübergestanden. Von den Befragten mit höherem Bildungsniveau (Abitur oder Universitätsabschluss) schrieben sogar 56 % ihren familiären Zeitzeugen eine NS-kritische Position zu. Nur 6 % räumten ein, ihre Vorfahren seien eher positiv (4 %) oder gar sehr positiv (2 %) eingestellt gewesen. Allein die Wahlergebnisse in der späten Weimarer Republik lassen an diesem familiären Geschichtsbild der Deutschen berechtigte Zweifel aufkommen.

13 % der Interviewten der Emnid-Umfrage vertraten die Ansicht, die eigenen Eltern oder Großeltern seien den Nationalsozialisten gegenüber im aktiven Widerstand gewesen. 26 % waren sogar überzeugt, ihre Angehörigen hätten Verfolgten beigestanden. 35 % der Befragten gaben an, ihre Vorfahren wären nach Möglichkeit nirgendwo bereit gewesen mitzumachen, wobei sich 65 % sicher zeigten, die eigenen Eltern oder Großeltern hätten im Krieg sehr viel Leid erfahren. Demgegenüber gaben nur 3 % der Interviewten an, dass ihre Eltern oder Großeltern antijüdische Ansichten vertreten hätten, und gerade einmal 1 % räumte die Möglichkeit einer direkten Beteiligung an NS-Verbrechen ein.[5]

Einem solch weitgehend unbeflecktem Familienbild der Deutschen steht eine erstaunliche Erkenntnis gegenüber: Offenbar wird in den Familien selber sehr wenig über den Nationalsozialismus und Holocaust gesprochen und diskutiert. Jedenfalls fanden Alphons Silbermann und Manfred Stoffers heraus, dass Eltern und ältere Verwandte die letzten beiden Ränge in der Liste der Informationsquellen über den Nationalsozialismus einnehmen – nach Fernsehen, Schule, Büchern und Zeitschriften. Als Zeitzeugen werden die eigentlich nahe stehenden Großeltern und Eltern folglich mehr oder weniger ignoriert bzw. in Ruhe gelassen.[6] Wirkt hier die Verdrängung der 1950er und 1960er Jahre nach?

Feststellbar ist, dass die Mehrzahl der Deutschen offensichtlich ein ausgesprochen positives Geschichtsbild von der eigenen Familie hat, ohne tatsächlich mit den in der Zeit des Nationalsozialismus lebenden Verwandten über deren Eindrücke und Wahrnehmungen gesprochen zu haben. Freilich bewirken selbst freizügige Erzählungen nicht unbedingt, dass sich die positive Wahrnehmung der eigenen Familiengeschichte zwischen 1933 und 1945 wandelt: Während des Forschungsprojektes von Harald Welzer gaben Eltern oder Großeltern ihren Kindern oder Enkeln zum Teil auch über ihre eigene Beteiligung an NS-Verbrechen Auskunft. In deren Wahrnehmung und Wiedergabe tauchten solche Eingeständnisse jedoch nicht auf, fast so, als hätten sie das Erzählte niemals gehört.[7]

Die eigenen Großeltern mit Bildern aus der Kriegszeit, mit Verbrechen oder gar den Bergen von Leichen aus den Konzentrationslagern zu verbinden, ihnen eine Mitschuld an dem Geschehenen zu geben, scheitert also häufig an einer innerfamiliären Barriere, die offenbar gesellschaftlicher Konsens ist. Offensichtlich ist die Tendenz sehr groß, die Angehörigen aus dem Kontext des Nationalsozialismus herauszulösen und sich ein Bild von den Verwandten als „gute Menschen" zu machen, die sich der Politik, dem Krieg und seinen Auswüchsen gegenüber als kritisch empfindende, integre Personen begreifen lassen – eine Inschutznahme, die ihre Wurzeln wohl auch in unangenehmen Fragen an die eigene Person hat, wie die Psychoanalytikerin Margarete Mitscherlich konstatiert: *„Es ist ein uraltes Bedürfnis des Menschen zu erfahren, woher er kommt. Und es ist ungemein bitter, erkennen zu müssen: Der da ist mein Vater* [oder Großvater, d. Verf.], *ich verdanke ihm mein Leben, biologisch steckt viel von ihm in mir – also trage ich dieses Nazi-Unwesen auch in mir.*"[8]

Sicherlich muss eine Auseinandersetzung mit der jüngeren deutschen Geschichte nicht zwangsläufig mit einer „Aufarbeitung" der eigenen familiären NS-Vergangenheit Hand in Hand gehen. Man kann gut über den Nationalsozialismus und seine Verbrechen informiert sein, ohne die Lebensgeschichte der eigenen Vorfahren zu kennen. Doch bietet sich gerade das Nachfragen innerhalb der eigenen Familie als eine naheliegende Möglichkeit und bislang nicht genutztes „Potenzial" an, um sich vor Augen zu führen, wie es zu der Katastrophe des Zweiten Weltkrieges und der Ermordung von Millionen von Menschen kommen konnte. Will man das „Funktionieren" des Nationalsozialismus verstehen und die deutsche „Gretchenfrage" *„Wie konnte es geschehen?"* beantworten oder sich zumindest einer Antwort nähern, macht es Sinn, nicht zuletzt in Erfahrung zu bringen, was die eigenen Vorfahren in der Zeit zwischen 1933 und 1945 gedacht und getan haben. In jeder Familie stellen sich letztlich die Fragen: Was haben die Eltern oder Großeltern im Nationalsozialismus und Zweiten Weltkrieg erlebt? Sind sie begeistert gewesen von einer antidemokratischen, antisemitischen, totalitären und schließlich mörderischen Ideologie? Wenn ja, wie ist es dazu gekommen? Im Idealfall ließe sich dann auch eine Erklärung dafür finden, wie ähnliches Unrecht künftig zu verhindern ist. Wer begreift, wie und auf welcher Grundlage es der NSDAP bzw. dem NS-Regime gelungen ist, die eigenen Vorfahren für sich zu gewinnen und zu aktivieren, dürfte sich in vergleichbaren Situationen sensibler und aufmerksamer verhalten.

Ein allzu vorwurfsvolles Herantreten an die Geschichte der Großeltern oder Eltern erscheint wenig ertragreich. Auch könnte man versucht sein, sich zu fragen: Ist es nicht zu einfach, mit dem heutigen Wissen und aus sicherer zeitlicher Distanz, mit anderer Sozialisierung und Erziehung den Zeigefinger zu heben und zu behaupten, man selbst hätte niemals zugelassen, was geschehen ist?[9] Gleichwohl hat sich die Generation der Zeitzeugen den Fragen nach Schuld und eigener Verantwortung am millionenfachen Mord zu stellen. Eindeutig und seit langem haben die Justiz und die Geschichtsschreibung die von Deutschen und in deren Auftrag verübten Verbrechen sowie die weit reichende Kenntnis der deutschen Bevölkerung nachgewiesen. Selbst eine zurückhaltende Schätzung geht von mindestens 20 bis 25 Millionen Deutschen aus, die vom Holocaust wussten – bei mindestens 200 000 unmittel- oder mittelbar involvierten Tätern.[10] 17 bis 18 Millionen deutsche Männer dienten in der Wehrmacht; allein 10 Millionen von ihnen nahmen am Vernichtungskrieg gegen die Sowjetunion teil.[11] Nahezu jede deutsche Familie verfügte über Kenntnisse, die das NS-Unrechtsregime sowie den brutal geführten Weltkrieg und den Holocaust betreffen.

Jede Familie muss sich selbst fragen, ob sie sich dieser Vergangenheit stellen will. Zumindest sollte man sich der Tatsache bewusst sein, dass Nationalsozialismus, Zweiter Weltkrieg und Holocaust auch ein Teil der Lebensgeschichte der eigenen Eltern oder Großeltern – folglich ein Teil der Familiengeschichte – sind. Eine Beschäftigung mit der familieninternen Haltung zum NS-System muss nicht zwangsläufig in bösem Blut und Konflikten enden. Voraussetzung hierfür ist jedoch eine sachliche Herangehensweise: Es ist keine Schuld zu behaupten oder Anklage zu erheben, wo es dazu keinen Anlass gibt. Es scheint daher wenig förderlich, die eigenen Vorfahren pauschal zu verurteilen oder gänzlich „rein zu waschen“. Andererseits lohnt es sich, das allzu vorschnelle Bild der vermeintlich NS-kritischen Familienangehörigen, wie es im Großteil der deutschen Bevölkerung vorhanden ist, in einer möglichst sachlichen, unaufgeregten Auseinandersetzung zu differenzieren.

Die nach dem Krieg Geborenen trifft naturgemäß keine Schuld an den Verbrechen der Zeit zwischen 1933 und 1945. Wohl aber tragen die Nachkriegsgenerationen die Verantwortung für etwaige unzureichende oder fehlende persönliche Auseinandersetzung, „Aufarbeitung“ oder Präventionsbemühungen zur eigenen Lebenszeit. Ralph Giordano schlussfolgert, dass *„die Verantwortung der schuldlos Beladenen ... bei der Frage [beginnt], wie sie zur Schuldbelastung ihrer Großeltern und Eltern stehen, zu dem, was diese getan und was sie gelassen haben.“*[12]

Wie viele Erkenntnisse und Anknüpfungspunkte die Befassung mit der NS-Geschichte im familiären Kontext bietet, soll die Darstellung der Lebensgeschichte meiner Großeltern mütterlicherseits exemplarisch aufzeigen. Die ursprünglich als Magisterarbeit angefertigte Untersuchung führt Methoden und Möglichkeiten eines solchen Vorgehens vor Augen und will den Leser zum Nachdenken und eigenen Nachfragen anregen.

Schon vor Beginn meines Studiums übten die historischen Ereignisse des 20. Jahrhunderts eine große Faszination auf mich aus. Im Familienverbund ist immer viel diskutiert, analysiert, politisiert worden. Meine Großeltern lernte ich als offene Menschen kennen, die viel über ihre Erlebnisse im Dritten Reich und in ihrer Heimatstadt Wuppertal berichteten. So stellte es keineswegs ein Geheimnis dar, dass meine Großmutter Edith als „Jungmädelführerin“ beim „Bund Deutscher Mädel“ einen „Stamm“ von immerhin etwa 1 000 Mädchen befehligte. Ebenso offen sprach man darüber, dass mein Großvater Hans Hermann Berufsoffizier werden wollte und eine militärische Karriere begann, die ihn als Fahnenjunker ins gerade okkupierte Polen und in den „Feldzug“ gegen Frankreich, als Leutnant in das „Unternehmen Barbarossa“, also den Überfall auf die Sowjetunion, und als Oberleutnant wieder in das besetzte Frankreich führte. Es ist nie verschwiegen worden, dass sich mein Großonkel Siegfried, der Bruder meines Großvaters, mit siebzehn Jahren freiwillig zur Waffen-SS gemeldet hat. Zunächst diente er in der SS-Division „Leibstandarte Adolf Hitler“, später in

Polen bei einer SS-Einheit, deren Aufgaben sich innerfamiliär nicht näher klassifizieren ließen. Schließlich kämpfte er wieder an der Ostfront, wo er seit Anfang 1944 in der Nähe von Leningrad als vermisst galt.

Dass es hier und da Ungereimtheiten oder „entschärfte" Varianten der Erzählung gab, man einige Sachen verschwieg oder geschickt umging, störte in der Familie eigentlich niemanden. Man akzeptierte, dass einige Erlebnisse offensichtlich „zu schlimm waren", um sie zur Sprache zu bringen. „Manche Dinge wird man nie erfahren", lautete die mehr oder weniger anerkannte Formel.

Motiviert durch einige Hauptseminare und Vorlesungen an der Universität Freiburg und neue Eindrücke und Fragestellungen, beschloss ich im Sommer 2005, die Geschichte meiner Großeltern festzuhalten. In verschiedenen Sitzungen führten mein Großvater und ich lange Gespräche, die ich durch Fragen inhaltlich zu steuern versuchte. Meine Großmutter konnte daran leider aufgrund eines Schlaganfalls nicht mehr teilnehmen. Die Lebensgeschichte meines Großvaters stellt daher den Hauptteil des Erinnerungsinterviews dar, ist jedoch von jener meiner Großmutter verständlicherweise kaum zu trennen. Ich tippte die Tonbandaufnahmen unkommentiert ab und versah jedes Kapitel mit einer Einleitung, das die wichtigsten Ereignisse der jeweils behandelten Jahre zusammenfasste.

Das achtzigseitige Erinnerungsinterview[13] erwies sich als ein Erfolg im Familienkreis, als ich es zu Weihnachten als Geschenk präsentierte. Doch war es in meinen Augen noch unvollendet. An zahlreichen Stellen, so mein Eindruck, widersprach mein Großvater sich selbst oder seine Ausführungen stimmten nicht mit den mir inzwischen bekannten Forschungsergebnissen überein. Inwieweit sich die 2005 erzählte Familiengeschichte durch Dokumente, Quellen und den Forschungsstand bestätigen oder widerlegen lässt, ist Gegenstand des vorliegenden Buches.

Neue oder offen gebliebene Fragen sind leider nicht mehr zu beantworten, da meine Großeltern im Sommer 2006 kurz nacheinander verstarben. Innerhalb der weit verzweigten Familie stellten sie so etwas wie den Mittelpunkt dar, das Herz der Familie: zwei Menschen, die ihre beiden Töchter, die Schwiegersöhne und die zahlreichen Enkel und Urenkel liebevoll behandelt und geprägt haben. Ohne diesen Umstand in Zweifel ziehen zu wollen, ohne sie pauschal zu verurteilen oder etwas zu beschönigen, soll hier möglichst sachlich versucht werden, ihre Rolle in der Zeit des Nationalsozialismus umfassender zu durchleuchten, als das bislang geschehen ist.

Die verschiedenen Kapitel befassen sich jeweils mit einem Abschnitt aus dem Leben meiner Großeltern, etwa der Jugend, den Eindrücken während der Besatzung in Polen, den militärischen Überfällen auf Frankreich und die Sowjetunion, der Zeit im okkupierten in Frankreich, dem Kriegsende und dem Wiedersehen nach der Rückkehr meines Großvaters aus amerikanischer Kriegsgefangenschaft. Jedes Kapitel stellt zunächst die Erinnerungen meines Großvaters vor, die dann mit den vorhandenen zeitgenössischen Quellen und abschließend mit den Erkenntnissen der wissenschaftlichen Geschichtsschreibung kontrastiert bzw. verglichen werden. Dabei gilt es zu beachten, dass die innerfamiliäre Quellenlage sehr unterschiedlich ist. Aus der Zeit bis 1938 gibt es Briefe und Dokumente, ebenso seit Anfang 1943 in beinahe überwältigender Fülle.[14] Die Feldpostbriefe und Aufzeichnungen der Jahre 1939 bis 1942 sind nicht auffindbar und vermutlich während des alliierten Luftangriffes auf Wuppertal-Barmen im Mai 1943 verbrannt. Dadurch lassen sich vor allem die Erfahrungen des „Russlandfeldzuges" 1941 und 1942 mit den Erinnerungen von 2005 nicht mehr vergleichen. Aus diesem Grund werden besonders in den Kapiteln, welche die Erlebnisse meines Großvaters aus dieser Zeit betreffen, die Kriegstagebücher seiner Militäreinheit und aktuelle wissenschaftliche Aufsätze und Publikationen zur kontrastierenden Bewertung und „Urteilsfindung" herangezogen.

Bei der Analyse der Interviews ist zu berücksichtigen, dass die Befragung meines Großvaters Geschehnisse thematisiert, die über ein halbes Jahrhundert zurückliegen. Dass er seine Erfahrungen unverfälscht und in der tatsächlichen Wahrnehmung aus der Zeit des Erlebens wiedergegeben hat, ist so gut wie ausgeschlossen, ohne dass ich ihm dabei grundsätzlich grobe Mutwilligkeit oder eine aktive Täuschungsabsicht unterstelle. Die Methode der sogenannten „*Oral History*"[15], also Zeitzeugeninterviews, beschreibt Lutz Niethammer als fruchtbar und ertragreich, da sie die einfachste Form auch für Nicht-Historiker ist, aus erster Hand etwas über geschichtliche Ereignisse zu erfahren. Solche Schilderungen vermögen trockene Zusammenhänge mit „konkretem Leben" zu füllen, Geschichte spannender zu gestalten als etwa die ausschließliche Lektüre von

Forschungsliteratur. Trotzdem sind die Aussagen und Erzählungen mit Vorsicht zu betrachten, zu sehr trüben Zeit und Umstände die Erinnerungen. Das gilt nicht zuletzt für politische Ereignisse, denn *„die Aussagen sind häufig ungenau oder falsch; sie sind stark von Rechtfertigungsversuchen geprägt, mit Angriffen auf gestrige oder heutige politische Gegner verbunden und in einem kaum entschlüsselbaren Maß mit später Gelesenem durchsetzt.“*[16]

Ähnlich sieht es auch Johannes Fried, der mit Blick auf eigene Untersuchungen zu dem Schluss gelangt: *„Die erinnernd dargestellten Erlebnisse waren, wie real sie auch waren, schon auf der Ebene kleinster Gegebenheiten von Verzerrungen und Verformungen und Fehlern durchsetzt, derer sich der Erinnernde nicht bewusst wurde.“*[17] Hans Joachim Schröder, der die wohl umfangreichste Interviewsammlung zum Zweiten Weltkrieg vorgelegt hat, sieht darin sehr wohl ein geeignetes und fruchtbares Verfahren, um sich historischen Phänomenen zu nähern.[18] Meiner familiären Spurensuche liegt nicht zuletzt Schröders These zugrunde, dass *„narrativ-biographische Interviews grundsätzlich ‚wahrheitsfähig‘ sind, dass die Glaubwürdigkeit aber in jedem Einzelfall neu geprüft werden muss.“*[19]

Die Interviews mit meinem Großvater zeigen, wie er 2005 über seine Erlebnisse dachte und sie darstellte, ja vielleicht wirklich der Meinung war, sie so und nicht anders erfahren zu haben. Keinesfalls sind die Aussagen unreflektiert als historische Tatsachen zu betrachten. Gleichwohl kann es aber natürlich sein, dass sich das Berichtete tatsächlich so oder ähnlich zugetragen hat. Falls möglich, ist also in jedem Fall nachzuprüfen, ob das Geschilderte der Wahrheit entspricht. Die Erkenntnisse eines solchen Abgleichs lassen in erster Linie Rückschlüsse zu über die *heutige* Rezeption der Erlebnisse durch meinen Großvater. Somit steht „Faktisches“ im Mittelpunkt der Untersuchung, also Fragen wie: Was haben die eigenen Großeltern erlebt? Waren sie überzeugte Nazis? Das entspricht – verständlicherweise – der Interessenlage des Enkels. Akademisch gehaltvollere Fragen – wie z. B. Wie erinnert der Großvater im Gespräch mit dem Enkel den Krieg? oder Welche Aspekte werden genannt, über die andere Quellen keine Auskunft geben können? – sind vor diesem Hintergrund nicht Hauptuntersuchungsgegenstand.

Einige weitere Erläuterungen sind notwendig. Erinnern bedeutet auch immer Vergessen. Das menschliche Gehirn kennt die spontane, passive Erinnerung, die sogenannte Reminiszenz ohne aktive Beteiligung des Willens sowie die freie, aktive Erinnerung unter Mitwirkung des Willens.[20] Folglich kommt *„dem Weckruf“*[21], dem Gedanken von außen (etwa durch den Interviewer in einer Befragung) ebenfalls eine entscheidende, eventuell stark beeinflussende Bedeutung zu. Ebenso ist zu beachten, dass bei der Wiedergabe von Erlebnissen auch der Zuhörer eine wichtige Rolle einnimmt, die umso bedeutsamer wird, wenn es sich dabei um ein nahestehendes Familienmitglied handelt. Lücken und Leerräume füllt der Zuhörer *„mit Elementen aus seiner eigenen Vorstellungswelt und mit Fragmenten seines Wissens“*[22]. Insofern beinhaltet die Arbeit mit Zeitzeugen eine Reihe von Schwierigkeiten, die bei innerfamiliären Befragungen in Rechnung zu stellen sind. Bei wiederholtem Lesen der Erinnerungsinterviews mit meinem Großvater fällt mir selbst auf, dass ich manche direkte, unangenehme Frage, die für den außen stehenden Leser logisch gewesen wäre, nicht gestellt habe. In einigen Situationen bemerkte ich die emotionale Belastung meines Großvaters und bot ihm durch eine eher harmlose Frage den „Ausweg“ aus seinem Stress an, anstatt eine Antwort herauszufordern und eine Konfrontation heraufzubeschwören. Hier wird deutlich, wie sehr die familiäre Eingebundenheit bei aller vorgenommenen Professionalität und Objektivität das Gespräch beeinflusst.[23]

Es ist wichtig, sich noch einmal das „Forschungsobjekt“ zu vergegenwärtigen. Meine Großeltern waren keine bekannten Persönlichkeiten im „Dritten Reich“. Vielmehr geht es um die Lebensgeschichte einer ganz durchschnittlichen Familie. Die Karriere meines Großvaters war die eines Frontoffiziers, wie es sie tausendfach gegeben hat. Durch seine Berufswahl und Stellung als Offizier ist er exponiert von den Millionen einfacher „Landser“ und insofern Entscheidungsträger. Indem er bis Kriegsende zum Oberleutnant aufstieg, ist er aber von grundlegenden politischen oder militärischen Entscheidungen losgelöst. Doch gerade durch solche „Normalität“ sind meine Großeltern vermutlich ein gelungenes Beispiel dafür, wie sehr der Nationalsozialismus und seine Charakteristika, Strukturen und auch Verbrechen auf den Schultern der Gesellschaft, den „ganz normalen Deutschen“ ruhte.[24]

Die Literatur zu den Themen „Aufarbeitung“, Schuldtheorien, Auseinandersetzung mit dem Nationalsozialismus und

Familiengeschichten ist inzwischen enorm angewachsen. Drei Formen des Umgangs mit der Vergangenheit treten dabei besonders hervor:

Erstens: Das Verschweigen, Leugnen und Vermeiden einer lückenlosen Aufklärung der Geschehnisse, der eigenen Rolle bzw. der Rolle der Eltern und Großeltern – von Ralph Giordano 1987 in seinem gleichnamigen, bereits genannten Buch als „Die Zweite Schuld" der Deutschen bezeichnet, die zu der ersten Schuld (den Verbrechen des Nationalsozialismus selbst) hinzukäme. Seiner Meinung nach ist die „Zweite Schuld" der „Ersten Schuld" in ihrer Verwerflichkeit gleichzusetzen. Bereits 1967 hatte das Ehepaar Mitscherlich in seinem viel beachteten Werk „Die Unfähigkeit zu trauern"[25] dem deutschen Volk eine unzureichende Beschäftigung mit der jüngsten Vergangenheit attestiert und die Verleugnung politischer Mitschuld mit klaren Worten kritisiert. Auch Gabriele von Arnim erkannte eine massive Verschleierungs- und Schweigetendenz in der deutschen Bevölkerung, der sich insbesondere auch die Nachfolgegenerationen anschlossen.[26] Gesine Schwan sieht in ihrer Analyse sogar massive Gefahren für die Stabilität der Demokratie durch das konsequente Schweigen und die Tendenz, den Tatsachen aus dem Weg zu gehen.[27]

Zweitens: Die Übertragung von Schuld und Traumata auf die nachfolgende Generation, also die Kinder- und Enkelgeneration. Persönlichkeiten wie Wolfgang Schmidbauer[28], Tilmann Moser[29] und Dan Bar-On[30] stellten bei zahlreichen Nachgeborenen starke Schuldgefühle, psychologische Komplexe und Traumata fest, die sich auf das hartnäckige Schweigen bzw. die selbstständige Auseinandersetzung mit den Taten der Eltern und Großeltern zurückführen ließen und sich in der Unfähigkeit äußerten, Bindungen einzugehen, in Schlaflosigkeit, geringem Selbstwertgefühl, zerrütteten Familienverhältnissen sowie Schuldkomplexen und daraus resultierenden krankhaften Neigungen, die Schuld der Vorfahren auf irgendeine Art und Weise abtragen zu wollen. Es handelt sich also um die Umkehrung der eigentlich zu erwartenden Reaktionen, nämlich die *„unbegreifliche ‚Schuldfreiheit' der aktiven Täter- und Mitläufergeneration und die Wiederkehr von Scham und Schuld, aber auch zunächst unverständlichem somatischen Leiden in der zweiten Generation."*[31]

Drittens: Die bereits angesprochene, von Harald Welzer erforschte Tendenz, der zufolge die eigenen Eltern bzw. Großeltern trotz ansonsten intensiver oder zumindest interessierter Auseinandersetzung mit der deutschen Vergangenheit aus dem historischen Kontext herausgelöst werden. In zahlreichen Gesprächen mit meinen Kommilitonen räumte übrigens ein Großteil ein, wohl am ehesten zu der von Welzer charakterisierten Gruppierung zu gehören. Vielfach ist mir bestätigt worden, mich eines unglaublich interessanten Themas angenommen zu haben. Auf meine Nachfrage, was denn ihre Großeltern erlebt und erzählt hätten, erhielt ich als Antwort jedoch fast ausnahmslos ratloses Schulterzucken und sehr knappe, allgemein gehaltene Floskeln zu Erlebnissen, Schicksalen und Einsatzorten. Im Großen und Ganzen herrschte schlicht Unwissen.

Vor dem Hintergrund des Umgangs mit der familiären Vergangenheit lassen sich zahlreiche Veröffentlichungen zu diesem Thema klassifizieren. Die Anzahl der in den letzten Jahren publizierten Familiengeschichten ist hoch, die hier erläuterten Werke stellen demnach nur eine Auswahl ohne Anspruch auf Vollständigkeit dar. Es gibt unterschiedliche Formen der Annäherung wie Romane, Memoiren, Familiengeschichten, fiktive Erzählungen auf autobiographischer Grundlage, Erinnerungsinterviews. Allen scheint eines anzuhaften: Für die Autoren stellt der Akt des Schreibens eine Art Therapie dar. Teilweise erschütternd zerrüttete Familienverhältnisse stehen neben erstaunlich unbeteiligten, entscheidende Fragen ausklammernden Werken.

Ins Auge fallen zunächst jene Veröffentlichungen, die ich als „Familiengeschichten mit prominentem Hintergrund" bezeichnen möchte. Hiermit sind die Publikationen der Kinder und Enkel der bekannteren Täter und Funktionsträger des NS-Regimes gemeint. Bereits hier treten sehr unterschiedliche Aufarbeitungsformen zu Tage. So etwa unterscheidet sich Niklas Franks radikale, unversöhnliche Abrechnung mit seinen Eltern[32] fundamental von zögerlichen, relativ langatmigen und erschreckend uninformativen Berichten wie jenen von Richard von Schirach[33] und Margret Nissen, geborene Speer[34], die in meinen Augen vor allen Dingen eher anschauliche Beispiele für die Schwierigkeit der eigenen Auseinandersetzung als wirklicher Erkenntniszugewinn sind. Etwas sonderlich liest sich das tendenziell apologetische, mit wüsten Mordvorwürfen gespickte Werk von Wolf-Rüdiger Heß.[35] Eine starke Übertragung von Schuldgefühlen auf die zweite bzw. dritte Generation ist in den Arbeiten von Claudia Brunner[36] und Monika Göth[37] erkennbar.

Martin Bormann junior unterscheidet zwischen dem geliebten Vater als Privatmensch und dem Sekretär Adolf Hitlers, dessen Taten er verurteilt.[38] Äußerst sachlich-informativ und schonungslos recherchiert erscheint hingegen die Veröffentlichung von Katrin Himmler über den Werdegang der „Brüder Himmler“[39], deren Familiennamen zu einem Inbegriff für den Völkermord der SS geworden ist.

Anders als bei den „prominenten“ Autoren ist bei zahlreichen weiteren Veröffentlichungen nicht alleine schon der Name Grund und Inspiration für ein Buch. Die Autoren „nichtprominenter Familiengeschichten“ gehen sehr unterschiedlich vor, um Licht in die eigene Vergangenheit zu bringen. Am häufigsten wird der persönliche Erfahrungsbericht des Autors gewählt, der den Leser mitnimmt auf eine innerfamiliäre Spurensuche, die sich oftmals über einen Zeitraum von mehreren Jahren erstreckt.[40] Exemplarisch genannt seien die Arbeiten von Wibke Bruhns[41], Ute Scheub[42], Thomas Medicus[43], Monika Jetter[44] oder Dagmar Leupold.[45] Andere Autoren verarbeiten die eigenen Familienerlebnisse in autobiographisch geprägten Romanen und Erzählungen, so etwa Marion Welsch[46], Stephan Wackwitz,[47] Fritz Starke[48] und Anne Galle[49].

Zwei Veröffentlichungen seien besonders hervorgehoben. Zum einen verfasste Jörn Roes aus den Gesprächen mit seinem Großvater einen Roman, in welchem er dessen Erlebnisse während des Krieges gegen die Sowjetunion aus der Ich-Perspektive darstellte – ein ungewöhnliches, aber sehr lebendiges Werk.[50] Ebenso beeindruckt Uwe Timms „Am Beispiel meines Bruders“.[51] Dem bekannten und vielfach prämierten deutschen Schriftsteller gelang mit dem autobiographischen Roman die literarisch wohl wertvollste Aufarbeitung von eigener Familiengeschichte während des „Dritten Reiches“. Timms Werk löste bei seinem Erscheinen 2003 eine allgemeine Diskussion über den Nationalsozialismus, die Erinnerungskultur in Deutschland und die Frage nach der Schuld in der eigenen Familie aus. Auch für meinen Großvater war Timms Buch – wie sich später zeigen wird – von besonderer Bedeutung.

Neben den literarischen Formen sind die beiden Filme „Winterkinder – Die schweigende Generation“[52] und „2 oder 3 Dinge, die ich von ihm weiß“, zu erwähnen.[53] In ihnen widmen sich die Regisseure Jens Schanze und Malte Ludin der Vergangenheit der eigenen Familie und illustrieren ihre Suche nach

Informationen über die Beteiligung der eigenen Großeltern an nationalsozialistischen Verbrechen anschaulich mit Quellen, historischen Filmaufnahmen und Interviews mit nahezu allen Familienangehörigen. Besonders der Streifen von Malte Ludin, dessen Großvater als „Gesandter I. Klasse" in Pressburg maßgeblich an der Deportation der slowakischen Juden und somit der „Endlösung der Judenfrage" in der Slowakei beteiligt war,[54] offenbart eindringlich, wie schwer sich Malte Ludins Verwandte damit tun, den eigenen Vater oder Großvater trotz überwältigender Beweislast als NS-Täter oder Mörder zu begreifen.

Verdrängungs- und Leugnungsprozesse, die historische Fakten, Belege und auch familieninterne Quellen ausblenden, unterstreichen – in den filmischen Beispielen besonders anschaulich vor Augen geführt – die Erkenntnisse von Harald Welzer. Die zahlreichen Veröffentlichungen zur eigenen Familiengeschichte können jedoch nicht darüber hinwegtäuschen, dass die innerfamiliäre Vergangenheitsbewältigung in Deutschland in der Breite ungenügend zu sein scheint. Wenige Familien sind offensichtlich in der Lage oder dazu bereit, sich der eigenen Rolle während der Zeit des Nationalsozialismus umfassend zu stellen, ihre Erfahrungen innerfamiliär weiterzugeben und Lehren daraus zu ziehen.

Einen neuen Beitrag zu leisten versucht im Folgenden die Auseinandersetzung mit einer durchaus typischen deutschen Familie. Sie bestätigt einige Erkenntnisse früherer wissenschaftlicher Forschungsarbeiten zur Schuldfrage und zum Umgang mit der Vergangenheit. Darüber hinaus kommen Aspekte zur Sprache, die den einzelnen Familienmitgliedern so nicht bekannt gewesen sind und sie mit Quellen und Akten konfrontieren, die bis dahin niemand in der Familie gelesen, analysiert oder sich vor Augen geführt hat. Wie viel von den Strukturen, Mechanismen und Begebenheiten der NS-Geschichte zwischen 1933 und 1945 sich bereits einer durchschnittlichen Familienhistorie entnehmen lassen und in ihr erkennbar sind, hat nicht zuletzt mich selbst überrascht.

„Die wollten uns kaputtmachen" – Kindheit in der Weimarer Republik

Erinnerung

Meine Großeltern wurden in Wuppertal-Barmen, nur wenige hundert Meter voneinander entfernt, geboren: meine Großmutter Edith am 12. Mai 1919 im Rauen Werth, mein Großvater Hans Hermann am 10. März 1921 im Werth. Beide entstammten gutbürgerlichen Familien. Hans Hermanns Vater Wilhelm führte in der dritten Generation ein Möbelgeschäft, Ediths Vater Hugo betrieb einen Chemiegroßhandel, der die Wuppertaler Textil- und die Solinger Eisenindustrie belieferte. Die wirtschaftliche Situation war, trotz der in den Nachkriegsjahren chaotischen Verhältnisse, stabil, so erinnerte sich mein Großvater im Jahr 2005. Gemeinsam mit seinem am 8. Juli 1923 geborenen Bruder Siegfried wuchs er in geordneten Verhältnissen auf. Ihren Vater Wilhelm, von 1914 bis 1918 Leutnant in Frankreich und Russland, hatten die Erlebnisse im Ersten Weltkrieg weder aufgebracht noch traumatisiert. Vielmehr waren die Erfahrungen Wilhelms beim Militär und die Geschichten aus dem Krieg ein häufig besprochenes Thema zwischen Vater und Sohn, denn *„das interessierte mich sehr, und da hat er auch gerne von erzählt, wie das in dieser Zeit war."*[55]

Im Haus von Hans Hermann wohnte noch ein weiterer Teil der Familie. Onkel Karl arbeitete ebenfalls im Möbelgeschäft. Hans Hermann, Siegfried und die etwa gleichaltrigen Kinder Marlies und Paul-Gerhard bildeten eine enge Gemeinschaft bis hin zur gemeinsamen Zeit im „Jungvolk". Über Marlies lernten sich 1931 auch meine Großeltern kennen.

Hans Hermann, seit 1927 in der Volksschule Gewerbeschulstraße, wechselte 1931 zum Realgymnasium in der Sedanstraße. Seinen Unterricht beschrieb er 2005 als „national geprägt", mit zahlreichen deutschen Liedern, volkstümlichen Gedichten und klassischen Werken, etwa von Goethe und Schiller. Seine Leistungen waren bis zum Abitur in allen Fächern ausreichend, besonderen Ehrgeiz entwickelte er nur in Geschichte und Sport.

Gerade im Ringen, Turnen und Boxen machte er mit guten Leistungen auf sich aufmerksam und berichtete von regelmäßigen Ringkämpfen mit einem Mitschüler um den Titel des „Stärksten in der Klasse." Ein besonderes Verhältnis verband meinen Großvater nach eigener Aussage mit einem Lehrer, der ihn etwa seit der Mittelstufe unterrichtete: „*Das war der Jimmy Schmidt ... Er war auch Offizier, Leutnant im Ersten Weltkrieg gewesen. Und das machte ihn für uns so interessant. Er leitete unseren Sportunterricht und auch Geschichte und Deutsch, was er sehr national ausgerichtet hatte ... Er versuchte Körper, Geist und Seele hochzuhalten als alter Offizier des Weltkrieges.*"[56]

Einen wichtigen Einschnitt im Leben der Familien meiner Großeltern stellte das Jahr 1929 mit der Weltwirtschaftskrise dar. Sowohl im Möbelgeschäft als auch im Chemiegroßhandel musste man sich verändern, um den Fortbestand der Firmen zu sichern. Wilhelm stellte das Sortiment um, während Ediths Vater Hugo mit der Firma Wachs von Dr. Friedrich Wachs fusionierte. Ein Erlebnis aus seiner Schulzeit im Realgymnasium hat sich meinem Großvater besonders eingeprägt: „*Meine Eltern mussten da für jeden Monat, den ich in der Schule war, 20 Reichsmark bezahlen. Und 1931, als ich vier Monate im Realgymnasium war, hatte mein Vater einen Monat das Schulgeld nicht bezahlt, weil er nicht konnte. Und dann wurde ich zum Direktor gerufen, aus der Stunde heraus. Und der Direktor sagte zu mir: ‚Hans Hermann, Dein Vater hat das Schulgeld nicht bezahlt. Wenn das bis übermorgen nicht bezahlt ist, musst Du von der Schule!' Das hat mich sehr geschockt. Das war 1931, 1932 war das auch noch. Mein Vater hat das dann mühsam bezahlt und 1933, als die Nazis kamen, Hitler, wurde sofort damit aufgehört. Das haben also die Nazis beseitigt ... die Ausbildung war frei.*"[57]

Die politische Überzeugung seiner Eltern kannte Hans Hermann gut. „*Wir haben den Hindenburg verehrt, und in der Familie so den Hugenberg, von der Deutsch-Nationalen-Volks-Partei, die wurde von meinen Eltern gewählt.*"[58] Der im selben Haus lebende Onkel Karl interessierte sich offenbar stärker für die NSDAP und besuchte deren Ortsgruppenversammlungen. Trotzdem traten angeblich weder der Vater noch der Onkel jemals in die Partei ein.

Das politisch-geschichtliche Weltbild meines Großvaters war stark geprägt durch die Schule und die in der Familie vorherrschende Meinung. Dazu gehörte u.a.: *„Der Kaiser hat den Bismarck kaltgestellt. Von da an ging's bergab. Der Kaiser wollte eine Marine, baute Kriegsschiffe, das wollten die Engländer nicht, dann hatten wir die sehr schnell als Feinde. Und die Franzosen, die hatten Rachegefühle nach 1870-71, und so wurde uns das beigebracht, so haben wir das dann auch empfunden. Und das Kriegsende 1918, die Matrosenrevolte, das war Verrat, so wurde das angesehen ... Der Versailler Vertrag war übertrieben, den hatten wir nicht verdient. Daran konnte man sehen, dass die uns kaputtmachen wollten. Übertriebene Härte, Reparationsforderungen und Amerika dahinter. Das hat uns kaputtgemacht und dem Hitler hinterher zugespielt und Argumente für seine Partei und gegen die anderen geliefert.*"[59]

Insgesamt vermochte sich mein Großvater an die chaotischen Zeiten in der Endphase der Weimarer Republik nicht gut zu erinnern. Die „Machtergreifung" der Nationalsozialisten am 30. Januar 1933 verfolgte er jedoch am Radio: *„Da kam ich aus der Schule, wir hatten gerade nach dem Mittagessen gespült, meine Mutter schrubbte den Herd sauber, wie das früher so üblich war. Und dann kam das im Radio, wir hatten so ein komisches Radio. Da haben wir gehört, der Hindenburg hat den Hitler zum Reichskanzler gemacht. Von dem an ... Wir waren ja auch dafür ... Die Bedeutung, die hatten wir gar nicht erkannt. Es war was Neues und alles sollte besser werden. Die Hoffnung war es.*"[60]

Des weiteren berichtete er von einer großen Aufregung, die an diesem Tag in der Stadt geherrscht und dass am Abend ein großer Fackelzug der SA und SS stattgefunden habe. Auf die wirtschaftliche Lage des Möbelgeschäfts des Vaters wirkte sich die „Machtergreifung" der Nationalsozialisten offenbar erheblich aus. Meinem Großvater zufolge führte man ein „Ehestandsdarlehen" ein, das junge Vermählte vom Staat zur Anschaffung von Küche und Schlafzimmer erhielten. Folglich produzierte und vertrieb Wilhelm vermehrt Küchen und Schlafzimmer. Seine eigentliche Leidenschaft – exklusive und luxuriöse Möbel – erwies sich zunehmend als unrentabel.

Über das demokratische System der Weimarer Republik, die stabile Phase von 1924 bis 1929 und bekannte Politiker wie etwa Gustav Stresemann sagte mein Großvater nichts – vermutlich in Ermangelung bewusster eigener Wahrnehmungen aus seinen Kindheitsjahren.

Familienquellen

Der „Personal-Nachweis“ sowie weitere Dokumente aus seiner Wehrmachts-Personalakte[61] bestätigen den 10. März 1921 als Geburtsdatum meines Großvaters. Gleiche Funktion erfüllt das Wehrstammbuch[62] für die Daten von seinem Bruder Siegfried. Laut ihrem „Ahnenpass“[63] sowie dem „Kleinen Arier Nachweis“[64] ist auch meine Großmutter an dem dort angegebenen Tag, dem 12. Mai 1919, auf die Welt gekommen. In ihrem Fall hat sogar die „Evangelische Luthergemeinde Wupperfeld“ in Barmen den „Nachweis der Abstammung aus deutschem oder artverwandtem Blut bis einschließlich der 4 Großeltern“ beglaubigt.

Die Überprüfung der Geburtsdaten macht Sinn, wenn man bedenkt, dass meine Großeltern ihre beiden Töchter bis in die 1960er Jahre hinein über ihre Jahrgänge im Unklaren ließen – vermutlich aus Eitelkeit und Schamgefühl, weil meine Großmutter zwei Jahre älter als mein Großvater war, sollten ihre Töchter glauben, beide seien 1920 geboren worden.

Einige Fotos im Familienalbum zeigen das Möbelgeschäft in Barmen, das beim Luftangriff auf Barmen am 30. Mai 1943 allerdings einige Volltreffer erhielt und völlig ausbrannte. Das erklärt auch, warum keine Geschäftsbücher oder Besitzurkunden mehr vorhanden sind. Auf zahlreichen weiteren Fotos ist mein Urgroßvater Wilhelm 1910 als Einjährig Freiwilliger beim 2. Bayrischen Fußartillerie Regiment in Germersheim, sowie 1914 in Arras und 1917 als Vizefeldwebel in Riga zu sehen. Die Berichte meines Großvaters über die Kriegserlebnisse seines Vaters dürften damit bestätigt sein. Ins Auge fallen bei der Betrachtung der Bilder aber auch viele weitere militärische Aufnahmen und Dokumente aus der Familie. Nicht nur Beförderungsurkunden und Gestellungsbefehle von Wilhelm sind vorhanden, auch Fotos und die Sterbeurkunde und -anzeige von seinem Bruder Hermann, der im Ersten Weltkrieg im polnischen Gojsk fiel. Weitere Fotos zeugen zudem von einem Besuch Wilhelms an dessen Grab im Jahr 1941. Ein Einberufungsbefehl zur Wehrmacht an Wilhelm aus dem Jahr 1940 verdeutlicht, dass er Leutnant der Reserve war, als Reservist also auch nach dem Ersten Weltkrieg dem Heer verbunden blieb. Die vielen Dokumente und Aufnahmen belegen, dass das Militär in der Familie schon über mehrere Jahre und Generationen hinweg einen hohen Stellenwert einnahm.[65]

Die schulischen Leistungen meines Großvaters Hans Hermann entsprechen exakt den von ihm 2005 beschriebenen. Sein Abiturzeugnis attestiert ihm in allen Fächern schlicht ausreichend, nur in Leibeserziehung, Geschichte und Kunsterziehung ist er gut.[66] Als interessante Quelle erweisen sich die von Hans Herman geschriebenen Briefe an seinen Onkel Friedel, einen weiteren Bruder seines Vaters. Friedel, 1921 nach Argentinien ausgewandert, besaß in der Nähe von Neuquén eine Obstfarm. Gerade acht Jahre alt, schrieb Hans Hermann ihm am 17. November 1929, dass seine schulischen Leistungen eher noch zu wünschen übrig ließen, ihm aber vor allen Dingen Turnen und Boxen große Freude bereiten würden, woraufhin ihm der Onkel aus Südamerika bestätigte: *„Dass Du turnen und boxen lernst, ist sehr gut. Boxen musst Du nur gründlich lernen, damit Du Dich im späteren Leben verteidigen kannst.*“[67]

Bestätigen lässt sich auch seine Aussage über die Parteimitgliedschaft seines Vaters Wilhelm. In den personenbezogen erschlossenen Beständen des Bundesarchivs in Berlin-Lichterfelde sind in den NSDAP-Mitgliederkarteien keine Hinweise auf eine Parteizugehörigkeit Wilhelms ermittelbar.

Analyse und Forschungsstand

Schon bei der Analyse der ersten Interviewfragmente und zeitgenössischen Quellen weisen einige interessante Informationen auf die Gründe für das Scheitern der Weimarer Republik hin:

1. Der Militarismus in Deutschland – die immer stärkere Prägung des politischen und gesellschaftlichen Lebens von militärischen Interessen und kriegerischen Denkmustern[68] – machte auch vor der Familie meines Großvaters nicht halt. Im Gegenteil: Als Einjähriger Freiwilliger sowie als Feldwebel und Leutnant während des Ersten Weltkrieges erlebte sein Vater Wilhelm fünf lange Jahre, was Militär und Krieg bedeuteten. Das brachte ihn aber nicht dazu, den Versuch zu unternehmen, seine Söhne von ihrer späteren Berufswahl als freiwillige Soldaten im Zweiten Weltkrieg abzubringen. Als Leutnant der Reserve blieb

er dem Militär treu und über das Ende seiner aktiven Dienstzeit erhalten.

Die ausführliche und gute Dokumentation der militärischen Laufbahnen sowie die Erinnerung an den 1915 gefallenen Hermann bezeugen eine sorgfältige Tradierung der militärischen Familiengeschichte. Als Zweitnamen erhielt mein Großvater den Vornamen seines gefallenen Onkels Hermann. Im Interview wurde zudem deutlich, dass sowohl innerhalb der Familie als auch mit dem Lehrer Jimmy Schmidt gerne und häufig über die „Erlebnisse im Feld" gesprochen wurde. Alles Militärische scheint auf meinen Großvater eine große Faszination ausgeübt zu haben. Manfred Messerschmidt hat aufgezeigt, dass zentrale Charakteristika des Militarismus in Deutschland Demokratiefeindlichkeit sowie das Streben nach Revision des Versailler Vertrages waren.[69] Es scheint unbestreitbar, dass die Radikalisierung und immer stärkere Militarisierung der „Volksgemeinschaft",[70] wie sie während der Zeit des Nationalsozialismus eintrat, auch in der Familie meines Großvaters auf fruchtbaren Boden fielen. Obrigkeitsdenken und Gehorsam waren auch bei meinem Großvater bereits in der Schulzeit anerzogen worden.

Thomas Nipperdey sieht in der Institution Schule einen wichtigen Träger des Staates, schon in der Kaiserzeit. *„Die Schule sollte sozial disziplinieren, konservativ-monarchistisch und bürgerlich prägen und binden, antisozialdemokratisch vor allem, sie sollte Pflicht und Gehorsam, die ‚richtige' Gesinnung und Loyalität verbreiten und festigen, sollte die Zöglinge gegen Systemkritik immunisieren, die soziale Differenzierung der Gesellschaft legitimieren."*[71] An diesen zentralen Zielen der schulischen Bildung dürfte sich auch während der Weimarer Republik nicht viel geändert haben, eher wurde noch die Darstellung des Versailler Vertrages als „Schandfrieden" und die Wahrnehmung der liberal-kapitalistischen Demokratie als „undeutsch" in den Lehrplan aufgenommen.

2. Den Friedensschluss von Versailles und insbesondere der sogenannte „Kriegsschuldartikel", der, so die These der Unschuldspropagandisten, das deutsche Kaiserreich als die entscheidende kriegsauslösende Macht darstellte, sahen nahezu alle Parteien als verwerflich an, *„die Ablehnung von ‚Versailles' wurde geradezu deutsches Allgemeingut."*[72] Heinrich August Winkler schreibt, dass *„in Abwehr der alliierten These, Deutschland und seine Verbündeten trügen die alleinige Verantwortung für*

den Kriegsausbruch, eine Kriegsunschuldslegende entstand, die ebenso viel Unheil stiftete, wie ihre Zwillingsschwester, die Dolchstoßlegende."[73] Die militärische Niederlage des Ersten Weltkrieges wurde mit dem demokratischen System und ihren Repräsentanten – den Unterzeichnern des Friedensvertrages – verbunden und nicht jenen angelastet, die für den Krieg und für seine unnötige Verlängerung verantwortlich waren. Auch mein Großvater berichtete, auf Grundlage seiner Schulbildung die Niederlage zu dieser Zeit als ungerechtfertigt und den Versailler Vertrag als übertrieben hart angesehen zu haben.

Die ersten beiden Punkte werden noch bekräftigt durch die Tatsache, dass Hans Hermanns Familie die Deutschnationale Volkspartei (DNVP) um Alfred Hugenberg wählte. Die Programmatik der DNVP war stark nationalkonservativ, verfassungsfeindlich und antisemitisch geprägt. Als innenpolitisches Hauptziel galt es, *„gegen die seit der Revolution immer verhängnisvoller hervortretende Vorherrschaft der Juden in Regierung und Öffentlichkeit*"[74] vorzugehen.

3. Götz Aly sieht insbesondere in der „Gefälligkeit" des NS-Regimes dem Großteil des deutschen Volkes gegenüber den entscheidenden Grund, warum man den Nationalsozialismus nicht als System der Unfreiheit und Unterdrückung, sondern als eine Art „Wohlfühldiktatur" empfand. *„Sozialreformen, eine für den kleinen Mann rücksichtsvolle Steuerpolitik und die vielfach – oft auf Kosten anderer – gebotene Möglichkeit des Aufstiegs sorgten für steigende oder zumindest konstante Werte auf dem politischen Stimmungsbarometer.*"[75] Auch Hans Hermanns Familie profitierte von der Politik der Nazis. Im Interview 2005 erinnerte sich mein Großvater an die Schwierigkeiten der Schulgeldbezahlung sowie das Ehestandsdarlehen, das seinem Vater nach Jahren der wirtschaftlichen Krise wieder Aufträge im Möbelgeschäft brachte. Wirtschaftlicher Aufstieg und sichere Lebensumstände zu Zeiten der Weltwirtschaftskrise dürften nicht nur diese Familie für die NSDAP eingenommen haben. Im Gegenteil: *„Solche Gesetze sicherten die gesellschaftliche Basis der NS-Führung mehr als jede rassistische Tirade.*"[76] Dass die enorm kostspielige Politik der Nazis nur auf Grundlage von hemmungslosem Raub und Ausbeutung finanzierbar war, wurde geflissentlich übersehen. Die finanziellen Mittel für die nationalsozialistische Politik stammten von reicheren Deutschen, vor allen Dingen aber aus dem enteigneten Besitz der Juden in

Deutschland. Später weitete sich der Beutezug auf die unterworfenen „Fremdstämme", die Juden Europas, die Ressourcen der eroberten Staaten und die Zwangsarbeiter aus.[77]

4. Das von den Nazis propagierte Weltbild des „Recht des Stärkeren" existierte in der Familie meines Großvaters bereits und beruhte auf weit verbreiteten sozialdarwinistischen Auffassungen. Das Leben, reduziert auf eine ständige Auseinandersetzung mit äußeren Gegenkräften, ist von der nationalsozialistischen Weltanschauung letztlich biologistisch überspitzt worden. Die Kommentare von Hans Hermanns Onkel Friedel erinnern bereits in fataler Weise an Sätze aus Adolf Hitlers „Mein Kampf", in dem es u. a. heißt: *„Der Stärkere hat zu herrschen und sich nicht mit dem Schwächeren zu verschmelzen, um so die eigene Größe zu opfern."*[78] Oder: *„Wer leben will, der kämpfe also, und wer nicht streiten will in dieser Welt des ewigen Ringens, verdient das Leben nicht."*[79]

Zahlreiche Einstellungen, die später den Nationalsozialismus stützten, waren auch in der Familie meines Großvaters vorhanden. Dass die mit ihnen verbundene Mentalität ein Nährboden war, unterstreicht das folgende Zitat von Ralph Giordano: *„Die Herrschaft des Nationalsozialismus war kein als Zufall erklärbarer Betriebsunfall der deutschen Geschichte. Die Vorarbeit des Kaiserreiches für ihn ergab sich nicht aus einer Gleichheit der Systeme. Sie bestand darin, dass zahlreiche ideelle und materielle Elemente übernommen werden konnten, darunter das Großziel der deutschen Weltvorherrschaft. Seine nationalsozialistische Steigerung mag die Vorstellungskraft vorangegangener Epochen überfordert haben – ohne Vorprägung aber wäre diese Steigerung nicht möglich gewesen."*[80]

„Da habe ich mich nach vorne geschoben" – Im Jungvolk: Die Jahre bis 1939

Erinnerung

1932 trat mein Großvater in die – 1933 von den NSDAP-Jugendorganisationen übernommene – Bündische Jugend ein. Da er schnell zum „Jungenschaftsführer" und „Jungzugführer" aufstieg, durfte er im Jungvolk bleiben und wurde nicht mit 14 Jahren an die Hitlerjugend weiter gereicht. Seine letzte Stellung war die des „Fähnleinführers Klingelholl" in Wuppertal-Barmen. Er „befehligte" 150 „Jungmänner", im Volksmund „Pimpfe" genannt. Ende 1938 gab er seinen Dienst im Jungvolk auf, um, so seine Erklärung, für das Abitur zu lernen und der NSDAP-Mitgliedschaft zu entgehen. *„Am 20. April, Hitlers Geburtstag, wurden die ganzen Jugendführer immer in die Partei aufgenommen und dem Führer geschenkt. Das hatte ich vermieden."*

– Warum? –

„Da war ich nicht für, ich wollte nicht in die Partei. Da waren schon Typen, die einem nicht gefielen. Die ältere Generation, die vorher da war, die gefiel einem nicht, deswegen wollte ich da nicht rein."

– Wie hast Du Dich gesehen, wie warst Du, wo ist der Unterschied zwischen Deiner Generation und der älteren? –

„Ich habe die Politik nicht so ernst genommen wie die in der Partei. Volkserziehung und so weiter, das war noch nicht meine Welt."[81]

Auch meine Großmutter Edith, Hans Hermanns Bruder Siegfried und die im selben Haus wohnenden Marlies und Paul-Gerhard waren Mitglieder und laut meinem Großvater auch Führer in den Jugendorganisationen der NSDAP. Edith hatte sich in der Hierarchie sogar noch eine Stufe weiter nach oben gearbeitet. Ihr war im BDM ein ganzer „Stamm" unterstellt, vier „Fähnlein" mit insgesamt etwa 1000 „Jungmädeln".

Sein Aufstieg erfüllte Hans Hermann mit Stolz: *„Ich war doch ein ziemlich strammer Kerl und war interessiert und spielte da mit und hab mich dann auch nach vorne geschoben, das musstest Du, wenn Du irgendwie aufsteigen willst ... Wir wollten nicht popelig alles mitmachen, sondern wenn, dann wollten wir auch mitspielen, wollten wir was zu sagen haben. Und da haben wir uns dann hochgekrost, hochgedient ... Das steigerte mein Selbstbewusstsein natürlich ungeheuer. Und das bestimmte auch später meinen Berufswunsch: ich wollte Offizier werden bei der Wehrmacht.“*[82]

Sein Engagement im Jungvolk beschrieb mein Großvater als mit den Pfadfindern vergleichbar, allerdings mit einer stärkeren militärischen Komponente. Marschieren, Geländespiele, Fahne tragen, Singen und Politik. Dazu gesellten sich noch Sammlungen für das Winterhilfswerk oder das Rote Kreuz sowie Jugendfahrten an die Ostsee, nach Ostpreußen und nach Oberbayern. Auf die Frage, was man damals im „Jungvolk“ unter Politik verstand, antwortete er: *„Da wurde schon mal ein Lied gesungen, ‚Unsere Fahne flattert uns voran‘, und da wurde so ein bisschen ... Wir waren ja die Unterorganisation von der Hitlerjugend, da hat mal der Reichsjugendführer Baldur von Schirach zu uns gesprochen am Volksempfänger ... und wir hatten ja unsere Uniformen, das war schon offiziell.“*

– Welchen Stellenwert hatte der Rasse-Charakter in Eurer Ausbildung? –

„Ja ... Rasse, Blut und Boden ... wir waren eben Jungvolk. Das waren Deutsche. Und dann waren andere Menschen da, die nicht so beliebt waren, aber das waren auch Deutsche. Das waren Juden. Wir hatten in der Klasse einen Juden, der hieß Kahn. Der trug ein blaues Hemd und ein rotes Halstuch. Den haben wir verhauen in der Schule, weil er Kommunist war. Und da war noch einer, Simon, die hatten ein Textilgeschäft in der Stadt. Und noch einer, aber da weiß ich nicht mehr, wie der hieß. Aber mit denen hatten wir nichts am Hut, die ließen wir links liegen. Wir hatten nichts damit im Sinn. Rasse, Blut und Boden, ja. Der Hitler war auch nicht für die Juden, das wussten wir. Und deswegen haben wir uns da nicht drum gekümmert.

Aber das mit dem Kahn, das war 1931, und 1933 ist der von der Schule gegangen. Weil der nicht mitkam, der konnte nichts, war ein bisschen doof. Aber da jetzt irgendetwas Kritisches draus zu machen, wegen Völkerverhetzung oder so, das war nicht so, das haben wir nicht gekannt."[83]

Der Olympiasieger von Berlin im 100m-Lauf, der farbige US-Amerikaner Jesse Owens, wurde 1936 ungeachtet seiner Leistung oder gerade deshalb „*ein bisschen vernascht. Wir hatten ein Lied ‚Jesse Owens and his band is playing a nigger song of Sahara'. Das war so eine Tour, die man so raus gelassen hat, wenn man ausgelassen war und einen getrunken hatte.*"[84]

Mein Großvater erinnerte sich 2005, damals gern die Werke von Autoren wie Erich Edwin Dwinger, Ernst Jünger und Werner Beumelburg gelesen zu haben. Insbesondere Dwingers Werk „Zwischen Weiß und Rot" stand ihm noch gut vor Augen: „*Das war so ein Russlandbuch, nach Osten, weiß und rot, die Kämpfe bis zum Baikalsee und wieder zurück. Da haben wir gesungen: ‚Weht der Wind von Westen, reiten wir dem Sieg entgegen. Werden Russlands Ketten sprengen. Heil'ge weiße Wogen löschen roten Brand. Koltschak kommt gezogen, er befreit das Land. Weht der Wind von Westen …' Also, das war die eine Strophe und ‚geht der Wind von Osten' dann geht das kaputt. Also, so war der Sinn des Liedes.*"[85]

Ereignisse wie der Reichstagsbrand oder „Röhm-Putsch" ließen ihn nicht unberührt, besonders aber beeindruckte meinen Großvater der „Tag von Potsdam." Der Händedruck von Hindenburg und einem im Frack auftretenden Adolf Hitler – eine Inszenierung, die Hitler in eine Kontinuitätslinie mit preußischen Größen wie Friedrich II., Bismarck und Hindenburg stellte – hätte alle Fragen und Zweifel beseitigt. Auch die Olympischen Spiele 1936 in Berlin gingen mit einer Begeisterung einher, der sich meine Großeltern nicht zu entziehen vermochten. Edith fuhr sogar heimlich nach Berlin, um die Spiele zu sehen. Die weitere Revision des Versailler Vertrages, etwa durch den Einmarsch ins entmilitarisierte Rheinland im März 1936, fand frenetischen Beifall: „*Der Hitler war natürlich der Größte in dem Augenblick … Das wurde ganz groß aufgemacht im Kino, in der Wochenschau gezeigt hinterher, und im Radio kommentiert. Da hatten wir ja schon den Volksempfänger. Versailler Vertrag war ja Verrat gewesen, und Weimarer Republik, die ganzen Reichskanzler, die waren ja nicht sehr beliebt. Die waren alle nicht unsere Welt. Die wurden schlecht gemacht. Dann kam das Saarland. ‚Deutsch ist die Saar.' Da waren große Veranstaltungen, dann die Wahl, Saarland zu Deutschland, das war dann toll. Dann kam der Einmarsch nach Österreich, 1938. Sehr positiv aufgenommen von unserer Bevölkerung, die gehörten zu uns.*"[86]

Als die Regierungsgewalt am 30. Januar 1933 auf die NSDAP überging, setzte auch die Verfolgung der jüdischen Bevölkerung in Deutschland ein. Die antijüdischen Maßnahmen, wie zum Beispiel der Boykott jüdischer Geschäfte oder Sprüche auf Parkbänken wie „Für Hunde und Juden verboten", waren für jedermann sichtbar.[87] Zahlreiche Verordnungen wie das „Gesetz zur Wiederherstellung des Berufsbeamtentums" oder vor allen Dingen die „Nürnberger Gesetze" 1935 verdrängten die Juden aus dem öffentlichen Leben und initiierten die systematische Enteignung und den Raub des jüdischen Eigentums.[88] Davon gewusst zu haben, stritt mein Großvater 2005 nicht ab: *„Ja, das haben wir mitgekriegt, aber doch nicht so intensiv, wie wenn heute neue Gesetze verabschiedet werden. Die Nachrichten waren ja auch anders als heute. Wir haben es mitgekriegt, wir wussten das, aber es war für uns nicht relevant. Wir hatten keine Verbindungen, Familienverbindungen mit Juden, und deswegen war das für uns uninteressant."*

– Ihr habt das nicht als großes Unrecht oder so empfunden, weil ihr das selbst gar nicht in der eigenen Familie erlebt habt? –

„Nein, wir haben das nicht als Unrecht empfunden, wir mussten ja auch mit der Zeit gehen und die Zeit war so. Die Medien hatten noch nicht die Bedeutung, die sie heute haben."[89]

Die Verbrechen und Übergriffe während der sogenannten „Reichskristallnacht" bzw. des Pogroms am 9. November 1938 – in Wuppertal zerstörten SA-Trupps zahlreiche jüdische Geschäfte zündeten die Synagoge an[90] – wertete mein Großvater in der Erinnerung 2005 jedoch kritisch: *„Das war nicht richtig. Wir haben uns über die Kaputt-Schlagerei und über den Brand der Synagoge aufgeregt, das war nicht unsere Masche. Das war die SA, das war die SS, das haben wir abgelehnt ... Aber wir konnten nichts machen, da musste man die Schnauze halten. Da konnte man gar nichts machen. Deswegen waren die ja so stark. Die Straße war stark. Und die SA war die Straße."*[91]

Nach dem Abitur Anfang 1939 leistete Großvater seit dem 1. April seinen Arbeitsdienst in Straelen ab. Die Zerschlagung der „Rest-Tschechei" im März 1939 beurteilte er als heikel, während der Einmarsch in das Sudetenland im Oktober 1938 seiner Ansicht nach positiv und richtig gewesen sei.

Großmutter Edith begann im Januar 1937 eine Lehre in der Futterstoffweberei „P. C. Neumann“, die sie mit gutem Zeugnis abschloss. Im August 1939 sah sie sich nach dem Tod ihres Vaters gezwungen, den Betrieb zu verlassen und als Vertreterin der Familie im Chemie-Großhandel „Wachs & A.“ mitzuarbeiten. Da sie sich weder in der neuen Rolle noch in dem Berufszweig besonders wohl fühlte, begann für sie eine schwierige Phase.

Die Jugendjahre betrachtete mein Großvater insgesamt als außerordentlich erlebnisreich.

„Wir haben für die Zeit und die Möglichkeiten, die wir hatten, toll gelebt und das Beste draus gemacht. Die Erinnerungen, die wir da haben, die sitzen im Herz, die sitzen fest.“[92]

Familienquellen

Zahlreiche Bilder im Familienalbum zeigen Hans Hermann, seinen Bruder Siegfried und auch die im Haus wohnenden Marlies und Paul-Gerhard in der Uniform des Jungvolkes. Nicht nur die sorgfältige Dokumentation offenbart, dass mein Großvater mit den 1930er Jahren sehr zufrieden gewesen ist. In einem Brief an Onkel Friedel in Argentinien schrieb er 1937: *„Im Deutschen Jungvolk, der kleinsten Gliederung der Hitlerjugend, führe ich ein Fähnlein, das sind 150 Mann, Pimpfe, wie sie bei uns heißen. Damit geht es jeden Samstag raus ins Gelände zu Spiel und Sport, oder zum Exerzieren.“*[93] Enthusiastisch berichtete er von den zahlreichen Reisen, u. a. zu den *„Schlachtfeldern des Weltkrieges“* und nach Bayern, wo man die Städte Augsburg, München, Berchtesgaden sowie den Walchen- und Kochelsee, die Karwendelspitze und den Obersalzberg besuchte, *„wo wir leider den Führer nicht trafen ... Unseren Lebensinhalt, unser heiliges Deutschland lernen wir so in der Gemeinschaft kennen und lieben. Es ist ja so schön! Komm Du rüber und Du wirst es neu erleben!“*[94]

Als Hans Hermann eine Reise nach Argentinien ins Auge fasste, antwortete ihm der Onkel am 10. Oktober 1937 auf seinen schwärmerischen Bericht: *„Wenn es sich einrichten lässt, dann werde ich Dich nach einem Besuche in der Heimat mal gerne mit hierher nehmen. Aber beileibe nicht, um in Dir auch nur irgendwelche Lust am Auswandern zu erwecken, sondern,* *im Gegenteil, um Dir zu zeigen, wie viel besser alles in Deutschland ist. Bei Deiner Liebe zu Deutschland, die aus jeder Deiner Zeilen zu erkennen ist, glaube ich auch nicht, Gefahr zu laufen, Dich fürs Ausland, besonders nicht für diese Kolonie des internationalen Judentums zu begeistern.*"[95]

Der Onkel musste offenbar nicht an das Verantwortungsgefühl von Hans Hermann appellieren, und sein Neffe sah sich in seinem Deutschtum bestätigt, lobt Friedel ihn doch in einer späteren Passage des Briefes mit folgenden Worten: „*Deine Handschrift lässt auf einen fertigen, gefestigten Charakter schließen, wie auch der Inhalt Deines Briefes auf einen würdigen Spross des uralten Geschlechts der mannbaren K. deutet.*"[96]

Über seine Haltung zur Revision des Versailler Vertrages ist leider keine schriftliche Quelle vorhanden, welche die Position meines Großvaters darlegte. Angesichts seiner 2005 noch überaus positiv besetzten Erinnerungen und seiner euphorischen Schilderung des „Neuen Deutschlands" aus dem Jahr 1937 ist jedoch zu vermuten, dass die Okkupation Österreichs im März 1938 sehr wohl seinen Anklang gefunden hat. Die Verwandten in Argentinien, obwohl von den Ereignissen bedeutend weiter entfernt als Hans Hermann und seine Eltern, stimmten in die Jubelstimmung ein: „*In diesen Tagen hängen wir allabendlich am Radio und hören die Reden des Führers und die Begeisterung in Österreich. Fabelhaft! Wir sind wahnsinnig stolz hier draußen. Die Engländer sind noch weit hinter dem Mond zurück. Aber das haben sie nun doch endlich gemerkt, dass die europäische Gleichgewichtsschaukel sich nun doch einmal zu ihren Ungunsten gesenkt hat. Die Ereignisse eilen heute mit Riesenschritten und bald wird dieses teuflische Volk auf dem Platze angelangt sein, der ihm zukommt. Das Gebet während der Kriegsjahre ‚Gott strafe England' ist erhört worden!*"[97]

Unterschrieben war der Brief Friedels erstmalig mit „Heil Hitler." Eine Antwort Hans Hermanns ist leider nicht vorhanden, die Korrespondenz brach aber nicht ab. Über die Erwähnung der „Kolonie des internationalen Judentums" in Argentinien hinaus gibt es allerdings keine weiteren „Egodokumente" der Familie, die eine eindeutige Position zur „Judenfrage" oder auch zur Pogromnacht in Wuppertal erkennen lassen.

Analyse und Forschungsstand

Die nationalsozialistische Politik maß der Ausbildung und Erziehung der Jugend seit jeher eine entscheidende Bedeutung zu. Den NS-Jugendorganisationen oblag die Aufgabe, den „neuen Menschen" für die „neue Volksgemeinschaft" heranzuziehen; in ihm sah man den künftigen Träger des Systems. Das Erziehungsziel war, so Arno Klönne, der *„äußerlich aktivierte und leicht aktivierbare, körperlich leistungsfähige, beruflich tüchtige, an Organisationsdisziplin gewöhnte Junge, der – von der Formaldisziplin bis zur Ideologie – an die Einhaltung der von der Organisation gelieferten Normen sich unreflektiert binden, Initiative nur im Rahmen dieser Normen entfalten und sein Selbstwertgefühl auf die Stellung seiner Organisation und seine Position innerhalb derselben beziehen sollte.*"[98]

Meine Großeltern bekleideten innerhalb der NSDAP-Jugendorganisationen auf lokaler Ebene hohe Stellungen und fühlten sich für die Erziehung zahlreicher Jugendlicher mitverantwortlich. Da die Entscheidung für oder gegen einen Aufstieg im NS-Gefüge frei war,[99] muss ihr eigener Wunsch und Wille sowie die dazugehörige Befähigung Motor dafür gewesen, relativ bedeutende Positionen zu erreichen. Meine Großeltern wurden also nicht einfach nur indoktriniert, sondern bildeten selber Jugendliche aus. Das heißt, sie dürften den an sie gestellten Anforderungen entsprochen haben und von ihren Aufgaben überzeugt gewesen sein. Michael Buddrus spricht den Führern und Ausbildern der Jugendorganisationen denn auch eine wichtige Rolle zu. Als Vorbilder lebten sie vor, was die Partei verlangte.[100]

An den wöchentlichen Heimabenden ging es um die Vermittlung der zentralen Unterrichtsziele. Zu den Themen der im ganzen Reich standardisierten „Jahrgangsschulungspläne" gehörten für das Jungvolk etwa germanische Heldensagen, deutsche Geschichte, die „Kampfzeit" der NSDAP und ihre wichtigsten Vertreter.[101] Die antisemitische Rassenlehre spielte bereits seit 1934 eine entscheidende Rolle, denn *„die als Lehrenden auftretenden HJ-Führer sollten ‚in der Lage sein, aus den rassisch bestimmten Charakterwerten die Bestimmung unserer Kultur herzuleiten.'*"[102] Seit 1937/1938 beschwor man zudem die „Weltgefahr Bolschewismus", die Feindbilder wie „Judentum" und „Bolschewismus" zunehmend gleichsetzte.[103]

Obwohl Hans Hermann eine Völkerverhetzung aufgrund der „Rasse-Erziehung“ im Jungvolk im Interview 2005 von sich wies, sprechen doch einige Tatsachen dafür, dass auch in seiner Familie eine „völkische“ Weltsicht herrschte. So bediente sich sein Onkel Friedel nationalsozialistischen Vokabulars, als er von der „Kolonie des internationalen Judentums“ in Argentinien sprach. Auch die Tatsache, dass seine Eltern die antisemitische DNVP wählten, zeigt, dass Hans Hermann früh mit „völkischem“ Gedankengut in Berührung gekommen bzw. konfrontiert worden ist.

Aber mein Großvater berichtete auch von eigenen Übergriffen. Das Verprügeln des jüdischen Mitschülers Kahn begründete er zwar mit dessen politischer Gesinnung als Kommunist und machte sich vom – unausgesprochenen – Vorwurf des antisemitisch begründeten Motivs frei. Vor dem Hintergrund der zunehmenden Identität der Feindbilder „Kommunismus“ und „Judentum“ bleiben jedoch Zweifel an seiner Darstellung. Auch das herablassende Lied über den farbigen Leichtathleten Jesse Owens spricht dafür, dass er die Ideale über die „höherwertige, nordische Rasse des Ariers“ im Sinne der NS-Weltanschauung wohl übernommen hat. Die Rechtfertigung, es handle sich um *„eine ausgelassene Tour, wenn man einen getrunken hatte“*, erscheint für den zum Zeitpunkt der Olympischen Spiele gerade fünfzehn Jahre alten Hans Hermann eher als nachträglicher Versuch der Verharmlosung. Dass der Anspruch, Teil einer „Herrenrasse“ zu sein, in der Familie durchaus Anklang gefunden haben dürfte, bestätigt auch der Brief Friedels an Hans Hermann, in welchem auf das *„uralte Geschlecht der mannbaren K.“* verwiesen ist.

Die erwähnte Abneigung einem Parteieintritt gegenüber lässt sich allerdings bestätigen. Für eine NSDAP-Mitgliedschaft meines Großvaters gibt es keine Anhaltspunkte im Bundesarchiv in Berlin-Lichterfelde. Demgegenüber beantragte meine Großmutter Edith am 15. Juni 1938 die Aufnahme in die NSDAP. Mit Eintrittsdatum vom 1. September 1938 ist sie unter der Mitgliedsnummer 6940708 in der NSDAP-Mitgliederkartei vermerkt[104] – eine Tatsache, die in den Erinnerungsinterviews von 2005 nie thematisiert und weder bestritten noch bejaht worden ist. Allgemein hatte es aber in Familienkreisen immer geheißen, niemand sei jemals Mitglied in der NSDAP gewesen. Insbesondere gegenüber ihren Töchtern bekräftigten Hans Hermann und

Edith das immer wieder. Zu dem Zeitpunkt ihres Antrages arbeitete meine Großmutter in der Futterstoffweberei „P. C. Neumann". Über ihre Motive kann nur spekuliert werden, der schriftliche Antrag zur Aufnahme in die NSDAP ist – wie in den meisten Fällen – nicht mehr vorhanden.

Marlies, Jugendfreundin meiner Großmutter, Cousine von Hans Hermann und im selben Haus wie die beiden lebend, bestätigte mir in einem Interview, dass ich 2006 mit ihr führte, Edith sei sehr begeistert gewesen. In großer Hochstimmung und mit Sorgfalt habe sie bei den Sammlungen fürs Winterhilfswerk mitgemacht und bei „Eintopfsonntagen" geholfen. Die NS-Weltanschauung sei von ihr sehr verinnerlicht worden und ihre Einstellung stark national gewesen.[105] Vor dem Hintergrund dieses Interviews, der Quellen (etwa auch den peniblen Nachweisen ihrer „arischen" Abstammung) und der Berichte über Ediths Engagement dürfte ihr Parteieintritt 1938 nur eine logische Konsequenz gewesen sein. Von einer „unfreiwilligen Mitgliedschaft", wie sie unter anderem für die ebenfalls in der Mitgliederkartei vermerkten Martin Walser, Siegfried Lenz und Dieter Hildebrandt diskutiert wurde[106], ist wohl kaum auszugehen.

Auch regional und überregional bekannte Vertreter der NSDAP waren in der Familie meiner Großmutter und somit Edith und später auch Hans Hermann persönlich bekannt. Dr. Friedrich Wachs, der Teilhaber des Geschäftes „Wachs & A." von Ediths Vater Hugo, war Präsident der Industrie- und Handelskammer (IHK) in Wuppertal und in dieser Funktion maßgeblich an der Enteignung und dem Raub jüdischen Eigentums beteiligt. Unter seiner Leitung wurden in Wuppertal über 100 jüdische Geschäfte und Betriebe „arisiert".[107] Professor Dr. Friedrich Grimm, Jurist, Völkerrechtler und 1933-1945 NS-Reichstagsabgeordneter, war ein angeheirateter Onkel von Edith. Als Rechtsanwalt erlangte er bereits im „Ruhrkampf" große Bekanntheit, nach dem Zweiten Weltkrieg forderte er vehement eine Generalamnestie für NS-Verbrecher.[108] Mit ihm und seiner Frau bestand ein herzlicher Kontakt, Edith und Hans Hermann besuchten die Grimms sogar nach dem Zweiten Weltkrieg privat in Freiburg im Breisgau.

Das Anforderungsprofil für Führer in den NS-Jugendorganisationen, die schwärmerischen Berichte und Beschreibungen Hans Hermanns sowie der Parteieintritt von Edith verdeutlichen, dass beide in jungen Jahren offensichtlich stark vom Nationalsozialismus überzeugt waren und sich im „Jungvolk“ bzw. im „Bund Deutscher Mädel“ für ihn einsetzten.

Auch die von meinem Großvater genannte Literatur seiner Jugend lohnt eine nähere Betrachtung. Werner Beumelburgs Weltkriegs-Werk „Gruppe Bosemüller“[109] etwa gilt in der *„germanistischen Forschung ... als markantestes Beispiel eines deutsch-national geprägten Frontromans.“*[110] Ernst Jünger war einer der bekanntesten Autoren der Zwischenkriegszeit und nach 1945 häufig Gegenstand zahlreicher Diskussionen. Obwohl er sich nicht für das NS-Regime vereinnahmen ließ, leisteten seine „völkischen“ und antisemitischen Werke dem nationalsozialistischen Gedankengut Vorschub. Seine Kriegserlebnisse stellte Jünger in ästhetischer Überhöhung und Romantisierung dar. Der Krieg sei eine existenzielle Erfahrung, aus dem der „neue Mensch“ geläutert und „neu erschaffen“ hervorginge.[111] Der bereits erwähnte Roman „Zwischen Weiß und Rot“ von Erich Edwin Dwinger[112] wiederum thematisiert den russischen Bürgerkrieg nach der Revolution der Bolschewisten. Dwinger publizierte zeitlebens bolschewismuskritische Werke und unterschied insbesondere stark zwischen der „Minderwertigkeit“ der osteuropäischen und der „Höherwertigkeit“ der westeuropäischen Kulturnationen.[113] An der von meinem Großvater in seiner Jugend gelesenen Literatur – zumindest der 2005 als wichtig erinnerten – fällt auf, dass sie antidemokratisch, antipazifistisch und auch antisemitisch geprägt war. Vielfach ging es um nationalistisches Gedankengut, das revisionistisch und romantisierend den Ersten Weltkrieg behandelte. Auch das Feindbild des Bolschewismus fand starke Betonung. Das „Lied von Koltschak“ zeigt, das mein Großvater schon während der Jugendzeit über Kämpfe in Russland las und sang, wie sie dann später blutige Wirklichkeit werden sollten.

Dass die konsequente Revision des Versailler Vertrages und hierbei insbesondere der sogenannte „Anschluss“ Österreichs in der deutschen Bevölkerung Begeisterungsstürme auslösten und auch viele Skeptiker für Hitler einnahmen, sei hier nur am Rand erwähnt.[114] Man muss sich zudem darüber im Klaren sein, dass die ekstatischen Massen und Kollektiv-Erlebnisse, der Jubel und Zuspruch für den „Führer“, die ganze *„enthusiastische, Funken sprühende ... deutsche Volksbewegung mit einer ungeheuren seelischen Investierung von Glauben und Begeisterung“*[115] auch auf meine damals jungen Großeltern stark narkotisierend und die NS-Herrschaft legitimierend gewirkt haben muss.

Ein Widerspruch in der Darstellung meines Großvaters fällt besonders auf. Im Zusammenhang mit der Berichterstattung über den Einmarsch ins entmilitarisierte Rheinland oder den „Anschluss" Österreichs sprach er von einer „ganz großen Aufmachung" der Ereignisse in Presse, Funk und Wochenschau. Er war also mit allen nötigen Informationen mehr als ausreichend versorgt, von einer dünnen, nicht zufrieden stellenden Nachrichtenlage kann keine Rede sein. Die Meldungen und Berichte über neue Judengesetze erreichten ihn zwar ebenfalls über die Medien, denen er aber im selben Atemzug jene vorher attestierte große Bedeutung gleich zweimal wieder absprach: *„Doch nicht so intensiv mitgekriegt, wie wenn heute neue Gesetze verabschiedet werden ... Die Medien hatten noch nicht die Bedeutung, die sie heute haben."*

Generationen von Forschern haben versucht, die Reaktion der Deutschen auf die Verfolgung – und später die Vernichtung – ihrer jüdischen Mitbürger zu erklären. Es existieren zahlreiche Thesen, Spekulationen und Erklärungsversuche, warum sich die Mehrzahl der Deutschen der Ausgrenzung und den Leiden der Juden gegenüber so gleichgültig verhielt. Peter Longerich kommt zu dem Schluss, dass *„die ... sichtbar zur Schau getragene Indifferenz und Passivität gegenüber der ‚Judenfrage' ... nicht mit bloßem Desinteresse an der Verfolgung der Juden verwechselt werden darf, sondern als Versuch gesehen werden muss, sich jeder Verantwortung für das Geschehen durch ostentative Ahnungslosigkeit zu entziehen."*[116] Longerichs Einsicht trifft auch auf die Aussagen meines Großvaters zu. Sie lassen einerseits eine starke Gleichgültigkeit oder gar Zustimmung gegenüber der barbarischen Ausgrenzung der jüdischen Bevölkerung aus dem gesellschaftlichen Leben erkennen. Mein Großvater empfand solche Indolenz offenbar keineswegs als Unrecht. Gleichzeitig versuchte er jedoch im Erinnerungsinterview 2005 mit dem widersprüchlichen Verweis auf die nicht vergleichbare Nachrichtenlage, insbesondere sein eigenes Wissen und seine Mitverantwortung zu relativieren.

Seine Aussage, die „Kaputt-Schlagerei" der „Reichskristallnacht" habe er abgelehnt und ihn wütend gemacht – familiäre Quellen zur Bestätigung fehlen leider – deckt sich hingegen ebenfalls mit zahlreichen Forschungsergebnissen. Wolf-Arno

Kropat z.B. gelangt zu dem Ergebnis, dass die Mehrheit der deutschen Bevölkerung dem „Radau-Antisemitismus" ablehnend gegenüber stand. Dabei ist es sicher wichtig, sich vor Augen zu halten, dass es sich bei den Übergriffen auf jüdische Mitbürger, Geschäfte, Wohnungen und Synagogen im November 1938 entgegen der NS-Propaganda nicht um die spontane „Entladung des Volkszornes" handelte, sondern um angeordnete und gezielt durchgeführte Aktionen von SA und SS unter verschwindend geringer Beteiligung der Bevölkerung.[117]

Zwar heizte auch der Wuppertaler „Generalanzeiger" die Stimmung an und stellte in seiner Ausgabe vom 10. November 1938 den *„feigen Meuchelmord"* an Gesandtschaftsrat Ernst vom Rath in Paris – den „Anlass" für die „Reichskristallnacht" – als *„jüdische Rachsucht"*[118] dar, von einer „Entladung des Volkszornes" zu sprechen, dürfte aber mehr als übertrieben sein. Vielmehr waren auch in Wuppertal Anrufe der Gauleitung der NSDAP mit den Befehlen eingegangen, die Schaufenster jüdischer Geschäfte einzuschlagen und die Gotteshäuser anzuzünden. Die Synagogen in Elberfeld und in Barmen sowie die Kapelle des jüdischen Friedhofs brannten völlig aus, die Feuerwehr wurde, wenn überhaupt, erst nach der völligen Zerstörung der Gebäude tätig oder sorgte sich darum, angrenzende Bauten zu schützen.[119]

Ian Kershaw weist darauf hin, dass auf der Grundlage weit verbreiteter antisemitischer Vorurteile, von der NS-Propaganda noch massiv verstärkt, gesetzliche Beschränkungen für Juden weitgehend befürwortet worden sind, man aber Gewaltexzesse wie etwa jene während der Pogromnacht ablehnte. Seiner Meinung nach waren jedoch die „eingeschüchterte, schweigende Missbilligung" und mangelndes Aufbegehren sowie das erwähnte Desinteresse und die Unsensibilität gegenüber dem Schicksal der Juden wichtige Voraussetzungen für die spätere „Endlösung der Judenfrage." Die radikale antisemitische Minderheit sei durch das interesselose, abgestumpfte Verhalten der deutschen Bevölkerung darin bestätigt worden, weitere Maßnahmen bis hin zur physischen Vernichtung der Juden ergreifen zu können.[120]

In Wuppertal lebten 1933 2961 Bürger jüdischen Glaubens. Die Mehrheit ist bis 1942 deportiert, über 1000 von ihnen sind in den Konzentrations- und Vernichtungslagern in Osteuropa den ermordet worden.[121]

„Man hatte den Verdacht, dass die SS rücksichtslos vorging" – Kriegsbeginn in Polen

Erinnerung

Ungewöhnlich früh wusste Hans Hermann, welchen Beruf er ergreifen wollte: Offizier der Wehrmacht. Nach eigener Aussage bewarb er sich schon mit fünfzehn Jahren beim Infanterieregiment 80 in Koblenz – mit dem Osterzeugnis des Jahres 1936 sowie mit Hilfe von zwei Bürgen. Bei einer Schulveranstaltung in Wuppertal war er einem Major im Generalstab des Regiments 80 begegnet, der ihm zu seiner Bewerbung geraten hatte. Anfang 1937 soll der Antrag bewilligt worden sein: Gleich nach dem Arbeitsdienst wollte das Infanterieregiment 80 ihn aufnehmen. Vom Beginn des Überfalles auf Polen erfuhr Hans Hermann bei einem Baubataillon, in dem er seit dem 1. April 1939 seinen Arbeitsdienst ableistete. Nach Einsätzen in Straelen an der Niers schlug sein Bataillon im September 1939 Schussschneisen in die Wälder südlich von Aachen. Die Gründe für den Überfall auf Polen schilderte mein Großvater 2005 folgendermaßen: *„Ziel des Angriffes war es, eine Verbindung mit Ostpreußen herzustellen über Danzig. Und Danzig war ja ein Kriegsgrund. Aber das gehörte ja auch gar nicht zu Polen, das war ja unabhängig. Und das haben wir ja auch geschafft, in wenigen Tagen waren wir da durchmarschiert. Und wir waren natürlich alle begeistert, wie das geklappt hatte und unsere Jungs das alles hingekriegt hatten."*[122] Der zuvor abgeschlossene Nichtangriffspakt zwischen dem Deutschen Reich und der Sowjetunion wollte ihm aber nicht einleuchten. *„Hitler hat mit Molotow einen Vertrag gemacht: Die Russen marschierten nach Polen ein und wir auch. Aber dieser Vertrag ging nicht in unseren Kopf rein, dass Hitler mit Stalin einen Vertrag abschloss und gerade so einen Vertrag."*

– Stalin war also nicht unbedingt euer Freund? –

„Absolut, Stalin war doch der größte Gegner, der Bolschewismus war fast schlimmer als die Juden, erst. Und hinterher

war das umgekehrt in der ganzen politischen Argumentation."[123]

Mitte September 1939 wurde Hans Hermann vom Arbeitsdienst nach Koblenz zur Wehrmacht abkommandiert. Nach den ersten vier bis sechs Wochen verlegte man sein Bataillon in das gerade erst eroberte Polen, in die etwa 40 Kilometer südöstlich von Bromberg (Bydgoszcz) gelegene Stadt Hohensalza (Inowrocław). In seiner Kompanie befanden sich weitere acht Offiziersanwärter, die in Hohensalza wie er Reitunterricht bekamen. Die infanteristische Grundausbildung bestand aus Schießübungen, Nacht- und Gepäckmärschen sowie einer zusätzlichen Reitausbildung. An die Offiziersanwärter habe man besonders hohe Anforderungen gestellt. Die Frage nach seinen eigenen Leistungen beantwortete er jedoch ausweichend: „*Die [Beurteilungen] lagen beim Personalchef vom Regiment, Abteilung Ib war das.*"[124]

Das Verhältnis zur polnischen Bevölkerung beschrieb er als freundlich: „*Gewehrt haben die sich nicht. Da waren einige froh, wenn sie Kontakt mit Deutschen aufnehmen konnten, dann haben sie uns freundlich aufgenommen und waren dann von uns freundlich angesehen.*"

– Ablehnung gegen die deutsche Besatzung, hast du nicht gespürt? –

„*Nee, davon haben wir nichts gemerkt. Die mussten sich gut stellen, und dann haben sie das auch getan.*"

– War Hohensalza sichtbar zerstört? –

„*Das war weitestgehend unzerstört.*"

– Sonst in Polen, wie sah das aus, wenn du da mit dem Zug durchgefahren bist? –

„*Nee, nichts gesehen, keine Trümmer, nichts. Die sind da durchmarschiert und dann war das aus. Wir hatten ja kaum Gegenwehr.*"[125]

Im weiteren Verlauf des Interviews thematisierte ich die Kriegsverbrechen der Besatzungstruppen in Polen. Nach Vorlage eines Zitates des Oberbefehlshabers der 8. Armee, General Blaskowitz, der die „*in aller Öffentlichkeit*"[126] verübten Morde an der polnischen Intelligenz, dem Klerus und dem Adel scharf kritisierte, antwortete mein Großvater auf die Frage, ob er selbst Vergleichbares gesehen habe: „*Nein, bei uns nicht. Das ist mir vollkommen unbekannt. Das wurde auch nicht aktuell kolportiert, sondern immer erst im Nachhinein, wenn*

Institutionen auftauchten, die das veröffentlichten und hochspielten. Die SS hat zunächst mal immer versucht, das zu unterdrücken. Die Wehrmacht hat gar nichts gemacht und aktiv war nur die SS. Wir hätten auch nicht mitgemacht. Die Einstellung unserer Truppe, unseres Bataillons und unseres Regiments war so, wir hätten so was nicht mitgemacht. Wir wussten so was auch nicht. KZ ... das Wort habe ich erst gehört, da war der Krieg und Stalingrad und alles vorbei. Frühestens 1943 habe ich davon etwas gehört."[127]

Schon früher hatte mein Großvater im Interview eine klare Grenzlinie zwischen der SS, der Waffen-SS und der Wehrmacht gezogen: „*Das war ein Konkurrenzkampf, die Wehrmacht mit alten Traditionen und die Waffen-SS neu, als nationalsozialistische Elite-Einheit.*"[128] Auf die Frage, ob wenigstens Gerüchte eine Ahnung von dem Vorgehen der deutschen Besatzungstruppen in Polen vermittelt hätten, gab er zu, von Mordaktionen gehört zu haben. „*Man hatte den Verdacht, dass die SS rigoros, ohne Rücksicht auf Verluste vorging.*"[129] Das weitere Zitat von General Blaskowitz, der monierte, das Vorgehen der SS beschädige das deutsche Ansehen in Polen schwer, und der deshalb forderte, die Schuldigen der Militärgerichtsbarkeit zu überstellen,[130] kommentierte mein Großvater fast spöttisch: „*Wo sollte man anklagen? Oder wo sollte der Blaskowitz anklagen? Bei welchem Gericht? Er musste erst recht mal die Schnauze halten, wenn er die Wehrmacht nicht in den durch die SS entstandenen Sumpf ziehen wollte.*"[131]

Wenig später räumte er zumindest ein größeres Wissen um das Vorgehen der SS ein: „*Das war uns bekannt. Und dass die auch rigoros war und nicht schlecht drauf schlug, wenn was war. Und dass sie erschossen haben. Und dass hinterher, als der Krieg gegen Russland kam, die SS erst richtig aktiv wurde. Und zwar wurde uns das so dargestellt: Die deutschen Truppen, die in Russland einmarschierten, die wurden von den Russen malträtiert, denen wurden die Augen ausgestochen und so weiter. Und dagegen ist die SS vorgegangen. Und hat geschossen. Zurückgeschossen. Und hat genauso gut die Verbrecher der russischen Armee aussortiert und umgelegt*".

– Also rigoros, was du jetzt zweimal gesagt hast, heißt dann ...

– ... *erschossen.*"[132]

Zu meiner weiteren Frage, ob er denn geglaubt habe, die Morde seien mit Wissen und Billigung der höchsten Regierungskreise geschehen, erklärte er: *„Da haben wir uns gar keine Ahnung drüber gemacht, ob Hitler so was wusste oder nicht. Letztlich war Hitler dafür verantwortlich, der musste wissen, was der Himmler machte, und dass in Polen die Juden ganz rigoros ausgerottet wurden. Im Warschauer Ghetto, die Kämpfe, da haben die sich erhoben und sind aufgerieben worden ... das war schon so.*"[133]

Im Februar 1940 wurde Hans Hermann von der Ersatztruppe zum aktiven Teil versetzt und kam zur 1. Kompanie des Infanterieregiments 80, das in Mannebach an der luxemburgischen Grenze lag und sich auf den Angriff auf Frankreich vorbereitete.

Familienquellen

Der genaue Zeitpunkt seines Wunsches, als Offiziersanwärter bei der Wehrmacht angenommen zu werden, lässt sich nicht nachprüfen. Die Bewerbung bereits im Jahr 1936 und die positive Rückmeldung Anfang 1937 erscheinen jedoch sehr früh. Am 16. August 1937 schrieb er seinem Onkel Friedel nach Argentinien: *„1939 bin ich, wenn alles gut geht, was ich hoffe, fertig mit der Schule. Nachdem ich dann das ½ Jahr Arbeitsdienst abgeleistet habe, denke ich Offizier zu werden, entweder bei der Luftwaffe oder der Infanterie. Der Offiziersberuf ist für mich, glaube ich, der Beste, denn mit Stubenhocken mein Leben zu fristen, verspüre ich keine Neigung.*"[134]

Die Berufswahl und Karriereplanung war Mitte 1937 noch keineswegs so weit fortgeschritten, wie mein Großvater sich 2005 erinnerte. Vermutlich hat er sich in den Jahreszahlen geirrt. Fakt ist allerdings, dass er sich früh für die Karriere als Berufsoffizier interessierte und diesen Weg auch konsequent und erfolgreich verfolgte. Sein Brief verdeutlicht, wie sehr er sich den Beruf des Offiziers als spannend und abenteuerlich ausmalte, keinesfalls mit *„Stubenhocken"* vergleichbar. Eine Romantisierung des Militärs ganz im Sinne der von ihm bewunderten Kriegsbelletristik lässt sich erahnen.

Die Personalakte meines Großvaters bestätigt sowohl die Angaben über den Arbeitsdienst in Straelen als auch den Eintritt in die Wehrmacht. Nach der Aufnahme vom 19. September

1939 als Offiziersanwärter in die 3. Kompanie des Infanterie-Ersatzbataillons 80 und seiner Ausbildung bis zum 11. Februar 1940 folgte die Versetzung zum aktiven Truppenteil, dem 1. Bataillon des Infanterieregiments 80, wo man ihn am 1. April 1940 zum Fahnenjunker-Gefreiten beförderte. Beurteilungen aus dieser Zeit enthält die Personalakte nicht.

Aus der Zeit in Hohensalza hat Hans Hermann in dem von ihm angelegten Fotoalbum „Wehrmacht" eine Landkarte der Umgebung aufbewahrt. Es handelt sich um eine auf den 24. Mai 1940 datierte Karte der Infanterie-Grenadierersatzkompanie 34 im Maßstab 1:100 000. Wie er in ihren Besitz gelangt ist und warum er sie mit nach Hause genommen hat, lässt sich nicht nachvollziehen. Mehrere Bilder zeigen meinen Großvater in seiner Anfangszeit bei der Wehrmacht, darunter ein Portrait-Foto in Uniform mit einem Abzeichen des Infanterieregiments 80 sowie mehrere Aufnahmen von der Vereidigungsfeier.

Analyse und Forschungsstand

Die Erinnerungen meines Großvaters an seine Grundausbildung in Polen lohnen eine nähere Betrachtung. Zwei Punkte treten besonders hervor: die von jedweden Kriegsverbrechen losgelöste Darstellung der Wehrmacht sowie eine oftmals widersprüchliche Schilderung der beginnenden Vernichtung der Juden.

Zunächst ist festzuhalten, wie bereits vor Kriegsbeginn diverse Feindbilder verinnerlicht worden sind. Noch 2005 brauste mein Großvater beinahe auf, als es um den Hitler-Stalin-Pakt ging. Stalin sei ja in der Wahrnehmung und Darstellung der damaligen Zeit der *„größte Gegner, der Bolschewismus fast schlimmer als die Juden"* gewesen.

Den Kontakt mit der polnischen Bevölkerung bezeichnete Hans Hermann als „freundlich", also harmlos. Die – von ihm unreflektierte – Tatsache, dass sich die Einheimischen mit den Besatzern gut stellen *mussten*, verdeutlicht aber, dass es im Falle einer mangelnden Kooperation zu Konsequenzen gekommen wäre. Die Frage, ob die polnische Bevölkerung die deutsche Okkupation als Eingriff in die eigene Souveränität und als Belastung begriff, scheint ihn weder 1939 noch 2005 sonderlich beschäftigt zu haben.

Jochen Böhler erkennt in der abwertenden Beurteilung der polnischen Lebensumstände und Wohnkultur, oft als „einfach", „verschmutzt", „dreckig", „primitiv" oder „heruntergekommen" abgetan, und dem damit einhergehenden „Höherwertigkeitsgefühl" der deutschen Soldaten, Gründe für das menschenverachtende und brutale Vorgehen sowie eine weitgehende Unempfänglichkeit gegenüber dem Leid der polnischen Bevölkerung.[135] Über die zeitgenössische Rezeption des „Polen-Bildes" meines Großvaters lässt sich in Ermangelung konkreter Quellen nur spekulieren. Angesichts seiner Herkunft aus einem erzkonservativen, deutsch-nationalistischen Elternhaus mit militaristischem Einschlag steht zu vermuten, dass eine stark polenfeindliche Haltung – wie sie auch die von seinen Eltern gewählte DNVP vertrat – auf Hans Hermann abgefärbt hatte. Dass „Gegenentwürfe" wie etwa die um Annäherung an Polen und Frankreich bemühte Politik eines Friedrich Wilhelm Foersters im Elternhaus meines Großvaters Anklang gefunden hätte, ist extrem unwahrscheinlich.[136] In jedem Fall wirkt Hans Hermanns Wahrnehmung des „Zusammenlebens" mit der polnischen Bevölkerung gerade im Hinblick auf das Vorgehen der SS und den enormen polnischen Verlusten jedoch schlichtweg unsensibel.

Auch das Bild der Wehrmacht, wie es mein Großvater zeichnet, widerspricht den Ergebnissen der Geschichtsschreibung, behauptete er doch, *„die Wehrmacht hat gar nichts gemacht und aktiv war nur die SS."* Das entspricht genau der „Legende von der sauberen Wehrmacht", deren Entstehung, Verbreitung und schließlich wissenschaftliche Überwindung Wolfram Wette ausführlich dargestellt hat.[137] Wie viele andere vertritt auch mein Großvater das Bild der „sauberen", nach den Gesetzen und Bedingungen des international geltenden Völkerrechts kämpfenden, in Kriegsverbrechen nicht engagierten Wehrmacht. Ihm zufolge habe sich sowohl in Polen als auch in Russland ausschließlich die SS Kriegsverbrechen zu Schulden kommen lassen. Dem stehen mittlerweile zahlreiche wissenschaftliche Arbeiten gegenüber, die auf der Grundlage von Einsatzbefehlen, Kriegstagebüchern, Augenzeugenberichten, privater Tagebücher und Briefe sowie Fotografien und Filmmaterialien das Gegenteil beweisen.[138]

Auf dem Kriegsschauplatz in Polen sind Feindgruppen erstmals systematisch vernichtet worden. Bereits vor dem Angriff hatte der Sicherheitsdienst (SD) unter Reinhard Heydrich eine

Fahndungsliste erstellt, die 30 000 Namen enthielt: Vertreter der polnischen Führungsschicht aus Adel und Klerus sowie Juden. Die Exekutionen übernahmen tatsächlich Einsatzgruppen der SS, die Wehrmacht stand aber als Besatzungsmacht und höchste militärgerichtliche Instanz schützend, inaktiv und zuschauend – stets fanden sich zahlreiche „Gaffer" ein – daneben.[139] Folglich datiert Jochen Böhler in seinem gleichnamigen Buch den „Auftakt zum Vernichtungskrieg" bereits auf das Jahr 1939 in Polen. Massive Bombardements ziviler Ziele, zahlreiche „Geisel"- und Kriegsgefangenenerschießungen sowie „Sühnemaßnahmen" gegen angebliche Freischärler offenbaren, dass die Wehrmacht schon 1939 die „herkömmlichen" Wege der Kriegsführung verließ.[140] Von einer „sauberen" Wehrmacht in Polen, wie es mein Großvater 2005 konstatierte, kann also keine Rede sein. Das heißt natürlich nicht, dass er selbst Augenzeuge war oder gar an Kriegsverbrechen beteiligt gewesen ist.

Auffallend auch die Widersprüche zu seinem Informationsgrad über die Judenvernichtung in Polen. Zunächst stritt er kategorisch ab, etwas von Exekutionen gehört zu haben. Dann gab er zu, etwas über das Vorgehen der SS erfahren zu haben. Schließlich räumte er ein, dass ihm die Mordaktionen der SS bekannt waren. Zuletzt sprach er sogar von der *„rigorosen Ausrottung der Juden in Polen."*

Seine erste Reaktion bestand darin, jedes Mitwissen von sich zu weisen – ganz wie die überwältigende Mehrheit der deutschen Bevölkerung nach 1945, der unter anderem Peter Longerich die Mentalität „Davon haben wir nichts gewusst" bescheinigt hat. Allerdings ist zu sagen, dass er bei wiederholtem Nachfragen und im Laufe des Gespräches seine Leugnungshaltung ablegte und zugab, von Exekutionen gewusst zu haben. Dass mein Großvater offenbar von zahlreichen NS-Verbrechen – mindestens gerüchteweise – Kenntnis hatte, deckt sich mit den Ergebnissen einer jüngst erschienenen Auswertung von Gesprächen von Wehrmachtssoldaten, die ohne ihr Wissen in alliierter Kriegsgefangenschaft abgehört worden sind. Offensichtlich zählte die Ermordung der Juden zum allgemeinen Kenntnisstand von Wehrmachtssoldaten aller Waffengattungen.[141]

Ralph Giordano hat einige häufig wiederkehrende Reaktionen und Antworten von Zeitzeugen auf Fragen nach Kriegsverbrechen oder dem Holocaust als „kollektive Affekte" bezeichnet.

Dazu gehören Redewendungen wie „Davon haben wir nichts gewusst“ und „Man konnte ja auch gar nichts dagegen tun“, wobei die Frage unbeantwortet bleibt, *wogegen* man denn nichts unternehmen konnte, wenn man ohnehin von nichts wusste.[142] Auch die Erinnerungen meines Großvaters sind mit solchen Abwehrhaltungen *(„Das war mir unbekannt“* und *„Wo sollte man anklagen?“)* verkettet.

Folgendes ist zu vermuten: Die reflexartige Leugnung des Wissens über die Vernichtung, die strikte Trennung von Wehrmacht und SS und die damit einhergehende Abwälzung der Schuld auf die SS sowie die beklagte eigene Hilflosigkeit gegenüber den Verbrechen soll vor allem eine wie auch immer geartete eigene Beteiligung oder Mitverantwortung abwehren. Dafür spricht auch, dass die Antworten auf Fragen zur polnischen Kampffront sich schnell zu grundsätzlichen, Schauplätze und Kriegsjahre übergreifende Verteidigungen auswuchsen. So führte mein Großvater die Gräuelpropaganda im Krieg gegen die Sowjetunion an, um mit ihr den Vernichtungskrieg als Reaktion auf vorangegangene Verbrechen zu rechtfertigen.

Die beklagenswerte Unempfänglichkeit für das Leiden der polnischen Zivilbevölkerung ist und bleibt verblüffend. Thematisiert man die Verbrechen und Leiden der Opfer, stellt sich automatisch die Frage nach den Tätern, folglich nach Mitschuld, Eigen- und Mitverantwortung. In eine solche Lage zu geraten, hat mein Großvater 2005 tunlichst vermieden, indem er die Opfer erst gar nicht an sich herankommen ließ, geschweige denn bedauerte. Er gab zwar auf Nachfrage zu, dass es zu schrecklichen Ereignissen gekommen war, enthielt sich aber darüber hinaus jeden Kommentars.

Die Aussage, General Blaskowitz sei durch seine Beschwerde Gefahr gelaufen, die Wehrmacht in *„den durch die SS entstandenen Sumpf“* zu ziehen, spricht einerseits dafür, dass mein Großvater die Exekutionen zumindest 2005 als unangenehm, vielleicht sogar als falsch verurteilte. Andererseits scheint seine „Neuorientierung“ jedoch eher von dem Bestreben motiviert zu sein, nicht selbst angeklagt zu werden – und nicht von der Absicht, den Opfern gerecht zu werden. Ralph Giordano schrieb hierzu 1987, dass *„die Vernichtung selbst … kein Entsetzen [auslöst], weil es keine innere Beziehung zu den Opfern gibt. Wenn Betroffenheit eintritt, dann ausschließlich im Zusammenhang mit der eigenen Person – über die Anschuldigung, einem*

System, das solche Massenverbrechen begangen hat, gedient, angehangen, zugejubelt zu haben."[143]

Die Frage, woher die von Alexander und Margarete Mitscherlich schon 1967 konstatierte „Unfähigkeit zu trauern" kommt, wie sie bei meinem Großvater auch 2005 noch erkennbar ist, bleibt offenbar eine der am schwersten zu beantwortenden Fragen im Umgang mit dem Nationalsozialismus.

„Der weiße Staub der Champagne" – Krieg gegen Frankreich

Erinnerung

Den ersten militärischen Fronteinsatz erlebte mein Großvater im Krieg gegen Frankreich (Frühsommer 1940). Vor dem Angriff lag seine Einheit in Mannebach zwischen Mosel und Saar südwestlich von Trier und bereitete sich auf den Einmarsch vor. Vor den ersten Kämpfen zeigte sich Hans Hermann nervös und unsicher, wie er 2005 berichtete: *„Ich war noch einfacher Fahnenjunker in Mannebach. Mehr hatte ich nicht auf der Pfanne ... Man hatte ein bisschen Schiss davor auf der einen Seite, auf der anderen Seite immer die Hoffnung, dass du Glück hast, dass dir nichts passiert."*[144]

Die Unruhe steigerte sich mit dem Beginn des Krieges am 10. Mai 1940. *„In Esch, südlich Luxemburg, da hatten wir die erste Nacht und auch die erste Feindberührung. Wir haben uns da eingegraben abends und lagen in unserer Stellung. Ich wusste aber gar nicht, wo ist jetzt links der nächste, wo ist rechts der nächste ... Da habe ich mich sehr unwohl gefühlt. Ich war froh, dass die Luxemburger und französischen Truppen, die uns gegenüber lagen, abgehauen sind, weil sie von einer anderen Seite überflügelt wurden. Am nächsten Morgen, als wir aufgestanden sind, da haben wir keinen Feind mehr gesehen."*[145]

Kampflos rückte die Einheit meines Großvaters weiter vor. Über Arlons, Sedan, Rethel, Châlons-en-Champagne erreichte er Epernay und schließlich Vitry-le-François. Erst erneutes Nachfragen führte zu etwas genaueren Berichten, die nun über die reine Aufzählung der durchquerten Städte hinausgingen. Die Angst vor einem erneuten, verlustreichen Stellungskrieg wie im Ersten Weltkrieg wandelte sich aufgrund des stetigen Vormarsches schnell in ein Hochgefühl. Ein Erlebnis erwähnte mein Großvater als prägend: *„In der Champagne ... kam ich in ein Haus rein, die Zivilbevölkerung war mehr oder weniger geflohen, und wir suchten die Häuser nach feindlichen Soldaten [ab], und da komm ich in ein Haus rein, in ein Schlafzimmer,* *und da liegt da eine Oma tot im Bett, die war wahrscheinlich an der Aufregung gestorben. Das hat mich sehr geschockt, dieses Erlebnis, bis dahin war ich noch nicht mit dem Tod in Verbindung gekommen, auch durch die Kämpfe nicht, ich hatte keinen Kameraden verloren.*"[146]

Der Vormarsch lief offenbar problemlos und schnell ab. Zum ersten Mal sah er Kriegszerstörungen: „*Da hatten Flieger, deutsche Stukas* [Sturzkampfflugzeug, d. Verf.] *den Weg frei geschossen. Da sahen wir links und rechts der Strasse Pferde, Wagen, Trümmer, alles kaputt geschossen von den Stukas. Das war natürlich schon ... das zeigte uns doch, wie so ein Krieg ausgesehen hat.*"[147]

Eigene Verluste bemerkte mein Großvater in seiner Kompanie und seinem Bataillon nicht, wohl aber traf man auf deutsche Soldatengräber am Straßenrand. Auf die Frage nach Kampfeinsätzen erklärte er: „*Gut, wir sind mal von der Artillerie beschossen worden, dann sind wir in Deckung gegangen ... Die motorisierten Truppen und die Flieger, die schossen uns den ganzen Weg frei, wir waren ja Fuß-Infanterie, wir machten ja alles zu Fuß. Es ging eigentlich immer durch. Es kann mal sein, dass wir einen Tag Ruhe hatten. Aber es ging immer voran sonst.*"

– Aber keinen Schuss abgegeben habt ihr auch nicht. –

„*Also, ich habe nicht oft schießen müssen, zum Beispiel in Esch am ersten Tag und an dem Kanal* [beim Übergang über den Rhein-Marne-Kanal, d. Verf.], *da mussten wir alle Sperrfeuer geben. Aber ich habe keinen gesehen, auf den ich hätte zielen können, gar keinen Feind gesehen. Das ist vorher alles von den motorisierten Truppen frei gemacht worden.*"[148] Den Alltag schilderte er als körperlich anstrengend: „*Wir sind da 30 bis 40 Kilometer am Tag marschiert. Immer früh raus, damit wir am Nachmittag gegen 17 Uhr am Tagesziel waren, weil wir mussten uns ja noch für die Nacht einrichten, eventuell Deckungslöcher graben oder Wachen aufstellen. Abends war auch schon mal Putz- und Flickstunde und Waffenreinigung, das Material musste gepflegt werden, und am nächsten Morgen um halb fünf ging es wieder los. So richtig schlafen ging nicht. Wir haben da auch schon mal im Freien geschlafen, auf dem Stahlhelm oder Brotbeutel als Kopfkissen.*"[149]

Auf dem schnellen Vormarsch und nach dem Sieg über Frankreich war die Stimmung in der Truppe geradezu euphorisch. Es herrschte große Zuversicht, den Krieg zu gewinnen, nachdem Frankreich geschlagen und die englischen Truppen zurückgedrängt waren. Kontakt mit der französischen Zivilbevölkerung gab es kaum und wenn, dann gestaltete er sich zurückhaltend. Von aktivem Widerstand war nichts zu spüren. Die Oberbefehlshaber der motorisierten Truppen, wie etwa die Generäle Rommel und Guderian, imponierten meinem Großvater: „*Das waren Leute, an denen wir schon hochgucken konnten.*"[150]

Als seine Einheit in Vitry-le-François lag, erhielt er einen neuen Einsatzbefehl und kehrte zum Bataillon nach Hohensalza in Polen zurück. „*Auf dem Weg dorthin ging es über Wuppertal. Dort traf ich meinen Vater, und mit dem war ich eingeladen in der Gesellschaft ‚Union'* [ein gesellschaftlicher Verein in Wuppertal, dem viele Bürger aus Politik, Wirtschaft und Kultur angehörten, d. Verf.]. *Meine Stiefel waren noch weiß von der Champagne, meine Klamotten noch feldmarschmäßig dreckig, ich hatte kein Putzzeug. Und ich wurde von diesen alten Leuten bestaunt als junger Soldat, der für Deutschland kämpfte. Da haben sie mir einen ausgegeben, das war toll.*"[151]

Im August 1940 wurde Hans Hermann an die Kriegsschule in Döberitz bei Potsdam zu einer taktischen und militärstrategischen Ausbildung geschickt. Die Zeit in Döberitz bezeichnete er als fundamental für das Verständnis seines Berufes, hatte er doch zuvor oft den Zusammenhang der einzelnen militärischen Operationen nicht überblicken können. Weil er den „Stechschritt" besonders gut beherrschte, ordnete man ihn zu einer Ehrenkompanie ab, die bei einem Empfang des italienischen Außenministers Graf Ciano in Berlin auf dem Pariser Platz paradierte.

Zum Fahnenjunker-Feldwebel befördert, schloss mein Großvater am 20. Dezember 1940 die Kriegsschule nach viermonatigem Lehrgang ab und hörte im Berliner Sportpalast eine Rede von Adolf Hitler, bevor er zum Weihnachtsfest nach Wuppertal fuhr. Im Anschluss an den Urlaub versetzte man ihn zum aktiven Truppenteil des Infanterieregiments 80, wo man ihn am 1. Februar 1941 zum Leutnant der Infanterie ernannte.[152]

Familienquellen

Ähnlich wie bei der Grundausbildung in Polen sind leider auch für das Jahr 1940 die Quellen rar. Ein Foto zeigt den jungen Offiziersanwärter Hans Hermann neben seinem Vater Wilhelm. Beide tragen Wehrmachtsuniformen, war doch Wilhelm als Leutnant der Reserve am 19. April 1940 wieder zum aktiven Dienst eingezogen worden.

Die Personalakte von Hans Hermann bestätigt seine Angaben. Am 11. Februar 1940 wurde er vom Ersatztruppenteil zur aktiven Truppe überstellt, am 13. Juni 1940 kehrte er dorthin wieder zurück. Für die Zeit vom 10. Mai bis 13. Juni 1940 vermerkt die Akte die „*Teilnahme am Feldzug gegen Frankreich. Kämpfe in Süd-Luxemburg und um Differdingen. Am 9.6.1940 Aisne-Übergang nördlich Fort Brimont. Einnahme von Reims, Verfolgungskämpfe bis zur Marne.*“[153]

Am 19. August erfolgte die Versetzung an die Infanterieschule Döberitz zum Offiziersanwärter-Lehrgang, den er am 19. Dezember erfolgreich abschloss, und am 1. Februar 1941 die Ernennung zum Leutnant. In der dazu gehörigen Beurteilung heißt es: „*Zuverlässig und pflichtbewusst ... gesunder Ehrgeiz. Gutes Aufnahmevermögen; körperlich sehr gut durchgebildet, zäh und gewandt. Im Auftreten vor der Front fest und bestimmt, setzt sich durch. Gute Leistungen als Zugführer. Als Gruppenführer vor dem Feinde bewährt ... Bei seinen Kameraden beliebt, stets hilfsbereit. Zum Offizier geeignet.*“[154]

Aus der Zeit in Döberitz hat mein Großvater eine Karte des Truppenübungsplatzes vom „Reichsamt für Landesaufnahme“ aufbewahrt. Ein Farbfoto der Kriegsschule, vermutlich in den 1990er Jahren aufgenommen, offenbart, dass er seine ehemalige Ausbildungsstätte besucht haben muss.

Analyse und Forschungsstand

Die Erinnerung an den Krieg gegen Frankreich knüpft an verschiedene Erlebnisse an, wie etwa die Nervosität vor Kampfeinsätzen oder die Strapazen des Krieges. Bezeichnend dürften aber wohl vor allem jene Dinge sein, die nicht erzählt sind oder über die zu berichten, meinem Großvater Schwierigkeiten bereiteten. Die Unruhe vor dem ersten Kampfeinsatz ist Außenstehenden sicher leicht nachvollziehbar. Die Konfrontation mit Angriffen, Artilleriefeuer, Toten oder Verwundeten bedeutete zweifelsohne ein einschneidendes Erlebnis für jeden Frontsoldaten.

Dass Angst ein vielfach anzutreffendes Phänomen ist, machen zahlreiche Auszüge aus Feldpostbriefen oder Tagebucheinträgen deutlich, die der amerikanische Historiker Stephen G. Fritz in seinem Buch „Hitlers Frontsoldaten" zusammengetragen hat. Genannt seien die Furcht vor Gefangennahme, Verwundung und Tod sowie vor Versagen und Feigheit.[155] Hans Joachim Schröder widmet dem Thema Angst in seiner Interviewsammlung mit Soldaten des Zweiten Weltkrieges gar ein eigenes Kapitel.[156]

Stärker noch als die Beschreibung von Strapazen oder Nervosität fällt bei meinem Großvater die „Tendenz zur Tabuisierung"[157] auf. Weitschweifende und umfangreiche Berichte in dem Gespräch von 2005 über Alltäglichkeiten, familiäre Ereignisse und Verbindungen oder Reisen stehen der nahezu völligen Ausklammerung von wirklichen Kriegserlebnissen gegenüber. Der Vormarsch wirkt in der Erinnerung meines Großvaters beinahe wie ein „Spaziergang"; die motorisierten Truppen und „Stukas" schossen den Weg frei, und die Infanterie musste nur noch nachrücken. Den Kampfhandlungen sind lediglich zwei Episoden gewidmet: dem ersten Tag in Esch und dem Sperrfeuer während des Übergangs über den Rhein-Marne-Kanal – ohne jemanden, *„auf den ich hätte zielen können."*

Andererseits ist zu berücksichtigen, dass sich selbst die Oberste Heeresleitung von dem raschen Sieg überrascht zeigte. Die Angst vor den erneuten Schrecken eines lang andauernden Stellungskrieges bewahrheitete sich nicht. Der rasche Vormarsch hinter den Panzerverbänden, bei denen insbesondere die Generäle Guderian und Rommel – teilweise gegen die Befehlslage – mit schnellen Vorstößen die französische Armee überrumpelten, kann von Teilen der Fuß-Infanterie durchaus als verhältnismäßig kampffreie Vorwärtsbewegung wahrgenommen worden sein.[158]

Die Konfrontation mit dem Tod beschränkte sich bei meinem Großvater auf die verstorbene ältere Französin bei der Hausdurchsuchung. In seinem direkten Umfeld ist nach seiner Erinnerung niemand verwundet oder getötet worden. Von Zerstörung waren lediglich zerschossenes Material und tote Pferde am Straßenrand betroffen. Verwundete oder gar tote französische Soldaten kamen in der Beschreibung meines Großvaters nicht vor. Zudem scheint es keine französische Zivilbevölkerung gegeben zu haben. Auch die Tatsache, dass ich ihn durch mehrfaches Nachfragen dazu bewegen musste, seine vorher noch knapperen Berichte auf die hier vorgestellten auszuweiten, zeigt, dass es ihm erhebliche Probleme bereitete, überhaupt darüber zu sprechen.

In ihrer Knappheit und verharmlosenden Darstellung bestätigen sich die Erkenntnisse Hans-Joachim Schröders. Bei seinen zahlreichen Interviews mit Weltkriegsteilnehmern beobachtete er, dass *„es immer nur wenige kurze Sätze [sind], in denen die Gewalt des Krieges auf sinnlich fassbare, unmittelbar betroffen machende Weise sichtbar wird.“*[159] Im Falle meines Großvaters sind es die zerschossenen Pferdeleiber und Kriegsgeräte, die „tote Oma“ sowie die beiden Gefechte in Esch und am Rhein-Marne-Kanal. Insgesamt, so Schröder, sprechen die interviewten Kriegsteilnehmer *„nahezu alle … nur ungern oder zögernd in offener, konkreter Form von den Schrecken des Krieges“*.[160]

Der Grund dafür liegt aber nicht an mangelnder Gedächtnisleistung oder Erinnerungsfähigkeit meines Großvaters, sind doch seine Beschreibungen ansonsten detailliert und genau. Zahlreiche Informationen – von zeitgenössischen Briefen oder Dokumenten bestätigt – beweisen, wie gut sein Gedächtnis funktionierte. Es wird offenbar, welche hohe Bedeutung er vielen Ereignissen sowohl im Erleben wie im Erinnern zumaß. Besonders ist das am Beispiel der Infanterieschule oder der Beförderung zum Leutnant ersichtlich. Mein Großvater kannte selbst noch nach 65 Jahren die genauen Kalenderdaten.

Dass er sich ausgerechnet an Kriegseinsätze und Fronterfahrungen aufgrund einer schlechten Gedächtnisleistung nicht erinnert, ist kaum anzunehmen. Folglich legt das zögerliche Berichten bzw. völlige Verschweigen von Kampfhandlungen die Vermutung nahe, dass diese Geschehnisse viel eher nicht *erzähl*bar als nicht *erinner*bar sind.

Nochmals sei darauf hingewiesen, dass bei Zeitzeugeninterviews immer die Gefahr der Verfälschung besteht – zurückführbar auf die verstrichene Zeit, Rechtfertigungs- oder Klarstellungsmotive oder auf eine Vermischung mit später Erlebtem oder Gelesenem. In diesen Kontext ist auch die Episode der Wuppertaler Runde zu stellen, zu der mein Großvater – noch mit dem Staub der Champagne an den Stiefeln – mit seinem Vater eingeladen war. Die Schilderung erinnert an eine Passage aus Erich Maria Remarques Roman „Im Westen Nichts Neues". Während eines Urlaubes von der französischen Front wird der Protagonist Paul Bäumer in seiner Heimatstadt zu einem Stammtisch mitgenommen, wo ihn Herren aus gehobenen Kreisen beglückwünschen, genaue Erlebnisberichte von der Front erwarten und Bäumer mehrfach Getränke spendieren.[161]

Ausführlich hat Harald Welzer das Einfließen von Vorlagen aus Film, Fernsehen, Literatur oder Printmedien in die Erinnerung von Zeitzeugen analysiert und ist zu dem Schluss gelangt, dass sich sehr häufig *„eine ganz selbstverständliche, unabsichtliche und vielleicht auch unbewusste Inanspruchnahme vorliegender Geschichten literarischer oder filmischer Herkunft"*[162] finden. Grundsätzlich besteht kein Anlass, den Wahrheitsgehalt der Erzählung meines Großvaters über die Wuppertaler Runde in Zweifel zu ziehen. Erstaunen mag in diesem Kontext, dass er hier eine Situation erzählte, die an eine ähnliche fiktive Begebenheit in einem dezidiert pazifistisch motivierten Antikriegsroman erinnert. Zu seiner privaten Nachkriegsbibliothek gehörte auch Remarques „Im Westen Nichts Neues". Die auffällige Vergleichbarkeit mit der literarischen Vorlage aus Remarques Werk macht klar, wie kritisch mit den Ergebnissen von Befragungen umzugehen ist, auch wenn man ihnen prinzipiell das Potenzial einer wahrheitsfähigen Quelle zugesteht.

Stolz scheint meinen Großvater erfüllt zu haben, als man ihn 1940 einer Ehrenkompanie zuteilte, um am Brandenburger Tor und dem italienischen Außenministers Graf Ciano vorbeizuschreiten. Gerade in TV-Dokumentationen sind Paraden und marschierende Soldaten ein immer wieder aufgegriffenes Motiv zur Visualisierung „des" Nationalsozialismus'. Die Vorstellung, den eigenen Großvater als Teil einer uniformierten, im Stechschritt an Tribünen vorbeiziehenden Truppe zu sehen, ist nicht gerade erhebend und verdeutlicht einmal mehr, wie unangenehm und schmerzhaft die Beschäftigung mit der eigenen nationalsozialistischen Familiengeschichte sein kann.

In seinem Neujahrsbefehl an die Wehrmacht dankte der „Führer" Adolf Hitler seinen Soldaten am 1. Januar 1941 für die erfolgreichen „Feldzüge“ des Jahres 1940 und kündigte für 1941 *„die Vollendung des größten Sieges unserer Geschichte“* an. Mit Hinweis auf die *„demokratischen Kriegshetzer und ihre jüdisch-kapitalistischen Hintermänner“* führte er den Soldaten der Wehrmacht ein weiteres Mal vor Augen, wer als Verursacher des Krieges anzusehen sei und forderte Gehorsam und Pflichterfüllung bei allen in Zukunft zu erfüllenden Aufgaben ein.[163] Es ist davon auszugehen, dass die Rede Adolf Hitlers im Sportpalast vor Offiziersanwärtern und Angehörigen der Wehrmacht, die mein Großvater wenige Wochen zuvor gehört hat, einen ähnlichen Tenor aufwies. Bereits am 18.12.1940 gab Hitler indes die Planung des Überfalls auf die Sowjetunion, das „Unternehmen Barbarossa“, in Auftrag.[164]

„Ich hatte das letzte deutsche Pferd im Regiment" – Überfall auf die Sowjetunion

Erinnerung

Nach seinem Weihnachtsurlaub 1940 musste sich mein Großvater beim Infanterieregiment 208 melden. Es war der 79. Infanteriedivision unterstellt, befand sich im Januar 1941 in der Nähe von Boulogne-sûr-Mer an der französischen Kanalküste und trainierte Landeunternehmungen an Stränden. Bei dieser Einheit wurde mein Großvater zum Leutnant befördert.

Als die im März 1941 nach Kärnten verlegte Division sich auf den Einsatz in Jugoslawien vorbereitete, befehligte Hans Hermann als Zugführer 40 bis 45 Mann. Den Kontakt mit den Österreichern charakterisierte er als einmalig. *„Wir wurden von der Bevölkerung aufgenommen wie die eigenen Kinder. Wir wurden verwöhnt, kriegten alles, konnten alles, in jeder Familie wurden wir aufgenommen ... In jedem Urlaub, in jeder freien Minute waren wir bei der Bevölkerung, jeder hatte ein ‚Bratkartoffel-Verhältnis' mit einer Familie."*[165]

Die Idylle in Kärnten endete, als die Division in der ersten Julihälfte des Jahres 1941 den Befehl erhielt, in den gerade begonnenen Krieg gegen die Sowjetunion einzugreifen. Der Abschied von der österreichischen Bevölkerung fiel überaus herzlich aus. Mit dem Zug ging es nach Russland. Der neue Kriegsgegner löste in meinem Großvater gemischte Gefühle aus: *„Ja, also vor Russland hatten wir schon Angst. Weil Russland so groß war. Napoleon war da schon gescheitert. Im Ersten Weltkrieg waren die Russen schon sehr weit vorgekommen, nach Ostpreußen, Tannenberg. Da hatte man schon Angst, Russland, so ein großes Land, wir doch relativ klein. Wir hofften, dass wir gut gerüstet waren, dass unsere Technik und unsere Motorisierung und vor allen Dingen die Luftwaffe mit den Stukas uns helfen würde, gut voran zu kommen, was uns zunächst ja auch gut gelungen ist."*[166]

Die Gründe für den Kriegsausbruch und den Überfall auf die Sowjetunion wusste mein Großvater 2005 nicht zu benennen. *„Kann ich nicht mehr nachvollziehen heute, was da passiert ist. Ja, Stalin und der Bolschewismus waren eben doch unsere größten Feinde, wurde uns gesagt."*

– Du hast mal gesagt, ihr habt den Nichtangriffspakt zwischen Deutschland und Russland 1939 schon nicht verstanden. –

„Das haben wir schon nicht verstanden. Wir waren davon überzeugt, dass das doch unser Feind war und nicht unser Freund. Das war eben der Grund. Wie in der damaligen Zeit einzelne Urteile keine Rolle spielten. Man musste anerkennen, was gemacht wird und jeder musste mitmachen, und wer nicht dafür war, das war ein Gegner, der kam weg. Irgendwohin."[167]

Von Lemberg kommend, marschierte die 79. Infanteriedivision im Verband der 6. Armee in die Ukraine ein. Gerüchte und Radiomeldungen stellten den russischen Soldaten als brutal und Gräueltaten verübend dar. Berichte von abgehackten Händen und ausgestochenen Augen begründeten nach Darstellung meines Großvaters das resolute Vorgehen der SS. Die Kämpfe wurden als überaus grausam geschildert.

Zunächst lag die Einheit meines Großvaters noch weit hinter der Frontlinie. *„Die motorisierten Truppen waren schon vor, die waren schon in Kiew, da waren wir noch in Saratow."*[168] [Hier muss sich mein Großvater bezüglich des Ortsnamens geirrt haben, denn Saratow liegt 450 km nordostwärts von Stalingrad; vermutlich sind Sokal oder Shitomir gemeint, d. Verf.] Nördlich von Kiew in den Wäldern um Korosten befand sich die 79. I.D.[169] nach Auskunft meines Großvaters dann *„an vorderster Front. Da lagen wir mindestens 3 bis 4 Tage, bevor es weiterging. Wir mussten auch den Wald von Korosten räumen. Das war sehr unangenehm, aufreibend. Erste große Verluste hatten wir da."*

– Da hast du auch das erste Mal Verluste in den eigenen Reihen miterlebt? –

„Da hab ich das das erste Mal erlebt, ja. Und als wir den Wald durchkämmt hatten, waren die Russen aber auch schon von der anderen Seite umzingelt und hatten sich abgesetzt, danach ging es sehr schnell weiter. Da wurde ich zum Bataillonsadjutant vom 3. Bataillon. Ich bekam ein Pferd, wurde beritten. Das war das einzige deutsche Pferd vom ganzen Regiment und

hieß Janka. Das hatte vorher der Regimentskommandeur, Oberst von Wedel."

– Noch mal zu den Ängsten vor Russland und den ersten Verlusten. Wie hat sich das ausgewirkt? –

„*Naja, das war halt so, da konnte man nichts dran machen. Du musstest weiter, die blieben liegen, die hinter uns kamen, haben die dann beerdigt oder haben die versorgt und ins Lazarett gebracht. Nachdem wir den Pripjet überquert ... und den Wald von Korosten geräumt hatten, ging es ja auch problemlos weiter. Auf dem weiteren Vormarsch habe ich dann für meinen Einsatz in der Kampfhandlung im Wald von Korosten das Eiserne Kreuz zweiter Klasse gekriegt.*"[170]

Die Frage, ob mein Großvater die zuvor erwähnten Gräueltaten oder Misshandlungen deutscher Soldaten durch Rotarmisten selbst gesehen habe, verneinte er kategorisch und erklärte, hauptsächlich mit der Zivilbevölkerung zusammengekommen zu sein. Seine Haupttätigkeit bestand darin, auf Grundlage der jeden Abend eintreffenden Regimentsorder Bataillonsbefehle zu schreiben, welche die ihm unterstellten Melder dann an die verschiedenen Kompanien verteilten.

Im weiteren Verlauf des Interviews legte ich meinem Großvater verschiedene Befehle vor, die vor Angriffsbeginn an die deutschen Truppen ausgegeben worden waren, so etwa die Richtlinien des Oberkommandos der Wehrmacht, die Zusammenarbeit mit der SS betreffend,[171] den „Erlass über die Kriegsgerichtsbarkeit"[172] sowie den „Kommissarbefehl".[173] Die von der Geschichtsschreibung als „verbrecherische Befehle" bezeichneten Anordnungen stellten die Basis für den Vernichtungskrieg der Wehrmacht gegen die Sowjetunion dar.[174]

– Kennst du solche Befehle und hast du solche Befehle erhalten? –

„*Da habe ich nichts von mitgekriegt, kenne ich auch nicht. Wir waren hinter den Kampftruppen, die überhaupt Gefangene gemacht haben. Das waren unsere Feinde, die Bolschewisten, das war klar, da mussten wir uns nach richten. Wer uns aber an seiner Türe mit Salz und Brot empfing, das konnten keine Feinde sein, die haben wir auch gut behandelt. Und das haben wir immer so gemacht, bis Belgorod. Es hat aber keinen Zweck, jetzt so ins Detail zu gehen. Ideell ins Detail, das kann man nicht so sagen. Allgemein von unserer Familiengeschichte her ist das nicht so interessant. Es ist wichtig zu erzählen: Als wir in Belgorod ankamen, hatten wir den ersten Schnee, die erste Kälte. Wir hörten, dass in der Heimat Ski und Pelze gesammelt wurden für die Truppen. Edith hat auch von ihrer Familie und Freunden Sachen eingesammelt und an die Sammelstellen geschickt. Wir selbst als vorderste Truppe haben davon leider nichts gesehen.*"[175]

Die Schwierigkeiten der Truppe begannen nach der Erinnerung meines Großvaters etwa in der zweiten Hälfte des Oktobers, als Morast und Schlamm die Vormarschwege schwer passierbar machten und die motorisieren Einheiten zunehmend stecken blieben, während mein Großvater auf seinem Pferd Janka offenbar weniger Probleme hatte. Der Tross kam im Herbst – mehr oder weniger ohne Feindberührung – bis zum Dnjepr in Belgorod. In dem Ort Maslowo-Pristanj bezog die Einheit meines Großvaters ihr Winterquartier und erlebte ein trauriges Weihnachtsfest.

Trotzdem war die Zuversicht laut Hans Hermann ungebrochen, dass es im nächsten Frühjahr, nach Überstehen der Frostperiode, weiter vorwärts gehen würde. Gegenangriffen von Seiten der Roten Armee war die 79. I.D. in Belgorod kaum ausgesetzt. Untereinander erörterte man Probleme wie die mangelnde Ausrüstung: „*Wir hatten als Wehrmacht das Gefühl, die Partei ist da überorganisiert, die kriegten das nicht hin.*"[176] Feldpostbriefe hielten den Kontakt zur Familie und zu Edith aufrecht. Bei weiteren Fragen nach Kriegsverbrechen oder Gräueltaten von deutschen Einheiten fielen die Antworten deutlich kürzer aus.

– Beim letzten Mal, als wir über Polen gesprochen haben, hast du gesagt, dass die SS erst in Russland richtig anfing. Was hast du damit gemeint? –

„*Ja, hier den einen Befehl, den Kommissarbefehl, das war die SS hauptsächlich.*"

– Hat man das auch so wie in Polen gerüchteweise gehört oder selbst gesehen? –

„*Nee, ich hab davon nichts gesehen, gesehen haben wir nichts. Ich habe auch keine SS gesehen in unserem Abschnitt, die waren weiter südlich.*"

– Du hattest eben gesagt, untereinander hat man auch über die fehlende Winterausrüstung gesprochen, hat man denn auch über die Arbeit der SS gesprochen? –

„*Nein, keine Diskussion. Auch nicht weltanschaulich.*"

– Dass man sich vielleicht auch aufgeregt hat über die SS? –

„Nicht unbedingt, wir haben uns kein Urteil darüber erlaubt."

– Kannst du dich an bestimmte Gerüchte erinnern, an bestimmte Orte, wo was passiert war, oder an Namen von SS-Führern? –

„Nein, kann ich mich nicht dran erinnern. Auch SS-Führer oder Einheiten nicht."

– Die SS kämpfte ja auch als Waffen-SS. –

„Ja, das war nur Waffen-SS, die auch die Vergehen später begangen haben, das war nur Waffen-SS."[177]

Die Frage, ob mein Großvater sich ähnlich wie in Frankreich an außergewöhnliche oder prägende Erlebnisse erinnern könnte, verneinte er. Viel mehr erschreckte ihn der Kriegseintritt der USA nach dem Angriff der Japaner auf den Flottenstützpunkt Pearl Harbour: *„Da haben wir auch Schiss gekriegt. Das war uns nicht sehr sympathisch. Da haben wir gesagt, das kann in die Hose gehen. Aber Hitler und Goebbels haben uns ja soviel eingeredet, wir sind so stark, wir haben die Waffen, wir sind drauf vorbereitet, dass die uns den Krieg erklären. Aber wir haben die unterschätzt, nicht?"*[178]

Im März 1942 wurde das Regiment meines Großvaters der 62. I.D. unterstellt und in die Nähe von Charkow verlegt.

Familienquellen

Aus der Personalakte von Hans Hermann geht hervor, dass man ihn am 1. Februar 1941 zum Leutnant beförderte und am 17. Februar zur 5. Kompanie des Infanterieregiments 208 versetzte, welches der 79. I.D. unterstellt war. Das widerspricht seiner Darstellung, sofort nach dem Ende des Weihnachtsurlaubes zur 79. I.D. gekommen zu sein, es sei denn, der Urlaub erstreckte sich über den gesamten Januar. Die genaue zeitliche Abfolge stellt sich aber in diesem Falle, viele Jahrzehnte danach, als ein vernachlässigbares Detail dar.

In der 5. Kompanie, I.R. 208, diente er als Zugführer. Die Personalakte bestätigt die *„Teilnahme an der Besetzung Frankreichs bei 5./I.R. 208"* vom 18. Februar bis zum 11. April. Danach fand mein Großvater *„Verwendung im Operationsgebiet* *während des Balkanfeldzuges*". Mehrere Fotos in seinem Album „Wehrmacht" zeigen Eindrücke von seinem Aufenthalt mit der 79. I.D. in Kärnten.

Vom 22. bis 30. Juni befand sich Hans Hermann mit der 79. I.D. im „*Anmarsch für den Einsatz im Ostfeldzug 1941*". Es begann für ihn mit „*Kämpfen in den rückwärtigen Gebieten der 6. Armee zwischen Sokal, Dubno und Shitomir*" in der Zeit vom 1. bis 12. Juli 1941. Am 17. Juli erfolgte seine Versetzung als Zugführer zur 10. Kompanie des I.R. 208. Nach Kämpfen bei Zwiahel, Bielka-Hulanka und Bondarowka erreichte er am 5. August Korosten, das am 7. August eingenommen wurde. Die „*Kämpfe im Raum um Korosten*" dauerten laut Personalakte bis zum 20. August. Am 15. August erhielt Hans Hermann das Eiserne Kreuz zweiter Klasse verliehen. Drei Tage später versetzte man ihn als Führer zur 9. Kompanie, I.R. 208. In dieser Funktion nahm er an den Einsätzen teil, die als „*Verfolgungskämpfe gegen den Dnjepr bis zum Pripjet*", „*Sicherung an der Nordwestfront von Kiew*", „*Djessnaüübergang und Verfolgungskämpfe gegen den Dnjepr südostwärts Kiew*", „*Kesselschlacht im Raume Pjerejasslaw-Jagotin*" und „*Verfolgungskämpfe am Pssjol und an der Worskla*" in seiner Personalakte verzeichnet sind. Am 17. Oktober 1941 von seinem Posten als Kompanieführer abgelöst, wirkte er fortan als Bataillonsadjutant im Stab des III. Bataillons, I.R. 208. In seiner neuen Position machte er die „*Kämpfe um Charkow und Belgorod*" sowie „*am oberen Donez*" mit.

In der Akte von Hans Hermann finden sich keine Informationen mehr über weitere Aufgaben, Versetzungen, Beurteilungen oder Kämpfe. Feldpostbriefe, Tagebücher oder Aufzeichnungen meines Großvaters sind leider nicht vorhanden. Sofern Briefe an meine Großmutter Edith oder andere Verwandte in Wuppertal gelangt sein sollten, wurden sie entweder nicht aufbewahrt oder bei dem Bombenangriff auf Wuppertal-Barmen vernichtet.[179]

Analyse und Forschungsstand

Der deutsche Überfall auf die Sowjetunion ist von allen Feldzügen des Zweiten Weltkrieges wohl am besten erforscht worden. Das liegt an seinem bis dahin nicht da gewesenen Ausrottungs- und Völkermordcharakter. Die deutsche Wehrmacht wurde in der Sowjetunion stärker noch als bereits in Polen Teil der nationalsozialistischen Vernichtungsmaschinerie und setzte sich über alle bis dahin geltenden Bestimmungen des Völker- und Kriegsrechtes hinweg. Grundlage für diese Bewertung der Rolle der Wehrmacht sind die „verbrecherischen Befehle" vor Angriffsbeginn sowie weiterführende Anordnungen während des Feldzuges, der Charakter der Kriegsführung, die restriktive Besatzungspolitik, konsequente Plünderung und Zerstörung des Landes auf dem Rückzug, das Verhalten gegenüber den sowjetischen Kriegsgefangenen, die Duldung, organisatorische Unterstützung und aktive Durchführung des Völkermords in enger Zusammenarbeit mit den Einsatzgruppen der SS sowie die Ausbeutung sowjetischer Zwangsarbeiter.[180] Anhand der Aussagen meines Großvaters aus dem Jahre 2005 seien im Folgenden einige der genannten Aspekte näher untersucht.

Die 79. I.D. brach am 22. Juni 1941 – dem Tag des Kriegsbeginns – nach Russland auf.[181] Der Verfasser der Divisionsgeschichte (und höchstwahrscheinlich ehemalige Angehörige) der 79. I.D., Hans Sänger, berichtet, dass *„Kärnten, mit seinen Bergen und Seen, eine stete Erinnerung für jeden Divisions-Angehörigen"* bleiben würde und dass *„das herzliche Einvernehmen, das mit der Bevölkerung zustande gekommen war"*, besonders zum Ausdruck kam, als die Division Kärnten in Richtung Russland verließ.[182]

Die Angst meines Großvaters vor Russland geht wohl zurück auf seit langem in Deutschland verwurzelte Vorurteile und Feindbilder. Weit ins 19. Jahrhundert zurückreichende Tradierungen und Wahrnehmungen des Zarenreiches und später der Sowjetunion und seiner Völker als „gefährlich, fremdartig und minderwertig" sorgten für eine entschiedene Ablehnung des politisch-gesellschaftlichen Systems, was nach Ansicht von Reinhard Rürup im Kriegsfalle *„zu einer Radikalisierung und Brutalisierung des Denkens und Handels führen"*[183] musste.[184] In der nationalsozialistischen Propaganda galt der „jüdische Bolschewismus" seit Jahren als Hauptfeind, und ganz offensichtlich war auch mein Großvater davon durchdrungen.

Auch in Einsatzbefehlen wurde immer wieder vor der Heimtücke und Gefährlichkeit des russischen Gegners gewarnt, was erstens die Anspannung und Furcht steigerte und zweitens das brutale Vorgehen der deutschen Kräfte rechtfertigen sollte. In einem Befehl der 79. I. D. vom 14. August 1941 heißt es etwa, dass jederzeit, auch am helllichten Tage mit Überfällen aus dem Hinterland zu rechnen sei. *„Es wird deswegen noch einmal mit Nachdruck darauf hingewiesen, dass jeder Soldat seine Waffen stets griff- und schussbereit bei sich haben muss. Sorglosigkeit kann nachteiligste Folgen haben."*[185] Und bereits am nächsten Tag verlangte die Führung: *„Die nur zu bereite Vertrauensseligkeit des deutschen Soldaten gegenüber den scheinbar Wehrlosen muss nachdrücklich bekämpft werden, sein Misstrauen gegen Jeden und Alles in der Fremde geschärft werden."*[186]

Entgegen der Erinnerung meines Großvaters, der Befehl für den Einsatz in Russland und der Transport dorthin sei in der ersten Julihälfte erfolgt, verzeichnet das Kriegstagebuch der 79. I. D. den ersten Feindkontakt des Infanterieregimentes 208 meines Großvaters bereits für den 30. Juni 1941 um 21 Uhr 30 nördlich von Sokal.[187] Die Kämpfe in der ersten Julihälfte waren sehr schwer. Das ebenfalls der 79. I. D. zugehörige Infanterieregiment 226 wurde bereits am 20. Juli *„infolge der eingetretenen Personal- und Materialverluste ... ab sofort für den Einsatz zu 2 Kampfbataillonen und Regiment-Truppen umgebildet."*[188]

Die Schwierigkeiten, die das Sprechen über konkrete Kriegs- und Kampferlebnisse bereitet, zeigten sich wiederum bei der Erwähnung der Ereignisse im Wald von Korosten. Mein Großvater ging nur kurz auf die *„unangenehmen, aufreibenden"* Kämpfe und das erstmalige Erleben eigener Verluste ein, widmete sich dann aber sofort wieder leichter erzählbaren Begebenheiten und erwähnte sein Pferd Janka. Auf erneute Nachfrage sagte er, dass *„man nichts dran machen konnte, die blieben liegen."* Details über die Kämpfe im Wald, für die er immerhin das Eiserne Kreuz Zweiter Klasse erhielt, blieben ungenannt. Einige Auszüge aus von Stephen G. Fritz zusammengetragenen Berichten von Frontsoldaten machen deutlich, wie Angst einflößend es in den russischen Wäldern gewesen sein muss. Die Befragten berichteten: *„Es gibt nichts Schrecken erregenderes,* *als sich bei Nacht durch ein Stück Wald oder Buschland zu bewegen.*" Und: „*Ein Gefecht in den Wäldern ist das Schlimmste, was man sich vorstellen kann.*"[189]

Der Korpsbefehl für den 10. August gibt Einblick in die Lage. „*Gegen teilweise zähen feindlichen Widerstand, unter Abwehr von Gegenstößen und in schwierigstem Gelände hat die 79. I. D. den großen Wald nordwestlich Korosten durchstoßen, die 62. I. D. Litki-Gluchowa und das Straßenkreuz südlich Luginy genommen. Damit ist das dem Korps für die Schlacht um Korosten gesteckte Ziel im Großen erreicht.*"[190] In seiner Divisionsgeschichte spricht Hans Sänger düster vom „Totenwald von Korosten" und macht deutlich, dass hier die „*schweren Kämpfe [begannen], die jedem Mitkämpfer immer in Erinnerung bleiben werden.*"[191] Die Darstellung lässt erahnen, aus welchen Gründen mein Großvater dazu geschwiegen hat.

Ein Korpsbefehl vom 7. August besagt allerdings, dass die 79. I.D. bis zum 20. August in der Gegend um Korosten verweilte, also nicht nur drei oder vier Tage. Zudem kämpfte sie mit dem motorisierten SS-Infanterieregiment 8 zusammen.[192] Das lässt Zweifel aufkommen an der Aussage meines Großvaters, er selbst habe in Russland keine SS-Einheiten gesehen, die weiter südlich operiert hätten. Das SS-I.R. 8 gehörte zur 1. SS-Brigade, die bis zum 25. August 1941 im Verband der 6. Armee im Raum um Korosten operierte. Martin Cüppers hat nachgewiesen, dass die 1. SS-Brigade hier während der Kämpfe mehrere Hundert Juden exekutierte.[193] Der „mobile Massenmord", der im Sommer 1941 in der Sowjetunion an den Juden begann, fand folglich auch unmittelbar in der Nähe der militärischen Einheit meines Großvaters statt – eine Tatsache, die ihm gemäß seiner eigenen Darstellung im Interview 2005 nicht bekannt war. Ebenso unerwähnt blieb in seinen Ausführungen, dass er während der Kämpfe um Korosten zum Kompanieführer befördert wurde, wie seiner Personalakte zu entnehmen ist. Es liegt der Verdacht nahe, dass mein Großvater aufgrund der enorm hohen Todesrate vor allem jüngerer Frontoffiziere,[194] den Platz eines gefallenen oder verwundeten Offiziers einnehmen musste.

Die „verbrecherischen Befehle" des Oberkommandos der Wehrmacht (OKW) und Oberkommandos des Heeres (OKH), erlassen im Zusammenhang mit der Vorbereitung des Angriffes auf die Sowjetunion, bildeten die Grundlage für das Vorgehen und Verhalten der Wehrmacht in Russland. Auf ihnen fußte der völkerrechtswidrige Charakter des Feldzuges. Darüber hinaus gaben zahlreiche untergeordnete Dienststellen weitere Befehle in ähnlichem Tenor und mit vergleichbaren Zielsetzungen heraus. Als die vier zentralen „verbrecherischen Befehle" gelten heute in der Forschung:

1. Die „Regelung des Einsatzes der Sicherheitspolizei und des SD im Verbande des Heeres"[195] vom 28. April 1941. Vom OKH angeordnet, ging es darum, sogenannte „Sonderkommandos" der Sicherheitspolizei (SD) im Operationsgebiet des Heeres einzusetzen, um *„in eigener Verantwortung Exekutivmaßnahmen gegenüber der Zivilbevölkerung zu treffen."* Festgelegt war zugleich die Unterstützung durch die Wehrmacht, der die „Sonderkommandos" *„hinsichtlich Marsch, Versorgung und Unterbringung"* unterstellt blieben. Wolfram Wette verdeutlicht: *„Nach den Erfahrungen in Polen ... [wussten] natürlich alle Beteiligten], dass mit den ‚besonderen Aufgaben' die Exekution bestimmter Feindgruppen gemeint war."*[196]

2. Der „Erlass über die Ausübung der Kriegsgerichtsbarkeit"[197] vom 13. Mai 1941, für den Adolf Hitler als oberster Befehlshaber der Wehrmacht und das OKW verantwortlich zeichneten. Danach bestand für gegen die sowjetische Zivilbevölkerung begangene Straftaten kein Verfolgungszwang. Gegen Verbrechen einzuschreiten, sei nur nötig, sofern es die *„Aufrechterhaltung der Manneszucht oder die Sicherung der Truppe"* erfordere. Der Befehl war folglich ein „Freifahrtschein" für rücksichtsloses Verhalten und legalisierte nahezu jedes Kriegsverbrechen.

3. Die „Richtlinien für das Verhalten der Truppe in Russland"[198] vom 19. Mai 1941, in denen das OKW den *„Bolschewismus als Todfeind des nationalsozialistischen deutschen Volkes"* diffamierte und ein *„rücksichtsloses und energisches Durchgreifen gegen bolschewistische Hetzer, Freischärler, Saboteure, Juden und restlose Beseitigung jeden aktiven und passiven Widerstandes"* forderte. Die Kriminalisierung der Juden und ihre ausdrückliche Erklärung zur Feindgruppe unterstreicht, in welchem Ausmaß sich die Wehrmacht zum Instrument nationalsozialistischer Macht- und Vernichtungspolitik machte. Zudem stimmte das OKW in die rassistische Wahrnehmung Russlands ein und schürte die Angst seiner Soldaten vor *„heimtückischer Kampfweise ... Besonders die asiatischen Soldaten*

der Roten Armee sind undurchsichtig, unberechenbar, hinterhältig und gefühllos." Der Befehl lieferte den Soldaten eine „weltanschauliche Rechtfertigung" für das rücksichtslose Vorgehen der SS-Einsatzgruppen und stimmte sie darauf ein, was sie in Russland erwarten und was man zugleich von ihnen erwarten würde.

4. Der „Kommissarbefehl"[199] vom 6. Juni 1941 mit der Weisung des OKW, die politischen Kommissare der Roten Armee, „*wenn im Kampf oder Widerstand ergriffen, grundsätzlich sofort mit der Waffe zu erledigen.*" Der völkerrechtliche Schutz für Kriegsgefangene sollte keine Anwendung finden. Vielmehr waren die Politischen Kommissare von den restlichen gefangenen Soldaten „abzusondern" und „zu erledigen".[200]

Die Frage, ob er solche Befehle gekannt und erhalten habe, verneinte mein Großvater kategorisch. Zum „Kommissarbefehl" äußerte er, „*hinter den Kampftruppen, die überhaupt Gefangene gemacht haben*", gewesen zu sein. Noch im gleichen Atemzug beschwerte er sich allerdings, dass die während des Winters in der Heimat gesammelten Pelze und Skier ihn nie erreichten: „*Wir selbst als vorderste Truppe haben davon leider nichts gesehen.*" Wo befand er sich denn nun? Hinter den Kampftruppen, die Gefangene machten, oder an vorderster Front?

Die Behauptung, seine Einheit habe keine Gefangenen gemacht, ist nicht zutreffend. Allein für den Zeitraum vom 5. bis 31. August verzeichnet das Kriegstagebuch der 79. I. D. die Gefangennahme von 5088 russischen Soldaten.[201] In den Kesselschlachten des Septembers stiegen die Zahlen noch deutlich an. So meldete der Divisions-Generalsstab Ia am 27. September, der Division seien allein in den Kämpfen zwischen dem 20. und 25. September über 24 000 Mann in die Hände gefallen.[202]

Im „Kommissarbefehl" hieß es weiter: „*Die Erledigung der politischen Kommissare bei der Truppe hat nach der Absonderung außerhalb der eigentlichen Kampfzone unauffällig und auf Befehl eines Offiziers zu erfolgen.*"[203] Festzuhalten bleibt demzufolge: Meinem Großvater oblag gemäß der Befehlslage die Pflicht, als Frontoffizier und zeitweiligem Kompanieführer bei der Gefangennahme von sowjetischen Soldaten die politischen Kommissare aus den Gefangenengruppen „abzusondern" und auf Befehl „erledigen" zu lassen. Ob er sich tatsächlich einmal vor eine solche Entscheidung gestellt sah, ist nicht mehr feststellbar, da er jegliche Kenntnis über solche Befehle abstritt. Selbst an diesem Punkt an eine Schmerzgrenze gestoßen, mochte ich nicht mit allen Mitteln weiter recherchieren. Felix Römer hat zumindest nachgewiesen, dass sowohl bei der 79. I. D. als auch der 62. I. D., der mein Großvater zeitweise angehörte, der Kommissarbefehl weitergegeben und ausgeführt worden ist.[204]

Sind meinem Großvater die „verbrecherischen Befehle" wirklich unbekannt gewesen, wie er behauptet? Wann und in welcher Form die Angehörigen der 79. I. D. auf den Einsatz in Russland vorbereitet wurden, muss Spekulation bleiben. Auszuschließen ist, dass der Oberbefehlshaber der 79. I. D., Generalmajor Karl Strecker, bei der zentralen Befehlsausgabe des Armeeoberkommandos 6 am 16. Juni 1941 für alle Kommandierenden Generäle und Divisionskommandeure über die Erlasse und Richtlinien (also die „verbrecherischen Befehle") unterrichtet wurde, da die 79. I. D. zu diesem Zeitpunkt nicht zur 6. Armee gehörte und sich noch in Kärnten befand.[205] Doch selbst wenn die Division, aus Österreich kommend, erst etwa eine Woche nach Angriffsbeginn den Kriegsschauplatz in der Sowjetunion erreichte und folglich auch nicht wie andere Einheiten eine Zeitlang im Osten Polens auf den Einsatz wartete und hier die entsprechenden Anweisungen erhielt, ist davon auszugehen, dass man auch der 79. I. D. die dem gesamten Feldzug zugrunde liegenden Befehle des OKW und OKH bekannt gegeben hat. Spätestens vor Ort sowie vor den Kampfhandlungen dürfte den Soldaten der Division der Charakter des Überfalls auf die Sowjetunion deutlich geworden sein.

Hinzu kommt die Tatsache, dass die 79. I. D. mit der 6. Armee jenem deutschen Verband unterstellt war, der nicht nur durch seine Einkesselung und seine Vernichtung in Stalingrad „berühmt" wurde. Bernd Boll und Hans Safrian haben nachgewiesen, in welch großem Ausmaß eben jene 6. Armee unter ihrem Oberbefehlshaber, Generalfeldmarschall von Reichenau, für zahlreiche Kriegsverbrechen und Massaker verantwortlich ist.[206] Die beiden Historiker gelangen zu dem Schluss, dass sich die 6. Armee durch die Anwendung des Kommissarbefehls, radikales Vorgehen gegen Partisanen und Terror gegen die Zivilbevölkerung schuldig gemacht hat. Gerade einige „Paradebeispiele", die in der Forschungsliteratur immer wieder als Belege für die Beteiligung der Wehrmacht an dem rassistisch begründeten Vernichtungskrieg genannt werden, wie etwa die Ermordung von

33 771 Juden in der Schlucht Babi Jar nahe Kiew oder der „Kindermord von Bjelaja Zerkow“[207], geschahen im Zuständigkeitsbereich und vor allem unter Mithilfe von Einheiten eben jener 6. Armee, der auch die 79. I.D. meines Großvaters angehörte.

Dass mein Großvater in diesem Umfeld von Vernichtungsaktionen nichts mitbekommen hat oder er von „verbrecherischen Befehlen“ nichts wusste, ist kaum glaubhaft. Zudem waren die *„Truppenbefehlshaber im Rahmen ihrer Zuständigkeit persönlich* [sic!] *dafür verantwortlich, ... dass sämtliche Offiziere der ihnen unterstellten Einheiten über die Grundsätze zu I* [bezieht sich auf den Erlass über die Kriegsgerichtsbarkeit, d. Verf.] *in der eindringlichsten Form belehrt werden.“*[208] Es ist nicht anzunehmen, dass ein ehrgeiziger, politischer Soldat wie der Oberbefehlshaber der 6. Armee, Generalfeldmarschall von Reichenau,[209] sich der persönlichen Verantwortung entzogen haben soll, seine ihm unterstellten Soldaten nicht „standesgemäß“ auf den Vernichtungscharakter des Feldzuges hinzuweisen. Im Gegenteil, von Reichenau informierte seine Soldaten vielmehr am 10. Oktober 1941 erneut, dass bei der *„Zerschlagung der Machtmittel und Ausrottung“* des *„jüdisch-bolschewistischem Systems“* Aufgaben entstünden, die über das *„hergebrachte einseitige Soldatentum“* hinausgingen, und erklärte: *„Der deutsche Soldat ist im Ostraum nicht nur ein Kämpfer nach den Regeln der Kriegskunst, sondern auch Träger einer unerbittlichen völkischen Idee und der Rächer für alle Bestialitäten, die deutschem und artverwandtem Volkstum zugefügt wurden. Deshalb muss der Soldat für die Notwendigkeit der harten, aber gerechten Sühne am jüdischen Untermenschentum volles Verständnis haben.“*

Von Reichenau sah die deutschen Soldaten im Osten vor zwei zentrale Aufgaben gestellt: *„1. die völlige Vernichtung der bolschewistischen Irrlehre, des Sowjetstaats und seiner Wehrmacht; 2. die erbarmungslose Ausrottung artfremder Heimtücke und Grausamkeit und damit die Sicherung des Lebens der deutschen Wehrmacht in Russland. Nur so werden wir unserer geschichtlichen Aufgabe gerecht, das deutsche Volk von der asiatisch-jüdischen Gefahr ein für allemal zu befreien.“*[210] Sein Befehl ist bis hinab zu den Kompanieführern, also auch meinem Großvater, schriftlich ausgehändigt worden. Dem mag man entgegen halten, dass von Reichenau die Order wenige Tage nach einem Truppenbesuch bei der 79. I.D. verfasste[211] und er sich veranlasst sah, eine derart scharf formulierte Instruktion herauszugeben, weil vielleicht eine gewisse Resistenz gegen die geforderte Rücksichtslosigkeit herrschte und man auch nicht immer im Sinne des Oberbefehlshabers vorging. Ob es die Offiziere und Soldaten der 79. I.D. waren, bei denen *„hinsichtlich des Verhaltens der Truppe gegenüber dem bolschewistischen System ... noch vielfach unklare Vorstellungen"*[212] bestanden, kann aber nur spekuliert werden.

Jedoch lässt auch ein weiteres Beispiel den Schluss zu, dass die 79. I.D. ihre Handlungsspielräume im Ostfeldzug stärker nutzte als andere Divisionen. In einem Armeebefehl vom 9. November forderte von Reichenau vor dem Hintergrund zunehmender Partisanentätigkeit, die Soldaten der 6. Armee hätten gegen die *„gewissenlosen Mordbestien", „ihre Sorglosigkeit in diesem heimtückischen Land"* aufzugeben und müssten *„Mittel zur Vernichtung dieser Mörder anwenden", „die nicht unserer Art entsprechen, noch jemals von deutschen Soldaten gegen eine feindliche Bevölkerungsgruppe angewendet worden sind."*[213] Partisanen seien aufzuhängen, Dörfer niederzubrennen, Geiseln zu erschießen und Lebensmittel zu beschlagnahmen.

Timm C. Richter weist darauf hin, dass die 79. I.D. daraus den Schluss zog, von Reichenaus Anweisungen bezögen sich primär auf das Hinterland, während an der Front ganz andere Verhältnisse herrschten. *„Nur sinngemäß"* sei der Befehl von einer Frontdivision auszuführen. Innerhalb der 79. I.D. ordnete man am 15. November an, Zivilpersonen, die sich nicht ausweisen konnten, nur dann als Partisanen zu betrachten und umzubringen, wenn die Vernehmungen konkrete Verdachtsmomente ergeben hätten. Ansonsten seien die Verdächtigen in Gefangenenlager einzuweisen.[214] Das stand in klarem Widerspruch zu der Verfügung des Oberbefehlshabers von Reichenaus, in der es hieß: *„Männliche Zivilpersonen, die umherwandern, sind zu erschießen, wenn sie sich beim Ortsvorsteher nicht einwandfrei als ortsansässig ausweisen können, oder deutsche Ausweispapiere in Besitz haben."*[215] Timm C. Richter schließt aus dem Vorgang, dass sich die Kommandeure der 79. I.D. eine eigene Auslegung des Befehls vorbehielten und nicht bzw. nicht ganz so wie andere Divisionen verfuhren.[216] Keine Erwähnung findet indes in Richters Arbeit der Tätigkeitsbericht der Abteilung Ic für die Zeit vom 1. Oktober bis 30. November 1941, in dem es heißt: „*Im Rahmen der ergangenen Befehle zur Partisanenbekämpfung wurden herumstreunende Zivilisten, Saboteure und Spionageverdächtige erschossen bzw. erhängt.*“[217] Die Formulierung wiederholt sich – von Richter ebenfalls unkommentiert – beinahe im selben Wortlaut im Rapport der Abteilung Ic für den Zeitraum vom 1. bis 31. Dezember 1941. Auch hier ist festgehalten: „*Im Rahmen der ergangenen Befehle für Partisanenbekämpfung wurden herumstreunende Zivilisten, Saboteure und Spionageverdächtige sowie 3 Geiseln wegen eines nächtlichen Überfalls auf einen Feldwebel erschossen bzw. erhängt.*“[218] Genauere Informationen zu dem Anschlag, die Anzahl der insgesamt exekutierten Zivilisten oder die daran beteiligten Einheiten der Division, enthält der Bericht nicht. Ob es sich bei dem Widerspruch zwischen den Erlassen des Armeeoberbefehlshabers, den ihnen entgegengesetzten Befehlen der 79. I.D. und den wiederum seinem Willen entsprechenden Tätigkeitsberichten der Abteilung Ic um Kompetenzstreitigkeiten, Floskeln zur Beruhigung von Reichenaus oder tatsächliche Meldungen über verübte „Partisanen“-Erschießungen handelt, bleibt indes unklar.

Die Partisanenbekämpfung ist im Erinnerungsinterview 2005 nicht thematisiert worden, so dass sich die häufig in den Kriegstagebüchern der 79. I.D. erwähnte „Partisanentätigkeit“ nicht mit Aussagen meines Großvaters vergleichen lässt. Die Führungsanordnung Nr. 30 vom 18. Dezember 1941 beweist jedoch den zwischenzeitlichen Erfolg im Kampf gegen Partisanen: „*Im Armeebereich ist das Partisanenwesen so gut wie beseitigt. Die Armee schreibt dies den rigorosen Maßnahmen zu, die angewendet wurden.*“[219]

Die Aussage meines Großvater, an „*der Türe mit Salz und Brot*“ empfangen worden zu sein, deutet auf ein weiteres Verbrechen hin: die Hunger- und Ausbeutungsstrategie der Wehrmacht. Auch in diesem Kontext erlangte die 6. Armee eine traurige Berühmtheit. Generalfeldmarschall von Reichenau befahl seinen Soldaten im September 1941, „*zur Entlastung der heimischen Ernährungswirtschaft*“ beizutragen und sich stärker als bisher aus dem Land selbst zu ernähren. Die Truppe solle danach streben, sich „*mit Ausnahme von wenigen im Lande nicht auffindbaren Lebens- und Genussmitteln vom Verpflegungsnachschub frei zu machen.*“[220] Der Korpsbefehl Nr. 83 vom 27. Oktober 1941 unterstrich, wie wichtig „*die Sicher-*

stellung der Versorgung durch die Bergung und frostgeschützte Einlagerung der Ernte im gesamten Einsatzgebiet"[221] auch im Bereich der 79. I.D. war. Mit Nachschub aus der Heimat sei während des Winters nicht zu rechnen. *„Die Bergung der Ernte vor allem von Brotgetreide und Kartoffeln ist daher eine Lebensfrage für die Truppe selbst!"*[222] Auch stellte man noch einmal unmissverständlich klar, dass die Zivilbevölkerung restlos und ohne *„Drückebergerei"* für die Einbringung der Ernte heranzuziehen und im Weigerungsfall mit *„kollektiven Strafmaßnahmen"*[223] zu belegen sei. Offensichtlich kümmerte es die Armeeführung wenig, dass die Ernte auch eine „Lebensfrage" für die ausgebeutete Zivilbevölkerung darstellte.

Die Wehrmacht sollte ihre Verpflegung aus dem Land rekrutieren und große Teile der Lebensmittel und Wirtschaftskraft zur Verbesserung der eigenen Versorgungslage auf Kosten des Gegners abschöpfen. Als Teil der Angriffsplanung rechnete man schon in den Richtlinien des „Wirtschaftsstabes Ost" vom 23. Mai 1941 damit, dass eine Hungersnot nicht zu bannen sei. *„Viele 10 Millionen von Menschen werden in diesem Gebiet überflüssig und werden sterben oder nach Sibirien auswandern müssen."*[224] Dass mein Großvater sich von der Zivilbevölkerung verpflegen ließ, beweist seine Aussage: *„Wer uns aber an seiner Türe mit Salz und Brot empfing, das konnten keine Feinde sein, die haben wir auch gut behandelt."* Unausgesprochen blieb in diesem Zusammenhang, wie man den Russen begegnete, wenn sie nicht mit „Salz und Brot" an der Türe standen.

Kurz angebunden fielen die Antworten meines Großvaters auf Fragen nach der SS und deren Vorgehen aus. Weder sah noch kannte er SS-Einheiten oder -Führer, er hörte nichts von Exekutionen oder Massakern, diskutierte darüber nicht in seiner Einheit und erlaubte sich auch kein Urteil über die SS. Zudem machte er für die Ausführung des OKW-„Kommissarbefehls" die SS verantwortlich, nachdem er zuvor jegliches Wissen über den Befehl von sich gewiesen hatte. Dass SS-Einheiten in unmittelbarer Nähe seines eigenen Einsatzortes operierten und Massenmorde an Juden verübten, ist indes belegt.

Es ist wenig glaubhaft, dass mein Großvater so wenig von der „Arbeit" der SS und ihrer Zusammenarbeit mit der Wehrmacht miterlebt hat. Erinnert sei hier noch einmal an die heimlich abgehörten Gespräche deutscher Kriegsgefangenen in alliierter Gefangenschaft, die sehr wohl einen umfassenden Kenntnisstand über die verschiedenen NS-Verbrechen belegen.[225] Die Indizien lassen sich noch ergänzen durch den Bericht eines Generalstabsoffiziers der Heeresgruppe Mitte, Major Rudolf Christoph Freiherr von Gersdorff, der während einer Frontreise feststellte, dass *„bei allen längeren Gesprächen mit Offizieren ... ohne darauf hingedeutet zu haben, nach den Judenerschießungen gefragt [wurde]. Ich habe den Eindruck gewonnen, dass die Erschießungen der Gefangenen und auch der Kommissare fast allgemein im deutschen Offizierskorps abgelehnt wird ... Die Erschießungen werden als eine Verletzung der Deutschen Armee, in Sonderheit des Deutschen Offizierskorps betrachtet ... Es ist hierzu festzustellen, dass die vorhandenen Tatsachen in vollem Umfang bekannt geworden sind und dass im Offizierskorps der Front weit mehr darüber gesprochen wird, als anzunehmen war.“*[226]

Es ist davon auszugehen, dass von Gersdorffs Einschätzung durchaus Gültigkeit für den gesamten russischen Kriegsschauplatz besitzt. Selbst unter den deutschen Offizieren in Paris diskutierte man bereits im Oktober 1941 die Erschießung der 33 771 Juden in Babi Jar. Vor diesem Hintergrund erscheint die Aussage meines Großvaters, dessen 79. I.D. zum Zeitpunkt des Massakers nur 250 Kilometer von Kiew entfernt lag, nichts von Exekutionen und SS-Einheiten gehört oder gesehen zu haben, wenig glaubhaft. Der Oberbefehlshaber der für die Massenmorde von Babi Jar verantwortlichen SS-Einsatzgruppe C, SS-Brigadeführer Dr. Dr. Otto Rasch, lobte sogar ausdrücklich die Zusammenarbeit mit der 6. Armee: *„Es ist der Einsatzgruppe gelungen, zu sämtlichen Wehrmachtsdienststellen vom ersten Tag an ein ganz ausgezeichnetes Einvernehmen herzustellen. Hierdurch wurde auch ermöglicht, dass die Einsatzgruppe von Beginn ihres Einsatzes an sich niemals im Raum der rückwärtigen Heeresgebiete aufgehalten hat, dass vielmehr von der Wehrmacht immer wieder die Bitte ausgesprochen wurde, die Einsatzkommandos möchten sich recht weit vorne bewegen.“*[227] Wolfram Wette resümiert, dass es gute Gründe gibt zu bezweifeln, *„dass ein im Osten eingesetzter Wehrmachtssoldat überhaupt in Unkenntnis der rassistisch motivierten Mordtaten bleiben konnte.“*[228]

Zusammenfassend ist festzuhalten: Die Aussagen meines Großvaters über den Krieg gegen die Sowjetunion weichen stark vom Forschungsstand und den verfügbaren zeitgenössischen

Quellen ab. Oftmals widersprach er sich sogar selbst. Kampferlebnisse wurden ausgeblendet und nicht erzählt, die Teilhabe der Wehrmacht am Vernichtungskrieg geleugnet und die Kenntnis „verbrecherischer Befehle" ebenso wie das Wissen über SS-Massaker abgestritten. Erstmalig wich er auch direkt aus und machte deutlich, auf einen Themenbereich nicht angesprochen werden zu wollen: *„Es hat aber keinen Zweck, jetzt so ins Detail zu gehen. Ideell ins Detail, das kann man nicht so sagen. Allgemein von unserer Familiengeschichte her ist das nicht so interessant."*

Offenbar hat mein Großvater erheblich mehr gesehen und gewusst, als er 2005 einzugestehen bereit war. In Hinblick auf den „Kommissarbefehl" zeigt sich, dass er eine Zeitlang im Falle von Gefangennahmen selber Entscheidungsträger war und dass seine beiden Einheiten sich dieser völkerrechtswidrigen Kriegsführung auch schuldig gemacht haben.

Demgegenüber gibt es aber auch Indizien dafür, dass man innerhalb der 79. I.D. meines Großvaters die Handlungsspielräume gemäß der traditionellen Landkriegsordnungen nutzte und man nicht blind allen nationalsozialistischen Vernichtungsstrategien folgte. Darüber hinaus sei aber auch auf Widersprüche in der Forschungslage bezüglich der 79. I.D. für den Herbst und Winter 1941 hingewiesen.

Betrachtet man, ausgehend von den Aussagen meines Großvaters, die wichtigsten Aspekte des Vernichtungskrieges gegen die Sowjetunion, zieht das nicht unmittelbar den Schluss nach sich, dass er oder *alle* im Osten eingesetzten Soldaten – sprich „die" Wehrmacht – automatisch bzw. unmittelbar an Kriegsverbrechen beteiligt gewesen sind. Mehr als neun Millionen deutsche Soldaten kämpften im Osten um die Eroberung neuen Lebensraumes.[229] Christian Hartmann urteilt: *„Ihr Leben und Sterben, ihr Tun und Unterlassen und ihre Schuld, kurz: ihr Schicksal, war so groß und folgenreich, dass es schon allein deshalb eine differenzierte Bewertung verdient."*[230]

„Ich gehe nicht in russische Gefangenschaft“ – Der Weg nach Stalingrad

Erinnerung

Die 79. I.D. überwinterte 1941/42 in Belgorod, die Einheit meines Großvaters lag im Ort Maslowo Pristanj. Die Stimmung innerhalb der Truppe soll nach Auskunft von Hans Hermann gut gewesen sein. Dass der Vormarsch gestoppt worden war, führte man auf den Einbruch des Winters zurück. Man erwartete neue Landgewinne im Jahr 1942 – für meinen Großvater eine kleine Enttäuschung, *„dass Moskau nicht eingenommen worden war. Das war ja sehr knapp, dass die da nicht weitergekommen sind. Und da hat man schon gesagt, jetzt wird es verdammt ernst.“*[231] In Belgorod war Hans Hermann an Abwehrkämpfen beteiligt, führte aber auch ein *„mehr oder weniger normales Leben …, wenn man das vom Krieg überhaupt sagen kann.“*[232]

Im Frühjahr 1942 unterstellte man das I.R. 208 der 62. I.D. südlich von Charkow, wo ihn ein Schlüsselerlebnis erwartete: *„Ja, die Russen hatten versucht, Charkow zurückzuerobern … südlich einen Durchbruch versucht, der letztlich aber nicht gelungen ist, weil wir zu stark waren. Da waren wir eingesetzt und na ja … war auch nicht ganz einfach, da haben wir richtig kämpfen müssen, um das zu schaffen. Einmal ist den Russen ein Durchbruch gelungen, das hat auch unser Bataillon betroffen, wir sind völlig zerstreut worden, und ich war plötzlich ganz alleine hinter der russischen Linie. Ich hab mich dann vorgeschlichen, ganz alleine, wieder zurück. Ich wusste, ich muss am Bahndamm entlang gehen. Ich hatte den Bahndamm immer im Blick und habe mich zurückgeschlichen. Unsere Nachbarn, die Einheiten im Nachbarabschnitt, hatten die Russen dann doch wieder zurückgetrieben. Ich hatte in der rechten Hand die Pistole: Wenn mich ein Russe erwischt hätte, dann hätte ich mich eher erschossen, als dass ich in Gefangenschaft gegangen wäre.“*

– Das war bestimmt eine äußerst unangenehme Situation? –

„Ja, da hatte ich Schiss noch und noch. Und ich habe mich vorgeschlichen, auf einmal war da ein Loch, da saßen Leute drin, da konnte ich nicht weiter. Ich habe mich vorsichtig umgehorcht und rangepirscht, jetzt hörte ich plötzlich deutsche Stimmen, da war ich wieder bei der eigenen Truppe, war richtig gelandet und fand wieder dahin zurück, wo ich hingehörte.“[233]

Als Grund dafür, sich eher selbst zu erschießen, nannte mein Großvater das Schreckensbild der russischen Kriegsgefangenschaft, das in Presse und Radio propagiert worden und in der Truppe vorherrschend war. *„Davor hatten wir wirklich Angst.“*[234] Das Erlebnis, nach einem Gegenangriff hinter den russischen Linien gelandet zu sein, beschäftigte ihn noch lange. Zu seinem Glück geriet er nie mehr in eine vergleichbare Situation.

Die Einheit Hans Hermanns kehrte nach Ende der Schlacht am 12. Mai 1942 zurück zur 79. I.D. und marschierte weiter gen Osten. Im Juni 1942 erreichte sie den Donbogen und die Stadt Serafimowitsch. Im Donbogen erhielt mein Großvater für den Einsatz in Charkow das „Eiserne Kreuz Erster Klasse“. Der Vormarsch endete zunächst für die 79. I.D., die ihre erreichte Stellung verteidigen musste.

Hans Hermann bekam seinen ersten großen Urlaub und fuhr mit dem Zug nach Wuppertal. Wie immer galt sein erster Anruf der Jugendfreundin Edith, die seit 1940/41 nicht mehr in der Firma ihres Vaters, sondern in dem Büro der Kreisleitung der NSDAP in Wuppertal-Elberfeld als Sekretärin tätig war. Die drei gemeinsamen Wochen bezeichnete er 2005 als Beginn eines Zusammenseins, aus dem sich nun über die Freundschaft hinaus mehr entwickelte.

Wieder nach Russland zu gehen, empfand er als natürlich. *„Ich kam zurück in meine Funktion als Bataillonsadjutant. Es war aber nicht unangenehm, wieder dahin zu müssen, man musste ja, und so war das auch selbstverständlich.“*[235] Die Abwehrkämpfe in Serafimowitsch beschrieb er als harmlos. *„Hier waren nicht viele Kampfhandlungen, die waren mehr in Richtung Stalingrad. Da in unserem Donbogen, wo wir waren, schoss mal ein Granatwerfer rüber am Tag, es gab kein Trommelfeuer oder so. Eher Störmanöver ... So ein bisschen Kämpfe, hin und her. Artillerie und Spähtrupps auch, Feindaufklärung, wer liegt uns gegenüber ... Die Spähtrupps, die setzten* *über und kundschafteten aus, das waren aber kleinere und unbedeutendere Truppen.*"[236] Doch wurde Hans Hermann in Serafimowitsch am Don verwundet.

– Gab es von euch auch Verluste in Serafimowitsch? –

„Ja schon, aber minimal. Also, ich war ja in Serafimowitsch der Verlust. Mich hat es da am 12.9.42 erwischt, Granateinschlag von einem russischen Granatwerfer, ich stand am Haus im freien Gelände, außerhalb des Schützenlochs, war auch weit und breit kein Feind zu sehen, ein Einschlag, einer der wenigen, und Bumms, ich fasste an meinen Kopf, und alles war blutig, das war schlimm, das tat weh. Dann haben mich der Kommandeur und noch wer da raus gezogen, haben mich ins Auto gesetzt und haben mich zurück ins nächste Lazarett gefahren. Haben mir schon alles im Seesack mitgegeben, was ich hatte und dann kam ich ins Lazarett, wurde auch sofort dem Arzt vorgeführt. Alles am selben Tag noch, der hatte sich das angesehen und meinte: ‚Es tut mir schrecklich leid, das Auge müssen wir entfernen, das ist kaputt, das kann man nicht mehr reparieren. Wir machen heut Nachmittag um drei Uhr die Operation.' Und ich sagte: ‚Aber das tut so weh, da ist irgendwas hinten drin, was weh tut.' ‚Ja ja' sagte er, ‚ich weiß nicht, was es ist, ein Stein oder ein Splitter, das sitzt hinten im Auge fest.' Und ich sagte: ‚Schneiden Sie ihn ab und holen Sie ihn raus, das tut so weh.' Und er sagte: ‚Das tut aber sehr weh.' Ich meinte: ‚Machen Sie es.' Und er schnitt das raus und dann habe ich bis um drei Uhr nachmittags gewartet."

– Wie hast du dich denn gefühlt, die Verwundung war doch bestimmt ein schwerer Schock? –

„Normal, ich war halt krank. Ich hatte nur den Gedanken weg, weg, weg. So schnell wie möglich."

– Du hattest doch vorher alles gut überstanden. –

„Ja, vorher, Ausbildung in Polen, Frankreichfeldzug und Russland – bis dahin hatte ich nie was gehabt. Das war jetzt natürlich übel, eine ernste Sache."[237]

Eine Messerschmidt-Maschine flog Hans Hermann nach Charkow. Er rief seine Familie in Wuppertal an, ebenso seinen mittlerweile in Warschau stationierten Vater, der ihn dort einige Tage später vom Verwundetenzug abholte. Nach einer Entlausung und dem Verbandswechsel im Lazarett fuhr er weiter nach Wuppertal. Nach einer Nacht im Krankenhaus und einer kleinen Feier im Kreis der Familie begleitete er Edith am 19. September 1942 nach Hause und hielt um ihre Hand an. Vier Wochen nach seiner Verletzung bekam er ein Glasauge und erkrankte an Gelbsucht, was einen mehrwöchigen Aufenthalt im Wuppertaler Krankenhaus nach sich zog.

Die Schlacht um Stalingrad und die Einkesselung der 6. Armee durch russische Truppen verfolgte er in der Zeitung und dem täglichen „Wehrmachtsbericht“. *„Diejenigen, die da kämpften und fielen, das waren ja auch meine Kameraden, aus meinem Regiment. Sie sind in Serafimowitsch abgelöst worden von rumänischen Truppen und dann nach Stalingrad in die Stadt hinversetzt worden.“*

– Hast du überhaupt von Kameraden aus deiner Einheit später noch mal was gehört? –

„Da sind sehr viele gefallen. Aber einige, die verwundet waren, sind noch ausgeflogen worden, im Oktober oder November. Dezember, Januar wurde ja kaum noch wer ausgeflogen, ging ja nicht. Die habe ich später in Metz wieder getroffen, die waren verwundet, waren im Lazarett, hatten Urlaub, und kamen später nach Metz zu unserer neuen Einheit.“

– Was haben die erzählt von Stalingrad? –

„Schlimme Sachen, da hab ich das zum ersten Mal gehört, wie hart der Kampf war, wie entbehrungsreich, dass sie kaum noch Nachschub bekamen. Von schweren Artillerie-Duellen mit den Russen, hinterher ziemlich einseitig von den Russen. Wir hatten nicht mehr viel, wir konnten nicht mehr viel machen, die hatten genug, die konnten uns zerdeppern, und das haben sie auch weidlich getan.“[238]

Seit seiner Verwundung in Serafimowitsch war Hans Hermann nicht mehr „kriegsverwendungsfähig.“ An der Front ist er folglich nicht mehr zum Einsatz gekommen.

Familienquellen

Die außergewöhnliche Bedeutung der Schlacht von Charkow verdeutlicht die überaus genaue Dokumentation, die mein Großvater ihr in seinem Ordner „Wehrmacht“ widmete. Abgetippt findet sich hier der 31 Seiten umfassende „Gefechtsbericht der 62. I.D. über die Kämpfe südlich Charkow in der Zeit vom 12. bis 25.5.1942“, angefertigt von der Abteilung Ia der 62. I.D. Beigelegt sind sieben Karten über die verschiedenen Phasen der Schlacht, die Vormärsche, Gefechte, Einbrüche, Feindlagen und Gegenangriffe; erkennbar ist auch der von meinem Großvater erwähnte Bahndamm.

Auch wenn Hans Hermann sich irrte, als er das Ende der Schlacht auf ihren Beginn am 12. Mai datierte, stellt die Erinnerung an ein solch explizites Datum ein weiteres Indiz dafür dar, wie einprägsam die Erlebnisse in Charkow für ihn waren. Der Gefechtsbericht vermittelt einen Eindruck von der Schwere der Kämpfe:

„12.5.: Seit 3.00 Uhr rollen ununterbrochen Feuerüberfälle über Feuerüberfälle auf die Stellungen des I.R. 208 und die Art.-Stellungen der I./-. Ein jeder Soldat der Division weiß heute, dass es auf ihn ankommt, und dass das Standhalten von großem Erfolg, ein Zusammenbrechen die Niederlage von vielen Divisionen sein kann ... Unter dem Schutz der Artillerie, die in 1 ½-stündigem Trommelfeuer manche Stellung zerschlägt und gegen Infanteriebeschuss gepanzerter Fahrzeuge schiebt sich in der ganzen Breite der Divisionsfront ... die russische Infanterie in Massen an die Stellungen heran. Dort, wo die Artillerie ununterbrochen gehämmert hat, ist der Boden durchwühlt und ein großer Teil unserer Waffen zerschlagen ... Jedoch erst als die gesamte Besatzung des III./I.R. 208 und der 2. Battr. verwundet oder gefallen ist, fällt um 6.00 Uhr Posselok.“[239]

Der Verlust von Kameraden und Freunden ging nicht spurlos an ihm vorüber, wie einem Brief von Edith vom 23. März 1943 zu entnehmen ist: *„Deine Gedanken um Deine gefallenen Kameraden kann ich ja so gut verstehen, Lieber! Nie werd ich sie Dir ersetzen können!“*[240]

Es scheint, als seien die wichtigen Erlebnisse in der soldatischen Vita meines Großvaters immer dokumentiert; denn auch von Serafimowitsch findet sich eine Umgebungskarte. Über die zentralen Zangenbewegungen, die die russischen Truppen vornahmen, um die 6. Armee in Stalingrad einzuschließen, existiert ebenfalls eine Karte, obwohl er an der Schlacht persönlich nicht mehr beteiligt war. Wie stark seine Bewunderung und Hochachtung für seine Vorgesetzten gewesen ist, verdeutlichen mehrere Portraitfotos, u.a. von dem Regimentskommandeur des I.R. 208, Generalmajor Hermann von Wedel, Bataillonskommandeur III./I.R. 208, Major Günter Göbel, sowie von Divisionskommandeur General Karl Strecker. Eigene Bilder zeigen meinen Großvater im Kreise weiterer Wehrmachtssoldaten bei verschiedenen Anlässen, darunter eines von dem Ort seiner Verwundung.

Für eine leichte Irritation hat in diesem Zusammenhang das Datum der Verwundung gesorgt: Im Interview war es der 12., laut Bildunterschrift aber der 6. September. In das Buch von Hans Sänger über die Geschichte der 79. I. D. hat er an der betreffenden Stelle sogar handschriftlich den 9. September als Tag der Verwundung eingetragen. Gemäß einer Übersicht zu seinen Dienststellen, zusammengestellt anlässlich der Offiziers-Beurteilung am 10. Februar 1943,[241] befand sich Hans Hermann vom 7. September 1942 bis zum 4. Januar 1943 im Lazarett, was auf den 6. September als Verwundungstag hindeutet. Das dürfte wohl am plausibelsten sein, zumal er am 19. September 1942 in Wuppertal um die Hand meiner Großmutter anhielt und Operation, Aufenthalt im Lazarett in Russland, Flug nach Charkow, Fahrt nach Warschau und schließlich Reise nach Wuppertal wohl nicht innerhalb einer Woche realisierbar gewesen wäre.

In der Offiziersbewertung ist vermerkt, dass mein Großvater das „Eiserne Kreuz Erster Klasse" bereits am 20. Dezember 1941 erhielt. Bei der Auszeichnung im Donbogen handelte es sich um die „Ostmedaille". Bereits am 4. Dezember 1941 war er mit dem „Infanterie-Sturmabzeichen" ausgezeichnet worden, am 20. Dezember 1942 kam noch das „Verwundeten-Abzeichen in Silber" hinzu. Weitere Fotos zeigen meine Großeltern im Dezember 1942 im Kreis ihrer Freunde und Verwandten, unter anderem mit den Jugendfreunden Marlies und Paul-Gerhard.

Analyse und Forschungsstand

Zunächst bestätigt sich, was bereits in den beiden vorangegangenen Kapiteln als Charakteristikum auftrat: eine weitgehende Tabuisierung des Kriegsgeschehens. Auffallend sind z. B. die als harmlos und unbedeutend dargestellten Abwehrkämpfe in der Region um Belgorod im Winter 1941/42. Auf der anderen Seite errang er hier in kurzer Zeit das „Infanterie-Sturmabzeichen" und das „EK I." Für welche Einsätze und Tapferkeitsleistungen man ihm die Anerkennungen erwies, war nicht ermittelbar. Es steht aber zu vermuten, dass es sich um Orden für vorangegangene Kämpfe handelte.

Eine deutliche Sprache sprechen die Zustandsberichte der 79. I.D. aus Belgorod. Am 1. November 1941 meldete Divisionskommandeur General Strecker dem Armee-Oberkommando: *„Im augenblicklichen Zustand ist die Division für größere Kampfhandlungen nicht einsatzfähig."*[242] Am 22. November konkretisierte Strecker seine Einschätzung und gab an, die Division benötige mehrere Wochen zur Auffrischung.[243]

Angesichts der Schlacht von Charkow durchbrach mein Großvater dann erstmals sein Schweigen, indem er von dem Erlebnis hinter den feindlichen Linien berichtete. Auch die genaue Archivierung und Erinnerung an die Schlacht offenbaren, dass die schweren Kämpfe sich ihm eingebrannt haben. Es fällt allerdings auf, dass er auch hier Floskeln verwendet wie *„na ja ... war auch nicht ganz einfach, da haben wir richtig kämpfen müssen"*. Dem Gefechtsbericht zufolge fiel der Ort Posselok den russischen Soldaten erst in die Hände, als die *„gesamte Besatzung des III. I.R. 208 und der 2. Battr. gefallen oder verwundet ist."* Auch Sängers Divisionsgeschichte teilt mit, dass *„der erste Stoß der Timoschenko-Offensive am 12.5.1942 ... voll auf das Regiment [stieß]."*[244] Mehrfach kesselten die Russen das I.R. 208 ein. Zu den von Hans Hermann unerwähnten *„schweren Kämpfen"* vom Februar und März mit *„schweren Verlusten: 460 Ausfälle allein an Erfrierungen, dazu kamen noch viele Tote und Verwundete"*[245], traten nun noch die hohen Einbußen von Charkow.

Insofern muss mein Großvater spätestens in der Schlacht um Charkow unmittelbar mit dem Tod oder der Verwundung von eigenen Kameraden und Freunden konfrontiert gewesen sein. Gesprochen hat er darüber 2005 nicht. Offenbar fiel es ihm schwer, seine Empfindungen und Gefühle auszudrücken. Vielleicht wollte er es auch gar nicht. Die Erlebnisse in Russland und der Verlust von Kameraden beschäftigten ihn aber zumindest im Frühjahr 1943, als er seiner Verlobten Edith dazu einige Zeilen geschrieben hat.

Über den Umgang mit dem eigenen Tod hat er demgegenüber gesprochen. Abgeschnitten von der eigenen Truppe und hinter die russischen Linien geraten, meinte er, sich eher selbst zu erschießen, als in russische Kriegsgefangenschaft zu gehen. Die Furcht davor speiste sich aus verschiedenen Quellen. Ein

„Angstgefühl vor der Wildheit des Ostens",[246] ausgelöst durch die jahrelange Beschwörung des „unversöhnlichen Todfeindes" im Osten, die Lehre von der „Minderwertigkeit" und des „Untermenschentums" der „slawischen Rasse", die mein Großvater seit frühester Kindheit und verstärkt durch die nationalsozialistische Propaganda und Ausbildung eingeimpft bekam, stellt mehr oder minder das Gerüst dar. Der propagierte „Kampf ums Dasein" und der NS-Fatalismus „Sieg oder Untergang" dürften ebenfalls mitverantwortlich dafür sein, dass er möglicherweise den Tod der „schmachvollen" Gefangenschaft vorgezogen hätte. Entscheidender ist aber vermutlich das eigene Erleben des Vernichtungskrieges. Womöglich ging mein Großvater ganz einfach von Folgendem aus: Einen „Weg zurück" gibt es nicht, in diesem Krieg sind bereits alle Grenzen überschritten, und in in der russischen Gefangenschaft erwartet ihn keine andere Aussicht als Hunger, Leid oder Tod.[247]

Zu fragen ist daher, ob und inwieweit die Flucht in den Selbstmord auf dem Wissen um das eigene Vorgehen in Russland beruht und mit einem Schuldbewusstsein einhergeht. Vielleicht ging mein Großvater davon aus, von den Russen nicht besser behandelt zu werden als die sowjetischen Kriegsgefangenen in deutschem Gewahrsam. Insgesamt gerieten bis 1945 5,7 Millionen russische Soldaten in deutsche Kriegsgefangenschaft. 3,3 Millionen davon starben, über 57 %.[248] Zum Vergleich: Während des Ersten Weltkrieges betrug die Sterblichkeitsrate bei den 1,4 Millionen sowjetischen Kriegsgefangenen in deutscher Hand „nur" 5,4 %.[249] Die Gründe für die unglaublich hohen Verlustzahlen im Zweiten Weltkrieg sind vielfältig. Im rassistisch motivierten Vernichtungskrieg gegen die Sowjetunion ging es von Anfang an nicht darum, *„den Feind zu konservieren."*[250] Die Wehrmachtsführung war von Beginn an entschlossen, den russischen Kriegsgefangenen nur eine minimale Versorgung zukommen zu lassen. Mangelnde Unterkünfte, eine völlig unzureichende Ernährung, ungenügende medizinische Betreuung, Seuchen und Epidemien, Erschießungen, sowie „Vernichtung durch Arbeit" sorgten für ein unvorstellbares Massensterben. Bereits bis zum Frühjahr 1942 waren rund zwei Millionen sowjetischer Kriegsgefangene in deutschem Wehrmachtsgewahrsam in den Tod befördert worden.[251]

Obgleich das meinem Großvater im Jahre 1942 in seiner ganzen Dimension vermutlich nicht bekannt war, dürfte er sich aber doch darüber im Klaren gewesen sein, dass die gefangenen Rotarmisten in großer Zahl ums Leben kamen, die Wehrmacht einen brutalen Krieg führte und sich auf Kosten der Zivilbevölkerung ernährte. Der Schluss lag nahe, in diesem Krieg – bestehend aus blutigen Schlachten, Partisanenüberfällen, kollektiven Strafmaßnahmen, massenhaften Exekutionen von Juden, politischen Funktionsträgern und Kommissaren, Zivilisten, „Saboteuren", „Flintenweibern" und „herumstreunenden Elementen" – mit einer völkerrechtskonformen Behandlung als Kriegsgefangener erst gar nicht zu rechnen. In den ersten Monaten des deutsch-sowjetischen Krieges hatten die Truppen der Roten Armee zudem in der Tat in den seltensten Fällen Gefangene gemacht.[252]

Nach der Schlacht um Charkow trat das I.R. 208 wieder in den Verband der 79. I.D. zurück. Am 2. August 1942 wurde dem Regiment ein Abschnitt in Serafimowitsch zugeteilt. Auch hier gab es deutlich mehr Kämpfe, als mein Großvater es darstellte *(„hier waren nicht viele Kampfhandlungen …, kleinere und unbedeutendere Spähtrupps")*. Fast täglich berichtet demgegenüber das Kriegstagebuch der 79. I.D. – von der Einnahme Serafimowitschs bis zur Verwundung meines Großvaters – von schweren Kämpfen, Stoßtrupp-Unternehmen, größeren Panzer- und Fliegerangriffen sowie anhaltendem Artilleriebeschuss.[253] Einbrüche in die Frontlinie ließen sich nicht mehr schließen, fehlender Ersatz führte zu empfindlichen Lücken. Die Versuche, Brückenköpfe des Feindes zu zerschlagen, scheiterten etwa am 17. August *„infolge der außerordentlich geringen Gefechtsstärken … gegen einen sich zäh und in Gegenstößen wehrenden Feind."*[254] Am 29. August hatte das III./I.R. 208 meines Großvaters bei Angriffen und feindlicher Gegenwehr mit Panzern während eines *„überraschend geführten Nachtangriffes"* schwere Ausfälle zu beklagen. *„Die Verluste dieser Tage sind erheblich"*, konstatierte das Kriegstagebuch, *„die Gefechtsstärken der Infanterie-Bataillone schwinden wieder zusehends … Auch Waffenverluste sind bei den Infanterie-Regimentern eingetreten."*[255] Am 1. September war *„eine durchlaufende Besetzung einer HKL* [Hauptkampflinie, d. Verf.] *… nach neuerlichen Verlusten nicht mehr möglich."*[256] Menschen und Materialien gab es nur noch in unzureichender Quantität und Qualität. Hans Sänger resümiert: *„Die Abwehrkämpfe im August und September 1942 gestalteten sich in diesem Abschnitt* *besonders schwer. Die Kämpfe ... werden für immer in aller Erinnerung bleiben.*“[257] Die Quellen belegen einmal mehr meines Großvaters Neigung, eigene Kampferfahrungen auch noch 2005 zu tabuisieren, bzw. zeigen, wie weit die auch immer mehr oder minder verständliche Verdrängung der schrecklichen Geschehnisse fortgeschritten war oder sich verfestigt hatte.

Bei seinen Befragungen von Soldaten des Zweiten Weltkrieges stellte Hans Joachim Schröder fest, wie sehr sich das Erlebnis einer Verwundung ausgewirkt hatte. Grundsätzlich sprachen die Veteranen zumeist von eigenen Verwundungen – und schwiegen zu denen von Kameraden oder Vorgesetzten.[258] Die Ausführungen meines Großvaters, der bis auf die Verluste im Wald von Korosten und die Versprengung seiner Einheit in Charkow keine Angaben über Verletzungen oder den Tod von Kameraden machte, bestätigen Schröders Befund. In beiden Fällen blieb es zudem bei der knappen Erwähnung – ohne Kommentar, Wertung und Deutung.

Schröder weist ferner darauf hin, dass die Betroffenen ihre Verwundung als urplötzlichen, massiven körperlich-seelischen „Eingriff“ in ihre Persönlichkeit wahrnahmen, der das Opfer schnell an die Grenzlinie des Todes führte. Zugleich erkannte er bei den von ihm Befragten die Tendenz, die Umstände und Folgen der Verwundung mit detaillierten Erinnerungen und Beschreibungen zu verbinden. Welche inneren Wirkungen das Erlebnis der Verwundung ausgelöst hat, darüber verloren die Betroffenen jedoch kein Wort.[259]

Ähnlich reagierte mein Großvater. Redselig schilderte er die entscheidenden Momente, die Umgebung, den Granatwerfereinschlag, das Bemerken der Verwundung, das Blut auf der Uniform, die Hilfestellung seiner Kameraden und Vorgesetzten, schließlich den Abtransport und die Diagnose im Lazarett sowie das Gespräch mit dem Arzt. Auf die Frage, wie die Verwundung und die Nachricht, das rechte Auge verloren zu haben, mental auf ihn gewirkt habe, antwortete er hingegen nur knapp und ausweichend: „*Normal, ich war halt krank.*“ Ich erfuhr nicht von ihm, wie der Verlust der Tiefenwahrnehmung sich im Alter von 21 Jahren auf seine Persönlichkeit ausgewirkt, welche Gedanken er sich darüber am Anfang und in der Folgezeit gemacht hatte, wie er das Erlebte reflektierte und ob sich dadurch sein Verhältnis zum Thema Krieg und Frieden, Leben und Tod, veränderte.

Am 17. Oktober 1942 erhielt die 79. I.D. den Befehl, in die Stadt Stalingrad einzurücken.[260] Die Division sollte das Metallurgische Werk „Roter Oktober" einnehmen – Inbegriff für die verlustreichen Kämpfe in Stalingrad. Der Schwerpunkt des Angriffes auf den „Roten Oktober" lag zudem ausgerechnet beim I.R. 208.[261] Die 79. I.D. wurde aufgerieben und die ihr unterstellten Regimenter vom Gegner zerschlagen. Die wenigen Überlebenden der 79. I.D. wurden am 9. Januar 1943 in den Verband der 305. I.D. übernommen.[262] Den Kämpfen um Stalingrad und damit seinem wahrscheinlichen Tod entging mein Großvater durch seine Verwundung und den Verlust des rechten Auges. Wie er die Tatsache, davongekommen zu sein, im Nachhinein bewertet und wahrgenommen hat, brachte er, wie gesagt, 2005 nicht zur Sprache. Seinen Kommentaren über die Kämpfe in Stalingrad ist allgemein eine gewisse Wut und Verbitterung über die Oberste Heeresleitung und die Kampfkraft der Roten Armee zu entnehmen, wenn er von fehlendem Nachschub auf deutscher Seite und *„weidlicher Zerdepperung"* durch die russische Artillerie spricht.

Seit September 1942 nur noch „garnisonsverwendungsfähig", erwartete meinen Großvater nun das Leben eines deutschen Offiziers im besetzten Frankreich.

Großvater Hans Hermann als Angehöriger des Infanterieregiments 80, 1939

Urgroßvater Wilhelm (x) im Kreise seiner Kriegskameraden nahe Arras, Nordfrankreich, 1914

Das während der Aisneschlacht im August/September viel genannte Rethel mit der unversehrten Kathedrale inmitten zerschossener Straßen und Gebäude, 1914

Urgroßvater Wilhelm mit seinem Sohn Hans Hermann, 1940

Großvater Hans-Hermann (links) mit Marlies und Paul-Gerhard, Ende der 1920er Jahre

Die Brüder Hans Hermann (rechts) und Siegfried, Mitte der 1930er Jahre

Großmutter Edith, 1936

Großmutter Edith (3. von links) im Kreise von Freundinnen und Freunden während eines Urlaubs auf Wangerooge, Juli 1935

Die Brüder Hans Hermann und Siegfried, Ende 1939/ Anfang 1940

Vereidigungsfeier beim Infanterieregiment 80, Ende 1939/ Anfang 1940

Von der SS einen Tag nach der Kapitulation Warschaus ausgesonderte Juden und andere zur Deportation und Ermordung bestimmte Polen, 1939

Alltag der deutschen Okkupation: Verbotsschild in dem in „Saybusch“ umbenannten polnischen Landkreis Żywiec, 1941

Auf der Flucht in die Hände deutscher Truppen geratene belgische und französische Zivilisten, 1940

„Im Einsatz" – Foto aus dem Album „Wehrmacht" von Großvater Hans Hermann, ohne Orts- und Jahresangabe

Vorstoß deutscher Panzer über die Ardennen, Mai 1940

Blumen streuende Krankenschwestern und BDM-Mädel in Berlins Straßen anlässlich der Rückkehr Adolf Hitlers nach dem Sieg über Frankreich, 1940

Verwüstetes Londoner West End nach einem deutschen Luftangriff, 1940

Bergung einer Verletzten nach einem deutschen Luftangriff, 31. Dezember 1940

Verleihung des Eisernen Kreuzes beim I.R. 208, 1941

Großvater Hans Hermann (3. von rechts) mit den Zugführern der 5. Kompanie, I.R. 208, 1941

Eine der zahllosen, von deutschen Truppen niedergebrannten sowjetischen Ortschaften, 1941

In der Schlucht Babi Jar nahe Kiew: Ordnungspolizisten bei der Kleiderdurchsuchung ermordeter Juden nach Wertgegenständen – Ende September 1941 erschoss hier das Sondereinsatzkommando 4a der Einsatzgruppe C unter Mithilfe von Truppen der 6. Armee, zu der auch die 79. I.D. meines Großvaters gehörte, 33.771 Juden.

Ermordete sowjetische Zivilisten, 1943/44

Transport sowjetischer Frauen zur Zwangsarbeit nach Deutschland, 1942/43

Hans Hermann als „Adjutant III./208 auf Janka", etwa Herbst 1941

Angehörige der militärischen Einheit von Großvater Hans Hermann. Seine Bildunterschrift: „An diesem Loch wurde ich am 6.9.1942 verwundet, Granatsplitter, Verlust rechtes Auge."

Transport eines verwundeten deutschen Soldaten durch die verwüstete Kriegslandschaft in der Sowjetunion, etwa 1942

Großeltern Edith und Hans Hermann im Urlaub, Juni 1942

Großeltern (3. und 4. von links) in Wuppertal, Dezember 1942

Hochzeit von Edith und Hans Hermann in Metz, 1. Juli 1943

Das Möbelgeschäft (oben) von Urgroßvater Wilhelm im Jahre 1932 sowie nach dem alliierten Luftangriff auf Wuppertal, 1943

Parade zum „Tag der Wehrmacht“ in Metz mit Großvater Hans Hermann als Adjutant auf dem linken Pferd hinter dem Kommandeur Major Arnold, 1943

Großmutter Edith im Schwarzwald, November 1943

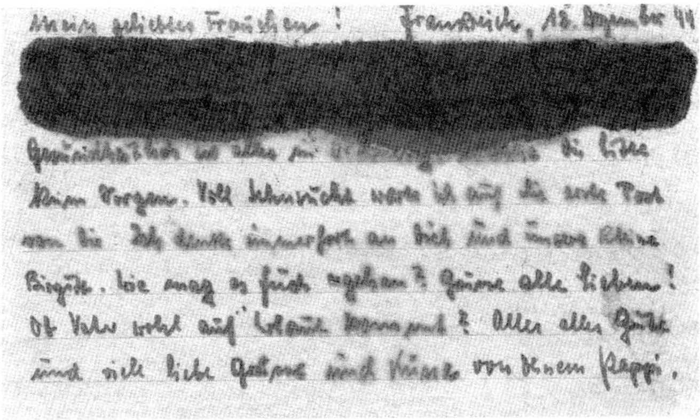

Mein geliebtes Frauchen! Frankreich, 18. Dezember 44

[redacted]

Gesundheitlich ist alles in [illegible] Du keine Sorgen. Voll Sehnsucht warte ich auf die erste Post von Dir. Ich denke immerfort an Dich und unsere kleine Birgitt. Wie mag es Euch ergehen? Grüße alle Lieben! Ist Vater wohl auf Urlaub gekommen? Alles alles Gute und viele liebe Grüße und Küsse von Deinem Pappi.

Brief von Hans Hermann an seine Frau aus der Kriegsgefangenschaft mit von der Zensur geschwärzten und unleserlich gemachten Passagen, Dezember 1944

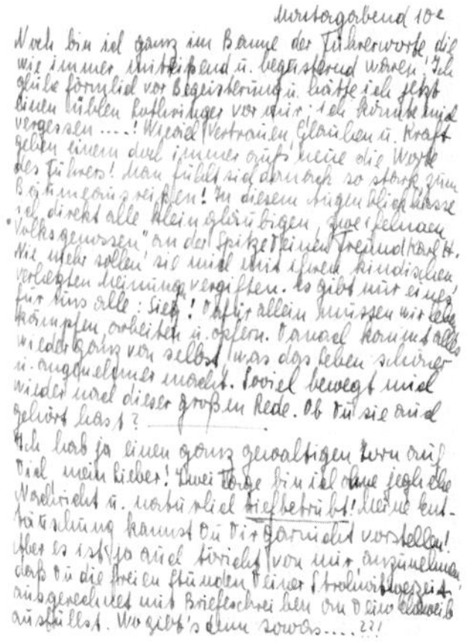
Montagabend 10h

Noch bin ich ganz im Banne der Führerworte, die wie immer mitreißend u. begeisternd waren! Ich glühe förmlich vor Begeisterung u. hätte ich jetzt einen üblen Aufwiegler vor mir; ich könnte mich vergessen ....! Wieviel Vertrauen, Glauben u. Kraft geben einem doch immer aufs neue die Worte des Führers! Man fühlt sich danach so stark, zum Bäumeausreißen! In diesem Augenblick hasse ich direkt alle kleingläubigen, zweifelnden "Volksgenossen" an der Spitze Deinen Freund Karl H. Nie mehr sollen sie mich mit ihren kindischen verlogenen Meinungen vergiften. Es gibt nur eines für uns alle: Sieg! Dafür allein müssen wir leben, kämpfen, arbeiten u. opfern. Danach kommt alles wieder ganz von selbst, was das Leben schöner u. angenehmer macht. Soviel bewegt mich wieder nach dieser großen Rede. Ob Du sie auch gehört hast? ——

Ich hab ja einen ganz gewaltigen Zorn auf Dich, mein Lieber! Zwei Tage bin ich ohne jegliche Nachricht u. natürlich tiefbetrübt! Meine Enttäuschung kannst Du Dir garnicht vorstellen! Aber es ist ja auch töricht von mir, anzunehmen, daß Du die freien Stunden Deiner Strohwitwerzeit ausgerechnet mit Briefeschreiben an Dein Eheweib ausfüllst. Wo gibt's denn sowas....?!

Brief von Großmutter Edith an ihren Mann, 8. November 1943

Siegfried bei der Büroarbeit, ohne Ort- oder Jahresangabe

Urgroßmutter Kläre mit ihrem Sohn Siegfried in Hohenfichte, Oktober 1943

Bild seiner Tochter, das Großvater Hans Hermann als eines von wenigen Lebenszeichen seiner Ehefrau Edith in der Kriegsgefangenschaft erreichte, 1944

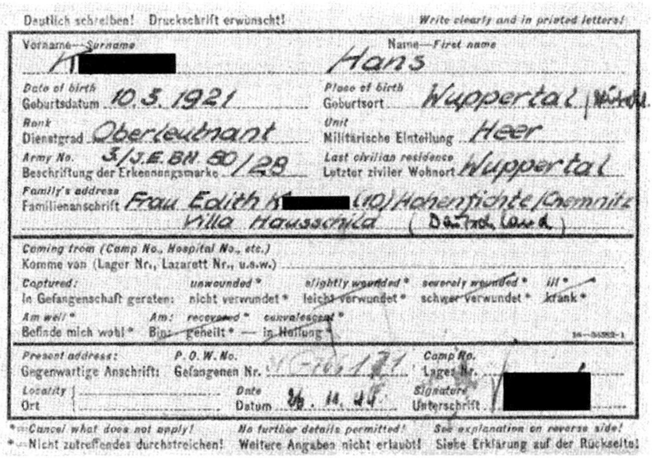

Deutlich schreiben! Druckschrift erwünscht! *Write clearly and in printed letters!*

Vorname—*Surname* [redacted]
Name—*First name* Hans

Date of birth Geburtsdatum 10.5.1921
Place of birth Geburtsort Wuppertal

Rank Dienstgrad Oberleutnant
Unit Militärische Einteilung Heer

Army No. Beschriftung der Erkennungsmarke 3/J.E.BN.50/28
Last civilian residence Letzter ziviler Wohnort Wuppertal

Family's address Familienanschrift Frau Edith [redacted] (10) Hohenfichte/Chemnitz Villa Hausschild (Deutschland)

Coming from (Camp No., Hospital No., etc.) Komme von (Lager Nr., Lazarett Nr., u.s.w.)

Captured: In Gefangenschaft geraten: *unwounded** nicht verwundet* *slightly wounded** leicht verwundet* *severely wounded** schwer verwundet* *ill** krank*

*Am well** Befinde mich wohl* *Am: recovered* convalescent** Bin: geheilt* — in Heilung*

Present address: Gegenwärtige Anschrift: *P.O.W. No.* Gefangenen Nr. *Camp No.* Lager Nr.

Locality Ort *Date* Datum 26.11.44 *Signature* Unterschrift [redacted]

**=Cancel what does not apply!* *No further details permitted!* *See explanation on reverse side!*
*=Nicht zutreffendes durchstreichen! Weitere Angaben nicht erlaubt! Siehe Erklärung auf der Rückseite!

Gefangenenmeldung meines Großvaters an seine Frau, 26. November 1944

Beginn einer sowjetischen Gegenoffensive, 1943

Propaganda gegen Kriegsmüdigkeit und Bolschewismus, 1944/45

Plakat gegen die Verbreitung von „Gerüchten", etwa 1944

Parole zum Durchhalten, 1945

Edith und Hans Hermann mit ihren beiden Töchtern,1947

Großeltern Ende der 1990er Jahre

„Anständig und lebend da rauskommen“ – Bombenkrieg und Besatzung in Frankreich

Erinnerung

Die Weihnachtsfeiertage 1942 und den Jahreswechsel erlebte mein Großvater im Kreis der Familie in Wuppertal. Am 20. Dezember hielt er bei Ediths Mutter Frieda um die Hand ihrer Tochter an. Der Verlust des rechten Auges beeinträchtigte ihn. *„Man kann nicht mehr so gut räumlich sehen, Milch in den Kaffee gießen, das ging immer daneben, Zigarette anzünden ging auch nicht.“*[263] Nach dem Genesungsurlaub wurde Hans Hermann nach Metz zum Ersatztruppenteil beordert. Von hier aus verfolgte er die Geschehnisse in Stalingrad und erhielt auch – wie in Kapitel 6 angedeutet – von verwundeten, ausgeflogenen Kameraden Berichte von den Kämpfen seiner ehemaligen Division.

Nach Aussage meines Großvaters rechnete er unbewusst wohl schon 1943 damit, dass der Krieg gegen Russland nicht mehr zu gewinnen war. Die Mystifizierung der Schlacht von Stalingrad durch die NS-Propaganda bezeichnete er als *„Hochjubelei ... da haben wir nicht mehr viel drum gegeben.“*[264] Der Rückzug der deutschen Truppen machte *„schon etwas depressiv, aber man durfte das nach außen nicht zeigen, das war dann Verrat gegen die Nazis und Zersetzung.“*[265]

An die berüchtigte Rede von Joseph Goebbels im Berliner Sportpalast im Februar 1943 erinnerte er sich gut: *„Ja, ‚wollt ihr den totalen Krieg‘ ... das wurde im Volksempfänger übertragen und das haben alle gehört und alle haben ja gesagt. Was sollten sie sonst sagen? Aber was sollten wir auch anderes sagen, wir konnten auch nichts anderes sagen, höchstens denken ...“*

– Wie ist die Rede denn aufgenommen worden? –

„Goebbels hat eine große Schnauze gehabt, das wussten wir. Er hatte ja einen Klumpfuß und hinkte. Und da haben wir immer gesagt: ‚Lügen habe kurze Beine.‘ Durfte man nicht zu

laut sagen und nicht in diesem Zusammenhang, aber es wusste immer jeder, was gemeint war.“[266]

In Metz stieg mein Großvater auf zum Adjutant des gesamten Ersatztruppenteils, dem Grenadier-Ersatzbataillon 208, zu dem Soldaten kamen, die sich nach einem Aufenthalt im Lazarett von Verwundungen erholten. Sie wurden neu eingekleidet und ausgebildet, sodann auf die verschiedenen Regimenter verteilt und wieder an die Front geschickt. Wie die Soldaten wechselten auch die Kommandeure häufig. Der letzte von ihnen, ein Major Arnold, war strikt antiamerikanisch eingestellt, erinnerte sich mein Großvater 2005. In zahlreichen Gesprächen habe Arnold seine Offiziere vor dem Einfluss der USA, vor deren Kultur und der Zukunft im Falle eines amerikanischen Sieges gewarnt und so die Fortsetzung des Widerstandes begründet.

In seiner Position als Bataillonsadjutant war mein Großvater für den Postverkehr zuständig und bearbeitete Anforderungen und Aufstellungen. Auch die Offiziersbeurteilungen formulierte er dem Divisionskommandeur vor. Kontakte zur französischen Bevölkerung bestanden nicht. Die Frage, ob es zu Auseinandersetzungen mit der französischen Widerstandsbewegung *Résistance* gekommen sei, verneinte er kategorisch.

Hans Hermanns Verlobte Edith lebte im Frühjahr 1943 in Wuppertal, wo sie weiterhin im Büro der NSDAP-Kreisleitung arbeitete. Zahlreiche Briefe gingen hin und her, die beiden planten ihre Hochzeit. Ende Mai 1943 verbrachten Hans Hermann und Edith einige Urlaubstage in Bad Godesberg und fuhren am 29. Mai 1943 nach Wuppertal-Barmen. Während einer Feier im Kreis von Verwandten und Freunden gab es Fliegeralarm. „*Wir sind raus auf die Straße und haben am Himmel den roten Aufklärer gesehen, der schoss die hellen Leuchtkugeln ab und markierte das Zielgebiet. Das hieß, hier wird gleich angegriffen … Während des Angriffs haben wir alle im Keller gesessen. Nach dem Angriff brannte alles!*“

– Hörte man den ganzen Angriff? –

„*Ja, das konnte man alles hören. Bumm, bumm, die ganzen Einschläge, das war gewaltig. Ich war das ja vom Krieg gewohnt, das Artillerie-Feuer. Aber für die Familie war das schon ganz schön erheblich.*“

– Wie war die Stimmung im Keller? –

„*Ja, die war schon arg beschissen, wir hatten alle Angst … Die Amerikaner hatten Brandbomben geworfen. Und eine da-*

von hatte das Dachgeschoss vom Haus von Kl. [Patentante von Hans Hermann, d. Verf.] *getroffen ... Wir sind da rein ins Haus und haben eimerweise bei Kl. gelöscht ... Währenddessen ist aber unser Haus gegenüber, Nr. 28, völlig abgebrannt.*“[267]

Die Wuppertaler Freunde und Verwandten überlebten alle den Angriff. Die ganze Nacht über halfen mein Großvater und sein Vater, das Feuer in den umliegenden Gebäuden zu löschen. „*Jedes Haus brannte irgendwie, aber die Strassen brannten auch, also was auf die Strasse gestürzt war. Da war ein Zug wie im Ofen, ein heulender Wind. Eine Gewalt, eine Wucht, da wurde man vom Feuersturm weggeblasen.*“[268]

Die Familien meiner Großmutter und meines Großvaters verloren jeweils Wohnhaus und Firmengebäude. Am nächsten Morgen machten sich Hans Hermann und Edith zu Fuß auf den Weg nach Wuppertal-Elberfeld. Zerstörungen in Barmen sahen sie kaum, denn „*da war alles zu.*“[269] Im Stadtteil Elberfeld spürte man von dem nächtlichen Luftangriff auf Barmen nicht viel. Die Normalität des Lebens – die Leute kauften ein und gingen ins Kino, als sei wenige Kilometer entfernt nicht alles zerstört worden – entsetzte meine Großeltern. Eine weitere Episode prägte sich meinem Großvater ein: „*Am Planetarium ... kam mir eine Frau entgegen mit einem Hund, und der Hund war schwer verletzt. Die Frau bat mich, kniete nieder und flehte mich an und sagte: ‚Sie haben eine Pistole, bitte erschießen sie meinen Hund, er quält sich nur.‘ Und dann musste ich den Hund erschießen.*“

– Gegen wen richtete sich da der Zorn? Gegen die Mitbürger, die nicht halfen, oder gegen die Amerikaner? –

„*Ja, gegen die Mitbürger, aber auch gegen die Amerikaner. Wut, Wut, Wut, haben wir da gefühlt. Dass so was möglich war, gegen die Zivilbevölkerung! Aber auch gegen die Bürger, die in Elberfeld taten, als wäre Frieden.*“[270]

Nach einigen Tagen zusätzlichen „Bombenurlaubs“ musste Hans Hermann zurück zu seiner Einheit. Der Verlust der Häuser und Wohnungen beschleunigte die Hochzeitspläne. Am 1. Juli 1943 heirateten meine Großeltern in Metz und bezogen eine kleine Offizierswohnung. Edith arbeitete im Wehrbezirkskommando, Hans Hermann weiter als Adjutant. Die Zeit in Metz beschrieb mein Großvater als sehr harmonisch: „*Einmal im Monat war Offiziersessen beim Regiment. Sonst waren die Offiziere immer im Kasino versammelt. Das waren immer schöne Abende, da wurde auch viel getrunken ... Na ja, und so ging das dann immer weiter. Da haben wir ... so manches Wildschwein verfuttert.*“[271]

Fernab des Kriegsgeschehens erlebten die beiden sorgenfreie Tage. Anfang 1944 wurde Edith schwanger. Das Kriegsglück der Deutschen wendete sich indes 1943/44. Hans Hermann entschied sich, seine schwangere Frau zunächst an den Niederrhein zu Verwandten und später nach Hohenfichte bei Augustusburg in Sachsen zu schicken. Die Moral innerhalb der Einheit litt ebenfalls zusehends: „*Ach, die war beschissen, wir wollten nur sehen, dass wir anständig und lebend da raus kamen.*“

– Auch wegen der Nachrichten im Osten? Im Sommer 1944 brach die Heeresgruppe Mitte zusammen. –

„*Das waren alles Gründe, da brach für uns alles zusammen.*“

– Wann war denn der Wandel gekommen vom Durchhaltenmüssen und Vorm-Amerikanismus-gewarnt-Werden hin zu ‚Wir müssen heil in die amerikanische Gefangenschaft kommen‘? –

„*Ja, der Wandel kam doch so als die V2 abgeschossen wurde, und die nicht den Erfolg hatte, den man sich erhofft hatte. Da hatte man drauf gehofft. Als das nichts wurde, wandelte sich das. Dann wollte man nur noch mit heilem Kopf rauskommen.*“

– Konnte man das offen aussprechen? –

„*Das war schwierig, man musste vorsichtig sein. Als man dann in Gefangenschaft war, konnte man drüber sprechen, vorher nicht ... Manche sind ja auch abgehauen, und dann haben sie uns Bilder gezeigt, wie die aufgegriffen wurden und wie sie dann aufgehängt wurden. Dann hat man die Schnauze gehalten.*“[272]

Auf den 20. Juli 1944 angesprochen, erinnerte sich mein Großvater gut an den Alarmplan „Walküre“, den die Verschwörer für ihre Pläne zu nutzen geplant hatten. In Metz wurde „Walküre“ nicht ausgerufen, „*weil die Sache sehr schnell aufgeflogen ist.*“[273] Nach dem Anschlag „*waren sowieso alle bekloppt, haben wir gedacht. Da grüßte man dann im Militär nicht mehr militärisch an der Mütze, sondern mit dem Hitlergruß, und wehe, du hast den nicht gemacht.*“[274] Sich selbst am Widerstand zu beteiligen, kam Hans Hermann nicht in den Sinn. „*Da bin ich nicht angesprochen worden, und da brauchte ich auch nicht drauf zu reagieren. Als deutscher Offizier habe ich das zunächst mal als gegen meine Ehre empfunden, wenn ich da gemeutert hätte.*"[275] – Bevor amerikanische Truppen Metz im Spätsommer 1944 einschlossen, wandelte man Hans Hermanns Bataillon noch einmal zu einer Kampfgruppe um.

Familienquellen

Die Offiziersbeurteilung für Hans Hermann vom 10. Februar 1943 bestätigt seine Versetzung zum Grenadier-Ersatzbataillon 208, das dem Grenadier-Ersatzregiment 552 in Metz unterstellt war, und bezeichnet ihn als *„geraden, offenen, anständigen Charakter"*. Des Weiteren war er *„trotz seiner Jugend sehr verlässlich und pflichtbewusst in seinem Aufgabenkreis. Als Zug- und Kompanieführer im Einsatz voll bewährt ... Als Adjutant pünktlich, erwirbt er sich das vollste Vertrauen seiner Vorgesetzten ... Bejaht nationalsozialistische Weltanschauung.*"[276] Aus der Zeit in Metz finden sich erstaunlich wenige Dokumente in dem „Wehrmacht"-Album meines Großvaters, dafür aber zahlreiche Fotos, die meisten vom Hochzeitstag und dem „Tag der Wehrmacht".

Anhand der Feldpostbriefe, die sich meine Großeltern 1943 und 1944 schrieben und von denen viele erhalten geblieben sind, lässt sich ein gutes Bild ihrer Gedanken und Gefühle nachzeichnen. Die meisten Schreiben, die Hans Hermann im Frühjahr 1943 Edith schickte, dürften bei dem Luftangriff vernichtet worden sein, Ediths Briefe sind hingegen vorhanden. Wiederkehrende Themen und besonders aufschlussreiche Passagen sollen im Folgenden vorgestellt werden.

Edith, als Parteimitglied bei der NSDAP-Kreisleitung Wuppertal tätig, bekannte sich zu den Idealen der nationalsozialistischen Weltanschauung. Die Bereitschaft, Opfer zu bringen für den siegreichen Ausgang des Krieges, und eine weitgehende Übernahme der NS-Formel „Du bist nichts, dein Volk ist alles", zeigen sich an mehreren Stellen. Am 16. Januar 1943 schrieb sie Hans Hermann: *„Besonders im Krieg ist jeder Mensch oft vor Aufgaben gestellt, die ihm weniger zusagen, das ist eben kriegsbedingt und wird sich später alles wieder ändern.*"[277] Bei einer Besprechung unter den Mitarbeitern der Kreisleitung am 5. Februar 1943 wurde *„jeder eindringlichst auf seine Pflichten und erhöhte Arbeitsleistungen in dem letzten Entscheidungskampf,* *denn als solchen sehe ich die einschneidenden Maßnahmen, aufmerksam gemacht.*“[278] Am 10. Februar teilte sie Hans Hermann mit: „*Nur eines darf ich nicht über all das vergessen, und das ist die Pflicht, die wir alle unserem Volk gegenüber haben in dem augenblicklichen harten Schicksalskampf. Neben der Liebe zu meinem Pappi* [Kosename für Hans Hermann, d. Verf.] *gilt daher zuerst meine Liebe unserem Vaterlande. Ihm gehört meine ganze Arbeitskraft. Halte es nicht für Phrasen, Lieber, Du weißt ja am besten, wie fest ich daran glaube: Führer, Volk und Vaterland! Denn in einem ehrlosen Vaterlande würden auch wir zwei niemals glücklich werden, dazu kenne ich uns beide zu genau.*“[279]

Am 21. März 1943 vertraute sie Hans Hermann unter dem Eindruck einer zuvor im Radio gehörten Rede des „Führers“ an: „*Wie immer ergriffen mich seine Worte zutiefst und gaben Mut und Kraft für alles Kommende! Dabei gedachte ich all der vielen bekannten und unbekannten Soldaten und ihrer Angehörigen, die alles opferten für uns, unsere Zukunft! Uns ihrer würdig zu zeigen sei unsere schönste und heilige Aufgabe!*“[280] – In zwei Briefen befasste Edith sich mit Goebbels „Sportpalast-Rede“. Am 19. Februar kündigte sie ihrem Verlobten an, vor dem Schlafengehen noch „*andächtig die gestrige Rede von Goebbels studieren*“[281] zu wollen. Drei Tage später fügte sie hinzu: „*Ganz besonders hat mich auch Dein Brief, welchen Du nach der Goebbels-Rede schriebst, beeindruckt. Ich bin auch so froh und glücklich über die Reaktion, die diese Rede bei Dir hatte. Genauso habe ich alles empfunden, nicht nur über das, was jetzt für einen anständigen Deutschen Selbstverständlichkeit ist, nämlich zuzupacken überall dort, wo Not am Mann ist, arbeiten und immer wieder arbeiten! Sondern auch das habe ich genau wie Du, Lieber, gefühlt, dass diese große Rede bzw. was aus ihr hervorging, auch für Dein und mein, für unser Schicksal von weittragender Bedeutung ist!*“[282]

Ebenso faszinierte sie eine weitere Rede Adolf Hitlers. Am 8. November 1943 schrieb sie enthusiastisch: „*Noch bin ich ganz im Banne der Führerworte, die wie immer mitreißend u. begeisternd waren! Ich glühe förmlich vor Begeisterung u. hätte ich jetzt einen üblen Lothringer vor mir, ich könnte mich vergessen ...! Wie viel Vertrauen, Glauben u. Kraft geben einem doch immer wieder aufs Neue die Worte des Führers! Man fühlt sich danach so stark, zum Bäume ausreißen.*“[283]

In welchem Ausmaß die NS-Erziehung und -Propaganda über Jahre hinweg Ediths Weltsicht geprägt hat, offenbart ein Brief, den sie Hans Hermann aus Hamminkeln sandte. Hier am Oberrhein nahe Wesel besaß Ediths Familie einen landwirtschaftlichen Betrieb, das Gut Rott, auf dem während des Zweiten Weltkrieges Zwangsarbeiter aus Osteuropa tätig waren. Die Beschreibung der Deportierten, die Edith während eines Besuches in Hamminkeln zu Gesicht bekam, belegt eine unkritische Übernahme der nationalsozialistischen „Rassenlehre“: „*Ein Mordsbetrieb in der Landwirtschaft und was da so alles herumkreucht: Polskis, Russkis usw. Mir wurde ganz komisch. Eine Ukrainerin habe ich mir besonders genau angeschaut … Aber so grob und hässlich war dieses Russenmädchen absolut nicht, eben ein ganz anderer Typ als unsere deutschen Mädchen. Jedenfalls fand ich es hochinteressant, das ganze ausländische Volks mal etwas aus der Nähe betrachten zu können. Die Verständigung war ja oft zum schreien und habe ich schallend gelacht [sic!]!*“[284]

Obwohl sie Differenzen zum angeblichen „Ostmenschen“ ausmachte, stellte sie andere Schreckensszenarien der NS-Propaganda nicht in Frage und konstatierte: „*Auf alle Fälle werden sie großartig von meiner Tante behandelt und verpflegt. Ich möchte nicht erleben, wie es uns bei ihnen ergehen würde …*“[285]

Trotz der Begeisterung für den „Führer“ empfand sie den Krieg auch als große Belastung. Am 12. Februar klagte sie: „*Dieser elende Krieg! Wäre er doch erst siegreich überstanden!*“[286] Zu den hohen Verlusten der Wehrmacht im Osten und speziell in Stalingrad merkt sie am 4. Februar 1943 an: „*Man darf gar nicht darüber nachdenken, sonst könnte man schier verzweifeln. Uns, die wir nicht direkt von dem Schrecklichen betroffen werden, weil unser liebster Mensch nicht dabei ist, nimmt es schon so furchtbar mit. Um wie vieles grauenhafter ist das Los derer, die ihren Sohn, Mann, Vater dort wussten! Ein kaum auszudenkendes Leid … aber, wie gesagt, nur nicht denken!*“[287]

Angesichts der Unbeschwertheit einer Reise in den Schwarzwald und vor dem Hintergrund naturnaher Erlebnisse philosophierte sie am 5. November 1943: „*Wie schön könnte das Leben sein, wenn die Menschen es sich selbst nicht gegenseitig so unnütz schwer machten, im kleinen wie im großen. Warum nur dieses furchtbare Morden …?*“[288]

Die Kriegsmüdigkeit war nicht zuletzt auf die zunehmenden Luftangriffe zurückzuführen. Die Taktik der Alliierten, durch großflächige Bombardements ziviler Ziele die Moral und den Widerstandswillen der deutschen Bevölkerung zu brechen, löste bei Edith in erster Linie Wut aus: *„Sind ja doch Biester, diese Tommies! ... Das lastet ja doch sehr auf einem. Es ist eben kein fairer Kampf, wir können uns ja nicht verteidigen, sondern sind den Tommies machtlos ausgeliefert, die reinste Morderei, nichts anderes! ... Gestern waren die Biester ja wieder im Westen, Köln, Düsseldorf usw. Verginge das den Viechern doch endlich!"*[289]

Düster prognostizierte sie schon im März 1943 einen baldigen Angriff auf Wuppertal: *„Wir waren noch ganz im Banne des verheerenden Angriffs auf Essen. Schlimm muss es dort aussehen! Wenn das in dem Tempo weitergeht, bleiben wir gewiss auch nicht verschont!"*[290] Die Zerstörung Barmens erschütterte sowohl Edith als auch Hans Hermann, der aus einem Kurzurlaub mit den Eltern am 18. Juni 1943 berichtete: *„Vater erzählte von Barmen, grauenhaft. Es sind viele Bekannte aus der Stadt unter den Opfern."*[291] Auch Edith war am selben Tag *„noch ganz ergriffen, es ist ja alles so unendlich traurig! Unsere schöne, schöne Heimat, unser Elternhaus ..."*[292] Die Wut und Erbitterung über die alliierten Bomberverbände saß tief. Angesichts von 94 im „Wehrmachtsbericht" vermeldeten Feindabschüssen kommentierte Edith im Juni 1943: *„Da war was fällig!"*[293]

Doch trotz zeitweiliger Kriegsmüdigkeit und anhaltender, lebensbedrohender Bombardements bestürzte es Edith, wenn sie bei Mitbürgern Skepsis und fehlende Siegeszuversicht ausmachte. Während einer Zugfahrt im Januar 1943 erzürnten sie die Gespräche der Mitreisenden. *„Hans, dieses Gerede, diese wüste Meckerei, es war geradezu erschütternd! Stalingrad, Afrika, das waren* <u>*die*</u> [sic!] *Themen! Mich trafen diese Nachrichten besonders nach unseren glücklichen Stunden, wo wir nichts von alledem gehört hatten. Ich fiel so aus allen Wolken! Darüber nachdenken darf man auch wirklich nicht, es ist furchtbar! Aber auf der anderen Seite sind wir viel zu sehr Laie, um kritisieren zu können. Diskussionen retten jetzt unsere Soldaten dort auch nicht mehr. Und Rückschläge gibt's in jedem Krieg. Entsetzlich nur für die, die's trifft! ... Ich kann Dir gar nicht sagen, wie ich mich gerade bei all dieser Rederei nach Dir gesehnt habe. Am liebsten hätte ich mir die Ohren zugehalten und wäre fortgelaufen!"*[294]

Deutlich spricht aus den Zeilen das große Vertrauen, das Edith in die führenden Köpfe der Regierung und des Militärs setzte. Ungebrochen noch ihr Glaube, der „Führer" werde die Dinge schon zum Guten richten, wenn man ihn nur konsequent genug unterstütze. Auch im November 1943 fiel ihr Urteil gegenüber Schwarzsehern vernichtend aus: *„In diesem Augenblick hasse ich direkt alle kleingläubigen, zweifelnden ‚Volksgenossen', an der Spitze Deinen Freund Karl H. Nie mehr sollen sie mich mit ihren kindischen, verhetzten Meinungen vergiften. Es gibt nur eins für uns alle: Sieg! Dafür allein müssen wir leben, kämpfen, arbeiten u. opfern. Danach kommt alles wieder ganz von selbst, was das Leben schöner u. angenehmer macht."*[295] Die Passage macht jedoch erkennbar, dass sich unter den Freunden von Hans Hermann und Edith offenbar auch Menschen befanden, die das eine oder andere systemkritische Wort äußerten und den „Endsieg"-Beschwörungen der NS-Propaganda skeptisch gegenüber standen. Ob Edith fortan Personen wie Karl und deren Ansichten aus dem Wege gehen wollte oder ob auch sie sich im Sommer und Herbst 1943 von Zweiflern anstecken ließ, muss offen bleiben.

Stets ist in den Briefen von schweren alkoholischen Exzessen im Metzer Offizierskorps die Rede. Regelmäßig sorgte sich Edith um den Gesundheitszustand von Hans Hermann, wenn er von Gelagen im Kasino berichtete. Die Vermutung, dass es bei den Feiern der Besatzungssoldaten oftmals „hoch her ging", legt ein Bericht von Hans im November 1943 nahe. *„Beinahe wären wir Zeugen einer niedlichen Schlägerei geworden. Ich hatte die Pistole Gott sei Dank in der Tasche, doch es ging gut."*[296] Vermutlich war der hohe Alkoholkonsum dem fehlenden Glauben an den „Endsieg" bzw. der Resignation angesichts der Kriegsentwicklung geschuldet – oder vielleicht auch nichts weiter als eine „natürliche" Begleiterscheinung des Soldatenberufes.

Der Krieg und wie er sich dazu stellte, lässt sich in den Briefen Hans Hermanns zumindest umreißen. Von einem Lehrgang in Le Mans berichtete er im April 1944 zunächst, die anderen Offiziere seien zum Glück auch *„vernünftig"*[297], und wunderte sich sodann über die große Siegeszuversicht der einfachen Soldaten: *„Soeben sprach ich mit meinem Burschen über den Krieg. Die ganzen Landser sind sehr hoffnungsvoll und glauben gar nicht, dass der Tommy kommt, sondern, dass wir angreifen und* *rübergehen. So …* [unleserlich] *mir die neue Waffe, ein tolles Ding, das hier schon in rauen Mengen liegt. Na ja, das scheint ein schöner Krieg zu werden. Die Siegeszuversicht bei den Frankreichsoldaten ist riesengroß! Dass man da in Metz so wenig darüber gehört hat.*“[298]

Allerdings ließ er sich von der Euphorie schnell wieder anstecken und schrieb nur zwei Tage später deutlich optimistischer: „*Der Sieg hier im Westen wird eine große Rolle spielen und gewaltsam erkämpft werden mit der Aufbietung aller …* [unleserlich] *Kräfte. Generaloberst Bollmann sprach gestern zu uns darüber von einer Befehlsausgabe des Führers im Führerhauptquartier. Es wird ein gewaltiger Einsatz aller Waffen werden. Bei den gestrigen Lehrvorführungen sahen wir auch viele neue Waffen und auch den ‚Goliath', ein tolles Instrument und Spielzeug für Landser. Panzerbekämpfung und Waldkampf war das Thema der gestrigen Vorführungen.*“[299]

Dass eine Invasion alliierter Truppen bevorstand und er selbst keine Zweifel an einem baldigen Angriff auf die „Festung Europa“ hegte, stellte er ebenfalls klar: „*Hoffentlich geht in dieser Zeit nicht die Invasion los, denn dann bleibt der Lehrgang als Führerreserve hier und ich bin als Adjutant einer Kampfgruppe vorgesehen. Alle ehemaligen Adjutanten sind schon eingeteilt.*“[300]

Im Frühjahr 1944 erhielt Hans Hermann erneut eine hervorragende Offiziersbeurteilung. Sein Regimentskommandeur lobte ihn als einen fleißigen, strebsamen Offizier, „*korrekt im Auftreten gegenüber Vorgesetzten und im Kameradenkreise sehr beliebt.*“ Auch erfüllte er alle weltanschaulichen Kriterien: „*Ist mit dem Gedankengut des Nationalsozialismus voll und ganz vertraut und versteht es, dieses auch auf seine Soldaten zu übertragen.*“[301]

Ihre Haltung zum Attentat des 20. Juli bekräftigte Edith eindringlich am 9. August 1944 in einem Brief, den sie bereits in Hamminkeln verfasste: „*Heute stand ja in der Zeitung ganz ausführlich die Gerichtsverhandlung für die Attentäter des Führers mit allen Beweggründen dieser Verbrecher usw. Es überläuft einen ja mal eiskalt, wenn man sich diese abgrundtiefe Gemeinheit und schmählichsten Verrat vorstellt, vor allem, was aus uns allen geworden wäre, wäre der Mord gelungen. Hoffentlich hat man nun auch wirklich alle* [sic!] *Helfer und Helfershelfer entlarvt, nicht, dass noch immer so ein kleiner Klön-*

gel die Wehrmacht zersetzt und den Nachschub sabotiert. Ganz bestimmt hängt das Verbrechen auch viel mit unseren Rückzügen und Misserfolgen zusammen. Hoffentlich geht es recht bald [sic!] *wieder bergauf mit uns.*"[302].

Analyse und Forschungsstand

Der Vergleich der Erinnerungen von 2005 mit der tatsächlichen Wahrnehmung des Geschehens basiert in keinem der bisherigen Kapitel auf so breiter Quellenlage wie in diesem. Die insgesamt 126 erhaltenen Briefe, die sich meine Großeltern im Zeitraum zwischen Januar 1943 und August 1944 schrieben, machen ihre Gedanken und Gefühle einseh- und nachempfindbar. Auffallend ist: Einige Aussagen von 2005 finden Bestätigung, andere Briefe widersprechen eindeutig den nachträglichen Darstellungen.

An erster Stelle sei die „Sportpalast-Rede" von Joseph Goebbels im Februar 1943 genannt. 2005 sagte mein Großvater dem Propagandaminister eine *„große Schnauze"* und Lügen nach und wies zugleich darauf hin, in der Diktatur dazu gezwungen gewesen zu sein, nicht das zu äußern, was er wirklich gedacht habe. Demgegenüber beweist der Brief von Edith, in dem sie explizit auf ein vorangegangenes Schreiben von Hans Hermann Bezug nimmt, dass er die Rede keineswegs kritisch oder negativ bewertete, sondern von ihrem Inhalt und dem Vortrag offenbar angetan war.

Überdeutlich tritt Ediths NS-Gesinnung in den Briefen zu Tage. Das gilt insbesondere für die Übernahme nationalsozialistischer Belange, die häufige Widergabe – teilweise sogar im gleichen Wortlaut – propagandistischer Phrasen und das große Vertrauen in die Führung der NSDAP. Hinzu kommt ein geradezu unerschütterlicher Glaube an den Nationalsozialismus. Bei Hans Hermann ist sowohl die Wahrnehmung der Goebbels-Rede als auch die pathetische verbale Vorbereitung auf den *„Sieg im Westen"* durch den *„gewaltigen Einsatz aller Waffen"* ein Zeichen dafür, dass sein Kampfesmut und seine Zuversicht nicht ganz so gering waren, wie er es 2005 darstellte. Andererseits weisen einige Indizien darauf hin, dass er durchaus mit seinem Schicksal haderte und nicht mehr ungetrübt an den „Endsieg" glaubte.

Insgesamt ist aber festzustellen, dass sich die Wahrnehmung der Jahre 1943 und 1944, sofern sie aus den Briefen ersichtlich ist, und die Erinnerung bzw. Darstellung der Geschehnisse im Jahr 2005 stark unterscheiden. Während mein Großvater betonte, man *„habe die Schnauze gehalten"* und höchstens *„was anderes gedacht"*, belegen die zeitgenössischen Briefe ein Festhalten an den Kriegszielen und keine erzwungene Zustimmung. Die Leugnung der damaligen nationalsozialistischen Gesinnung bzw. zumindest des Festhaltens am Glauben an den „Endsieg" ist also evident.

2005 beschrieb sich mein Großvater selbst als in den Repressionen der Diktatur gefangen *(„wer nicht dafür war, das war ein Gegner, der kam weg. Irgendwohin.")*, teilweise schon als kritisch und von dem erfolgreichen Ausgang des Krieges nicht mehr überzeugt *(„das war Hochjubelei … da haben wir nicht mehr viel drum gegeben")* sowie von dem Willen beseelt, nur noch heil in die amerikanische Kriegsgefangenschaft zu geraten *(„anständig und lebend da rauskommen").* In den Briefen spricht einiges für diese Darstellung, allerdings gibt es auch Aussagen, die dem widersprechen. Vermutlich bewirkten vor allen Dingen die Erkenntnisse der Nachkriegszeit und die nachträgliche Beschäftigung mit dem Erlebten seine Erklärung. Ich gehe davon aus, dass mein Großvater 2005 wirklich der Ansicht war, schon 1943/44 so gedacht zu haben und die nachweisbaren Widersprüche nicht durch aktive Täuschungsabsicht, sondern eher durch eine versuchte Verharmlosung der eigenen Rolle, Ablehnung von eigener Verantwortung und Schuld und auch konsequente Selbsttäuschung zustande gekommen sind.

In der Geschichtsschreibung ist das nachträgliche Herunterspielen und Abstreiten jeglicher Verantwortlichkeit ein viel beachtetes Phänomen, das in ganz Deutschland aufgetreten ist. Der amerikanische Offizier Saul K. Padover resümierte auf der Grundlage von Interviews mit Deutschen, die er in seiner Tätigkeit als Angehöriger einer Einheit für psychologische Kriegsführung 1944 und 1945 geführt hatte, bereits ein Jahr nach Kriegsende: *„Zum entscheidenden Bruch* [mit Hitler, d. Verf.] *kam es mit dem traumatischen Schock von Stalingrad. Sobald die Rote Armee alle Siegeshoffnungen der Wehrmacht begrub, wandte man sich, natürlich passiv, von Hitler ab und begann, die Weisheit seiner Entscheidungen in Zweifel zu ziehen … In* *dieser Neigung, sich vom auserwählten Führer abzuwenden und das Schicksal der Nation anderen Leuten in die Hand zu legen, entdeckt man nicht den Schimmer eines eigenen Schuldbewusstseins, kein Bewusstsein, dass Krieg an sich verwerflich ist, dass die Deutschen einen falschen Weg eingeschlagen haben. Niemand kritisierte die Aggression als solche. Kritisiert wurde die gescheiterte Aggression. Hitler wird vorgeworfen, den Krieg verloren, und nicht, ihn begonnen zu haben.*"[303]

Die Darlegungen meines Großvaters aus dem Jahr 2005 entsprechen der Analyse Padovers. 1943/44 ist den Briefen meiner Großeltern (besonders jenen meiner Großmutter) ein Abwenden von Hitler hingegen in dieser Konsequenz noch nicht zu entnehmen, diese entwickelte sich erst in der Nachkriegszeit. Norbert Frei konstatiert, dass die Deutschen nach dem Krieg ein Bewusstsein entwickelten, „*das die Verantwortungen für die Schandtaten des Dritten Reiches allein Hitler und einer kleinen Clique von Hauptkriegsverbrechern zuschrieb, während es den Deutschen in ihrer Gesamtheit den Status von politisch Verführten zubilligte, die der Krieg und seine Folgen schließlich sogar selber zu Opfern gemacht hatte.*"[304]

Auch in der Wahrnehmung der 1940er Jahre betrachteten sich meine Großeltern oftmals als Opfer, wie ihre Briefe bestätigen. Kriegsbedingte Trennungen störten ihr privates Glück, alliierte Luftschläge bedrohten ihr Leben. Bei der Bombardierung Barmens Ende Mai 1943 kamen über 3400 Wuppertaler Bürger ums Leben.[305] Der Angriff war der erste Versuch des alliierten Luftwaffen-Oberkommandos, die Städte des deutschen Feindes nicht nur durch Sprengbomben, sondern mit gezielter Einäscherung durch das Entfachen von Feuerstürmen mittels Brandbomben zu zerstören. Jörg Friedrichs viel beachtetes und kontrovers diskutiertes Buch „Der Brand" schildert auf seinen ersten Seiten ausführlich den Angriff auf Barmen in der Nacht vom 29. auf den 30. Mai 1943.[306] Den Feuersturm beschrieb auch mein Großvater 2005 im Interview *(„Da war ein Zug wie im Ofen, ein heulender Wind. Eine Gewalt, eine Wucht, da wurde man vom Feuersturm weggeblasen").*

Die Wahrnehmung des Angriffes war 1943 wie 2005 von starker Empörung, Unverständnis und Wut gegen die alliierte Kriegstaktik geprägt. 1943 beklagte sich meine Großmutter in ihren Briefen, dass es sich um „*keinen fairen Kampf, ... die reinste Morderei*" handelte, 2005 noch war mein Großvater fassungslos, dass *„so was möglich war, gegen die Zivilbevölkerung!“* Ohne in Frage zu stellen, dass die deutsche Zivilbevölkerung während des Zweiten Weltkrieges durch die militärisch sinnlosen Luftangriffe auf deutsche Städte durch die alliierten Bomberverbände unermessliches Leid und unglaubliche Verluste erlitten hat, bleibt festzuhalten, dass meine Großeltern die Frage nach *„Chronologie und Kausalität der Grausamkeiten“*[307] weder 1943 noch 2005 gestellt oder beantwortet haben. Auch verloren sie kein Wort über die deutschen Luftangriffe auf Rotterdam im Mai 1940 und auf Coventry im November 1940, die sich nicht zuletzt gegen die Zivilbevölkerung richteten. Die NS-Propaganda drohte sogar damit, ganz England zu „coventrisieren“.[308]

Die Okkupation Frankreichs schilderte mein Großvater knapp und unspektakulär: Man sei mit der französischen Zivilbevölkerung kaum in Kontakt geraten, Probleme mit der *Résistance* habe es nicht gegeben. Den angesprochenen Komplex angemessen zu analysieren bzw. zu versuchen, anhand der Kriegstagebücher der in Metz stationierten Einheit seinen Dienst und seine Erlebnisse in Frankreich zu rekapitulieren, würde an dieser Stelle zu weit führen. Erwähnt seien in diesem Zusammenhang jedoch zwei Dinge: Ahlrich Meyer kommt in seiner Analyse der deutschen Besatzungsherrschaft in Frankreich[309] zu dem Schluss, dass in der kollektiven Wahrnehmung in Deutschland das „saubere“ und „korrekte“ Verhalten der Wehrmacht in den okkupierten westeuropäischen Staaten tief verwurzelt sei. Die Beteiligung der Wehrmacht an Kriegsverbrechen und Massenmorden würde fast ausschließlich im Zusammenhang mit dem Krieg auf dem osteuropäischen Schauplatz erforscht und diskutiert. Demgegenüber sei aber festzuhalten, dass auch im Westen eine restriktive Besatzungsherrschaft, eine blutige Partisanenbekämpfung und eine konsequente Verfolgung und Deportation der jüdischen Bevölkerung in die Todeslager in Polen stattfand – letztere jedoch insbesondere in den Niederlanden und auch in Frankreich unterstützt durch Kollaboration und Beihilfe.[310]

Darüber hinaus bestätigte mir der ehemalige „Spieß“ meines Großvaters aus der Zeit in Metz, dass das Verhältnis zu der französischen Zivilbevölkerung durchaus nicht so ungetrübt war, wie es mein Großvater dargestellt sehen wollte. Der ehemalige Hauptfeldwebel Karl Sch. schrieb, ab 1943/44 habe sich die Stimmung in der deutschen Truppe, das Verhältnis zu den Franzosen deutlich verschlechtert und auch die Sabotage, also die Tätigkeit der *Résistance*, zugenommen. Waffen wurden unbrauchbar gemacht und die Verbindung mit dem Oberkommando des Heeres oftmals durch Anschläge unterbrochen.[311] Mit anderen Worten: Mein Großvater verbrachte eventuell doch eine etwas weniger harmonische und unbeschwerte Dienstzeit in Metz, als er es 2005 darstellte.

Die Wahrnehmung des Attentats vom 20. Juli 1944 wirkt aufrichtig und ehrlich. Als Berufsoffizier, der zudem auf den „Führer" Adolf Hitler persönlich vereidigt war, sei es Hans Hermann als *„gegen seine Ehre"* erschienen, wenn er gemeutert hätte. Sein Brief vom 29. April 1944, in dem er von einer *„Befehlsausgabe des Führers im Führerhauptquartier"* berichtete, zeugt von einem weiterhin vorhandenen, gewissen Respekt und Hochachtung für die Person des „Führers" und von Vertrauen in die zu erwartenden *„neuen Waffen."* Das bestätigt auch seine spätere Erklärung, insbesondere der Misserfolg der V2-Rakete habe eine Resignation mit sich gebracht.

Deutlicher noch als bei Hans Hermann ist die Reaktion Ediths auf das Attentat. Bei der *„abgrundtiefen Gemeinheit"* und dem *„schmählichsten Verrat"* der Verschwörer *„überläuft"* es sie *„eiskalt"*. Ihr Festhalten an den NS-Idealen, den Kriegszielen und ihr Hoffen auf einen siegreichen Ausgang beruhte auf eigener Überzeugung. Andererseits ist zu bedenken, wie unbarmherzig man Deserteure verfolgte. Von den insgesamt 22 000 verhängten Todesurteilen gegen Deserteure der Wehrmacht sind etwa 15 000 vollstreckt, d. h. 15 000 deutsche Soldaten im Zweiten Weltkrieg von ihren „Kameraden" ums Leben gebracht worden![312] Das hat sicher eine große hemmende Wirkung auf die etwaigen Fluchtgedanken der Soldaten gehabt. Zum Vergleich: Im Ersten Weltkrieg hat man „nur" 18 deutsche Soldaten wegen Fahnenflucht exekutiert.[313]

Aufschlussreich wirkt die Beurteilung der nationalsozialistischen Gesinnung meines Großvaters in den beiden erhalten gebliebenen Offiziersbeurteilungen (1943: *„Bejaht nationalsozialistische Weltanschauung"*, 1944: *„Ist mit dem Gedankengut des Nationalsozialismus voll und ganz vertraut und versteht es, dieses auch auf seine Soldaten zu übertragen")*. Christopher Rass zufolge kommentierte man die ideologische Einstellung der Wehrmachtsoffiziere nur zwischen November 1942 und Juli 1944. Ob solche Auskünfte allerdings wirklich eine NS-Gesinnung bezeugen und somit als verlässliche Quelle zu dienen vermögen, ist zweifelhaft, zumal zahlreiche Beurteilungen lediglich den Text der Vorgabe kopieren. Der Chefadjutant der Wehrmacht bei Adolf Hitler, Generalleutnant Rudolf Schmundt, beschwerte sich etwa im Juni 1943, die weltanschaulichen Einschätzungen der Offiziere würden so schematisch den Vorgaben folgen, dass *„eine Wertung daraufhin kaum noch erfolgen kann."*[314] Die Charakterisierung meines Großvaters aus dem Jahr 1944 bedient sich ebenfalls eines Wortlautes, den Christopher Rass als sehr schwer klassifizierbar bezeichnet. Als unkritisch verwertbare Quelle, die tatsächlich Aufschluss über die weltanschauliche Gesinnung meines Großvaters gibt, können die Offiziersbeurteilungen also nicht gelten.[315]

Meine Großeltern glaubten 1943/44 deutlich stärker an einen positiven Ausgang des Krieges und hofften auf einen Endsieg, als mein Großvater es 2005 dargestellt hat. Einige Punkte sprechen jedoch für aufkommende Zweifel und zunehmende Kriegsmüdigkeit. Adolf Hitler ist indes zu diesem Zeitpunkt nicht in Frage gestellt worden. Große Propagandainszenierungen, Reden oder die Vorführung neuer Waffensysteme bewirkten Motivationsschübe. Dem Erleben und Erleiden des Bombenkrieges entsprach die Wut auf die Gegner. Mehr noch als bei meinem Großvater bewegte sich meine Großmutter noch tief im nationalsozialistischen Fahrwasser, und nach wie vor war sie durchdrungen vom Glauben an den „Führer".

„Nach vorne schauen und anpacken“ – Untergang, Gefangenschaft und Neuanfang

Erinnerung

Aufgrund der ständig näher rückenden Verbände der alliierten Streitkräfte schickte Hans Hermann Edith im August 1944 zunächst zu ihren Verwandten nach Hamminkeln und später in das weiter von den Kämpfen entfernt gelegene Hohenfichte in der Nähe von Augustusburg in Sachsen, wo Verwandte der Familie wohnten und sich auch schon Hans Hermanns Mutter Kläre befand. Hochschwanger fuhr Edith mit ihrer Mutter nach Hohenfichte und brachte dort am 7. Oktober 1944 ihre Tochter Birgit zur Welt. Hans Hermann erfuhr von der Geburt im bereits eingeschlossenen Metz, wo sein Ersatzbataillon zur Verteidigung der Stadt noch einmal in eine Kampfgruppe umgewandelt worden war: *„Ich bekam eine Kompanie und hatte 16 8,8cm-Panzerabwehrkanonen. Um die zu bewegen, diese 16 Pak, hatte ich einen einzigen Raupenschlepper. Viel Munition hatte ich auch nicht. Als die Amerikaner dann bei uns angriffen, haben wir einmal gefeuert, konnten uns aber überhaupt nicht weiter bewegen und sind dann abgehauen, in die Stadt, die Kanonen bekamen alle die Amerikaner.“*[316]

Mit dem gesamten Stab seiner Kompanie, *„alles, was da noch laufen konnte“*, versteckte sich Hans Hermann in der Innenstadt in einem Keller, was aber wenig half. *„Es dauerte nicht lange, dann klopfte es an die Tür, steht der Amerikaner vor uns und wir alle Hände hoch und da raus. ‚Mack snell‘ hieß es da.“*[317] Aus der Gruppe der gefangenen Soldaten fand man meinen Großvater als Offizier mit zwei weiteren Soldaten schnell heraus und konfrontierte sie in einem Innenhof mit vier toten amerikanischen Soldaten, über deren Schicksal er jedoch nichts wusste. *„Dann sagten die: ‚Du bist das schuld, ihr habt die erschossen, jetzt werdet ihr erschossen.‘ Dann stellten die uns da an die Wand, alle Gegenstände mussten raus aus den Taschen, uns* *gegenüber stellte sich ein Erschießungskommando auf, drei oder vier Amerikaner, und die legten an. Ich fragte: ‚Kann ich die Bilder von meiner Frau haben?' Und ich bückte mich zu meinen Sachen und hab die Bilder von Edith aufgehoben. Dann brüllte der Offizier irgendwas, und sie nahmen die Gewehre wieder runter. Aber da hatten wir Schiss, das kann man sich vorstellen. Sie wollten uns einfach Angst einjagen.*"[318]

Als Parlamentär wurde mein Großvater zu den noch kämpfenden Truppen geschickt, im Rücken die schießbereiten amerikanischen Soldaten, vor sich die Stellungen der deutschen Soldaten. Nach Überbringen der amerikanischen Forderungen, rief man ihn umgehend zurück. Ein US-Offizier verhörte ihn. „*Der riss mir die Schulterstücke runter und die Orden und dann fragte er: ‚Welche Einheit? Wie viele seid ihr? Was sind eure Befehle? Was habt ihr gemacht? Wer war euer Führer?' Ich hab das alles gesagt.*"[319]

Mit Lastwagen transportierte man die deutschen Soldaten in ein Sammellager nach Compiègne. „*Wir fuhren eine Landstraße entlang. Da sahen wir Munition und Material, die war im Straßengraben aufgeschichtet, Unmengen, praktisch die ganze Strecke von Metz bis nach Compiègne. Für jede Waffe, für alle Kaliber, kistenweise Munition, Granaten und so weiter. Da hab ich gedacht: Der Krieg ist aus, der ist endgültig verloren.*"[320] Über Cherbourg ging es mit dem Schiff nach Southampton, wo er in einem Lager Weihnachten erlebte. Im Januar 1945 brachte ihm ein Liberty-Truppentransporter in die USA und ein Zug nach Camp Dermot in Arkansas. Im Kriegsgefangenenlager fühlte er sich gut untergebracht. „*Das waren noble Baracken, immer zu viert, mit Waschtisch, Dusche, eigene Badewanne, Klo, alles nur zu viert. Wir kriegten hervorragendes Essen.*"[321]

Der Lageralltag war durch Lesen, Theateraufführungen und Musik geprägt, darüber hinaus versuchte man, sich mit Hilfe von Bekanntschaften zum Küchenpersonal weitere kulinarische Annehmlichkeiten zu „organisieren." Amerikanische Zeitungen unterrichteten die Gefangenen über den neuesten weltpolitischen Stand. „*So haben wir alles miterlebt drüben, auch wie der Roosevelt starb und Truman neuer Präsident wurde.*"

– Ja, wurde auch drüber diskutiert und gesprochen? –

„*Ja, das wurde dann immer weiter gereicht. Und die Meinung war: ‚Muss ja bald zu Ende sein.' Und am 8. Mai 1945 war es auch zu Ende.*"

– Gab es Deutsche, die noch ernsthaft an einen guten Ausgang glaubten? –

„Im Grunde nicht. Dazu gab es noch amerikanische Spitzel. Das waren solche Mithäftlinge, die sich ihre Situation ein bisschen verbesserten, indem sie verrieten, was wir so sprachen. Solche Leute, die aufrührerisch waren oder noch anders dachten, die wurden dann von den Spitzeln verpfiffen und kamen weg. Aber wir haben da aufgepasst.“[322]

Im Hochsommer 1945 stellte man die Offiziere vor die Wahl, sich entweder an Arbeitseinsätzen zu beteiligen und damit möglicherweise früher nach Hause zu kommen, oder im Kriegsgefangenenlager zu bleiben. Hans Hermann half fortan nach einem Transfer in Idaho bei der Kartoffel- und Bohnenernte. Der Kontakt zur Familie in Deutschland riss in dieser Zeit fast vollständig ab. *„Ich habe aus Deutschland nur einen einzigen Brief mit dem Bild von Birgit bekommen von Edith. Das war noch an das erste Lager in Arkansas, Fort Dermot. Nach Idaho habe ich keine Post bekommen ... Die einzige Post, die ich bekam, war die aus Argentinien. Die Verwandtschaft in Argentinien schrieb mir einmal im Monat.“*[323]

Seine eigene Zukunft sah Hans Hermann zu diesem Zeitpunkt auch in Argentinien. *„Ich wollte nur raus und ab nach Argentinien, und da würde ich schon irgendwie zurecht kommen.“*[324] Zunächst galt es aber, zu Edith und Birgit zurückzukehren. Anfang 1946 brachte man ihn wieder per Zug und Schiff nach Europa. In Weeze nahe der holländischen Grenze entließ man ihn aus der Gefangenschaft, im März 1946 traf er in Wuppertal ein.

Edith erlebte das Kriegsende mit Birgit und ihrer Mutter sowie der Jugendfreundin Marlies in Hohenfichte, flüchtete dann aber aus der neu entstandenen sowjetischen Besatzungszone nach Hof in Bayern. Nach einer langen Odyssee landeten die Frauen schließlich mit Hilfe von Marlies' Ehemann Heinz wieder in Wuppertal, wo sie Verwandte bei sich aufnahmen. Es war alles sehr eng, und so befand sich Edith zum Zeitpunkt der Heimkehr Hans Hermanns gerade auf dem Wohnungsamt der Stadt, um eine Verbesserung ihrer Lage zu erwirken. *„Nachmittags kam sie dann zurück, hatte nichts erreicht, aber wir haben uns da dann wieder gesehen. Von August 1944 bis März 1946 hatten wir uns nicht gesehen! Das war eine große Umarmung!“*

– Und da hast du Birgit dann das erste Mal gesehen? –

„Ja, und das war gut, und die war schon groß und sagte schon Papa. Später haben wir dann eine Taufe gemacht, da sagte sie auch immer Papa. Meine Klassenkameraden, die schon zu Hause waren, vor allen Dingen die Frauen, hatten sich sehr gut um Edith gekümmert, da hatten alle wie Pech und Schwefel zusammengehalten."[325]

In dem zerstörten Land Arbeit zu finden und die Familie zu ernähren, erwies sich in den folgenden Jahren als schwieriges Unterfangen. Hans Hermann handelte auf dem Schwarzmarkt, tauschte Waren und arbeitete als Maurer, Elektriker, Erntehelfer und Prokurist, schließlich als selbstständiger Vertreter. *„Wir mussten anpacken. Irgendwo musste jeder anpacken. Das war unsere Mentalität. Man musste schauen, dass man über die Runden kam ... Ich musste was tun, ich musste was verdienen, die Familie musste ernährt werden ... Wo ich Arbeit kriegte, habe ich gearbeitet."*[326]

Die politische Entwicklung der Nachkriegszeit fand wenig Aufmerksamkeit, berichtete mein Großvater. Die Sorgen des alltäglichen Überlebens standen gegenüber dem Interesse am tagespolitischen Geschehen im Vordergrund. Insbesondere der Politik Konrad Adenauers habe man später einfach *„voll und ganz vertraut."* [327] – Auch Hans Hermanns Eltern Wilhelm und Kläre überlebten den Krieg und kehrten nach Wuppertal zurück. Am 6. Juni 1947 wurde meine Mutter Ingrid geboren.

Familienquellen

Der drohende Untergang des „Dritten Reiches" und die Trennung erschütterten das junge Paar. Die Briefe vom August 1944 sprechen deutlich von starken Angstgefühlen, Ungewissheit und Trauer darüber, nicht mehr zusammen zu sein. Hans Hermanns Verhältnis zu seinem Vorgesetzten, dem antiamerikanisch eingestellten und von der Notwendigkeit des „Durchhaltens" überzeugten Major Arnold, scheint sich im Sommer 1944 deutlich verschlechtert zu haben, schrieb Edith doch am 4. August: *„Dein Verhältnis zu Arnold bedauere ich aufrichtig, weiß ich doch, dass Du innerlich sehr darunter leidest und es Dir viel von Deinem Diensteifer nimmt."*[328]

Mehrfach äußerte Edith in ihren Briefen auch große Angst vor den immer weiter nach Westen vorstoßenden sowjetischen Truppen. Noch im August 1944 rechnete sie allerdings damit, dass Deutschland den Krieg gewinnen könnte. „*Samstagsdienst ist aber hässlich, aber hin und wieder lässt sich das doch sicher umgehen? Ihr Offiziere und die armen Landser tut mir leid! Aber wenn wir dadurch den Krieg schneller gewinnen, gerne, was?*“[329]

Die Gründe für die vielen militärischen Rückzüge vermutete sie auch im „Verrat“ der Hitler-Attentäter. „*Wie konnten die Tommies nur soweit vorstoßen? Wahrscheinlich auch eine Folge des 20.7.? Hoffentlich meistert unsere Führung bald* [sic!] *wieder die Lage und kann zurückschlagen!*“[330]

Die zunehmend verzweifelte Kriegslage brachte das Welt- und Selbstbild Ediths ins Wanken. Dass Deutschland den Krieg tatsächlich verlieren könnte, war ein nicht vorstellbares Schreckensszenario für sie. Während eines Besuches in Barmen beteuerte sie Hans gegenüber am 23. August 1944: „*Ich kann es einfach nicht glauben, dass alles umsonst sein soll, die Opfer und die Leiden von Front und Heimat. Der Sieg muss doch einfach unser sein!!! Ich bin so froh, hier mal wieder mit Menschen zu sprechen, die gesunde und vernünftige Ansichten haben. Den Ernst der Lage kann natürlich auch hier niemand verkennen, aber man wird doch nicht flügellahm, glaubt und hofft weiter!*“[331]

Entgegen all ihrer Siegeswünsche schrieb ihr Hans Hermann am 8. Dezember 1944 zerknirscht aus England: „*Mein innig geliebtes Frauchen, ich bin in amerikanischer Gefangenschaft und kann Dir mitteilen, dass ich gesund bin. Diesem Schicksal konnte ich nicht entgehen und muss mich in dieses Los fügen.*“[332]

Auskunft über die näheren Umstände der Gefangennahme ihres Mannes erhielt Edith von Hans Hermanns „Spieß“ in Metz, Hauptfeldwebel Karl Sch., der der Gefangenschaft knapp entkommen war. Am 10. Januar 1945 teilte er Edith mit: „*Am 17.11. musste der Kompanie ...* [unleserlich] *noch weiter zurück ins Stadtinnere, wo er bis zuletzt geblieben ist ... Ich selbst war morgens bei Ihrem Gatten und gegen Mittag noch einmal. Wir hatten uns auch mit der Gefangennahme schon abgefunden ... Um 13 Uhr wurde ich von feindlichen Panzern an der Kreuzung von der ...* [unleserlich] *Fabrik abgeschnitten ... Auf Umwegen und mit viel Glück versuchte ich noch zu Ihrem Gatten zu kommen, was mir leider nicht mehr gelungen war. Die Brücke wurde auch zur Sprengung fertig gemacht und lag schon unter Beschuss ... Dass ich hierbei nicht verwundet wurde, verdanke ich nur unserem lieben Herrgott ... Ich bin am 18. 11. gegen 17 Uhr von Metz raus und habe in Saarbrücken einen Offizier gesprochen, der noch nachts von der Abteilung raus gefahren ist. Der sagte zu mir, dass die restlichen Leute noch alle beisammen waren, wie am Vormittag. Die Amerikaner sind nur noch weiter ins Stadtinnere vorgedrungen. Nach Aussagen des Offiziers und meiner Meinung sind alle Leute in Gefangenschaft gekommen. Ich nehme stark an, dass alle noch am Leben sind.*"[333]

Der Briefverkehr während der Kriegsgefangenschaft war offenbar tatsächlich stark eingeschränkt. In keinem ihrer Schreiben ist jemals auf das vom anderen Mitgeteilte eingegangen worden, ein Dialog fand nicht statt. Am 28. Januar 1945 erhielt Edith erstmalig in Hohenfichte die Nachricht von Hans Hermann, dass er sich unverwundet und gesund in amerikanischer Hand befinde.[334] Laut Auskunft eines Mitgefangenen, der Edith nach seiner Freilassung informierte, hatte Hans Hermann in den USA bis zum 12. Juli 1945 gerade einmal zwei Briefe mit den Bildern der gemeinsamen Tochter Birgit erhalten.[335] Am 29. Oktober 1945 berichtete Edith, seit dem 13. April 1945 kein Lebenszeichen mehr von Hans erhalten zu haben.[336] Im Februar 1946 trafen hingegen in kurzer Zeit alle von Hans in der Gefangenschaft verfassten Briefe bei Edith ein.[337] Sie sind geprägt von der Sorge um die in Deutschland verbliebenen Verwandten, an erster Stelle Edith und Tochter Birgit sowie die eigenen Eltern. Die Entwicklung in Europa verfolgte er als Kriegsgefangener genau: „*Während wir hier unser kleines einsames Leben verbringen, wartend, lesend, lernend, jeden Tag ein und dasselbe, in Gedanken versunken, verlagern sich in der Heimat die Geschehnisse in Deine unmittelbare Nähe und unsere gemeinsame Vaterstadt ... Wann werde ich wohl Post darüber erhalten? Ob alle Lieben dort versammelt sind? Wo mag Vater sein? Hoffentlich bist Du und Birgit gesund!*"[338]

Trotz solcher Bedrängnis und Ungewissheiten verließ Hans Hermann die Zuversicht nicht: „*Nur mit Geduld und Standhaftigkeit lässt sich diese Zeit ertragen ... Wenn ich auch jetzt leider so weit fort bin, so kommt doch einmal der Tag, wo ich meinen Liebsten wieder schützend beistehen kann, wo wir dann glücklich wieder vereint sind und unser Leben wieder beginnen können.*"[339]

Die Antworten Ediths mit ihren Erlebnissen während der letzten Kriegsmonate erreichten Hans Hermann in Amerika nicht und gingen später an den Absender zurück. Im Februar 1946 fasste sie für Hans Hermann zusammen: *„Leider konnten wir ja damals nicht mehr rechtzeitig aus Sachsen heraus. Bis Anfang August lebten wir dort unter russischer Besatzung und ist alles soweit gut gegangen. Aber die Aufregungen, die seelische Belastung waren enorm! Heinz* [Mann von der Jugendfreundin Marlies, d. Verf.] *holte uns dann Gottlob ab und führte uns wohlbehalten in die Heimat. Ein abenteuerlicher Weg und oft kann ich es heute noch nicht fassen, dass wir es trotz allem geschafft haben. Vater* [Hans Hermanns Vater, d. Verf.] *traf Mitte Oktober hier ein.*“[340]

Ein wirklicher Briefwechsel entwickelte sich nur – wie Hans Hermann es auch 2005 darstellte – mit der Verwandtschaft in Argentinien. Die Nachrichten Hans Hermanns kommentierte sein Patenonkel Friedel im Mai 1945 eher unaufgeregt: *„Also, Du bist nun in den USA gefangen. Schicksal! Nur nicht grübeln, treibe Sport, lerne Sprachen oder sonst etwas, was Dir später einmal im Leben von Nutzen sein kann.*“[341] Doch auch Friedel machte sich Sorgen um die Verwandten in Deutschland. Informationen hierzu gab es nicht, da keine Briefe zwischen Argentinien und Deutschland kursierten. Einen Rat erteilte Friedel seinem Patenkind in beinahe jedem Brief: *„Nicht grübeln! An unserem Schicksal können wir nichts ändern. Treibe fleißig Sport und lerne Sprachen oder sonst etwas, zu dem Dir in Gefangenschaft Gelegenheit geboten wird und wozu Du Lust und Neigung hast. Über Deinen späteren Beruf und Existenz mach Dir heute noch keine Sorgen, das werden die Umstände nachher ergeben ... Aber vor allen Dingen: keine Sorgen machen um die Zukunft und nur nicht grübeln!*“[342]

Die Absicht Hans Hermanns, nach Argentinien auszuwandern, bestätigt sich in der Korrespondenz mit Friedel. Doch auch andere Zukunftspläne waren denkbar, etwa das elterliche Möbelgeschäft wieder aufzubauen oder einen kaufmännischen Beruf zu erlernen. Stets machte ihm Friedel Mut, die Kriegsgefangenschaft bestmöglich zur Fortbildung zu nutzen, ansonsten galt weiter: *„Nicht grübeln!*“[343]

Noch Ende 1946 – lange nach der Rückkehr aus der Gefangenschaft und wieder mit seiner Familie vereint – schmiedete Hans Hermann Pläne, Deutschland zu verlassen und in Argentinien ein neues Leben zu beginnen. Sein Bestreben scheiterte letztlich, weil ihm das Geld für die Überfahrt der Familie fehlte und auch für Friedel *„eure Herreise über meine Kräfte"* gingen. Hinzu kamen die politischen Wirren der Nachkriegszeit: *„Man lässt Dich dort nicht heraus und hier noch nicht herein."* Ende 1946 prophezeite Friedel jedoch: *„Nichts auf dieser Welt währt ewig. Auch Eure Lage wird sich einmal wieder bessern, und wer weiß, vielleicht eher als man glaubt. Heute dreht sich die Welt schneller als früher."*[344]

In den Nachkriegsjahren bauten sich meine Großeltern mühsam eine neue Existenz auf. Erst 1980 besuchten Hans Hermann und Edith die Verwandtschaft in Argentinien. Seinen 1958 verstorbenen Patenonkel und Briefpartner Friedel lernte Hans Hermann persönlich nie kennen.

Analyse und Forschungsstand

Die letzten Monate des Zweiten Weltkrieges waren für die Deutschen die bis dahin blutigste, entbehrungsreichste und zerstörerischste Zeit. Nachdem die Kampfhandlungen zunächst fernab der Heimat auf eroberten Territorien stattgefunden hatten, verlagerte sich das Geschehen nun zusehends in deutsche Lande. Die Heimat wurde zum Kampfgebiet. Zudem eskalierte der Luftkrieg der Amerikaner und Briten gegen deutsche Städte und Gebiete, die keineswegs mehr militärische Ziele im herkömmlichen Sinne darstellten.

Als Folge des „Endkampfes" starben in den letzten zehn Monaten des Krieges mehr Deutsche als in den fast fünf Jahren seit dem Überfall auf Polen. Etwa die Hälfte ihrer gesamten personellen Verluste im Zweiten Weltkrieg von etwa 5,3 Millionen Mann erlitt die deutsche Wehrmacht zwischen Juli 1944 und Mai 1945.[345] Entgegen dem Untergangspathos der NS-Führung, die gemäß den fatalistischen Parolen „Sein oder Nichtsein", „Sieg oder Untergang" oder „Siegen oder Fallen" den „Kampf bis zur letzten Patrone" forderte und die „Politik der verbrannten Erde" auch auf deutschem Gebiet fortführen wollte, entwickelte sich in der deutschen Bevölkerung Wolfram Wette zufolge ein zunehmender Realismus und Überlebenswille. *„Das Potential an Begeisterungsfähigkeit, das durch die Herren-*

menschenideologie und die siegreichen Feldzüge der Wehrmacht mobilisiert werden konnte, war zu diesem Zeitpunkt bereits weitgehend verbraucht. Es gab zwar keine eindeutige Stimmung gegen das NS-Regime und den Krieg, aber doch so etwas wie eine Rückkehr aus der Realitätsflucht."[346]

Das Gesagte trifft wohl auch für meinen Großvater zu. Begeisterte ihn noch im Frühjahr 1944 die Aussicht auf *„neue Waffen"* und erschien ihm eine Beteiligung an den Verschwörungsplänen gegen Hitler als *„gegen die Ehre"* gerichtet, so sank seine Siegeszuversicht wohl merklich nach der Invasion in der Normandie und der Kriegsentwicklung im Sommer 1944. Sehr früh, bereits Anfang August, schickte er Edith aus Metz fort. Offensichtlich erwartete er einen raschen Vormarsch und Sieg der Alliierten. Als Metz im November fiel, fand er sich laut Hauptfeldwebel Karl Sch. *„mit der Gefangenschaft ab."* Im Interview 2005 erinnerte Hans Hermann sich, den Wunsch gehabt zu haben, heil und lebendig in amerikanische Gefangenschaft zu geraten. Auch die Skepsis, mit der er aus den USA die Kriegsgeschehnisse verfolgte *(„Muss ja bald zu Ende sein")*, sprechen dafür, dass er sich 1944/45 keinen Illusionen mehr hingab und gegen die Durchhalteparolen der NS-Propaganda zunehmend immun war. Angesichts der auf dem Weg nach Compiègne beobachteten Nachschub- und Munitionsmengen der Amerikaner stand für ihn fest: *„Der Krieg ist endgültig verloren."*

Wie Edith den Zusammenbruch der ihr bis dahin bekannten Ordnung, mit der sie sich über viele Jahre hinweg identifiziert hat, wahrnahm, ist schwer zu analysieren. Im August 1944 wirkt sie angesichts der drohenden Niederlage ungläubig und verzweifelt *(„Ich kann es einfach nicht glauben, dass alles umsonst sein soll … Der Sieg muss doch einfach unser sein")*, ihre Briefe in die amerikanische Gefangenschaft thematisieren ihren Umgang mit der Niederlage hingegen nicht.

Im Vergleich zu den Kriegsgefangenenlagern in der Sowjetunion, die die Hauptlast des Krieges getragen hatte, war die Unterbringung der deutschen Soldaten und Offiziere in den USA angenehmer und die Verpflegung und Versorgung wesentlich besser. Für meinen Großvater war die Gefangenschaft vor allen Dingen eine Geduldsprobe, weniger eine Frage von Leben und Tod. Die Erfahrungen in den USA dürften ihn vermutlich in seiner Betrachtung des Krieges, des Nationalsozialismus und der zu gestaltenden Zukunft beeinflusst haben. Peter Steinbach kommt zu dem Schluss, dass das ungehinderte Aufeinanderprallen der verschiedenen Häftlingsgruppen in den USA – nämlich den nach wie vor überzeugten Hitler-Anhängern und den kriegsmüden Mithäftlingen, die sich der NS-Ideologie zunehmend entzogen – *„entscheidender für die Auseinandersetzung mit den eigenen Überzeugungen"* war als jede pädagogische Umerziehungsmaßnahme im Sinne des *„westlich-liberalen Verfassungsstaats."*[347]

Noch bestimmender dürfte allerdings die von Friedel so vehement beschworene Mentalität des „Nicht-Denkens" gewesen sein. Bereits 1943 ist auch bei Edith in zahlreichen Briefen eine Verdrängung komplexer Probleme und Kriegssorgen feststellbar *(„Ein kaum auszudenkendes Leid ... aber, wie gesagt, nur nicht denken!")*. Das Bedürfnis, die Vergangenheit, die eigene Beteiligung und eigene Schuld zu verdrängen, war offenbar sehr groß. Der bereits zitierte amerikanische Offizier für psychologische Kriegsführung Saul K. Padover resümierte 1946 zynisch: *„Es heißt, dass Hitler die Sache ganz allein, ohne Hilfe und Unterstützung irgendeines Deutschen durchgezogen hat. Er hat den Krieg angefangen, er hat ganz Europa erobert, den größten Teil Russlands überrannt, fünf Millionen Juden ermordet, sechs bis acht Millionen Polen und Russen in den Hungertod getrieben, vierhundert Konzentrationslager errichtet, die größte Armee in Europa aufgebaut und dafür gesorgt, dass die Züge pünktlich fahren. Wer das ganz alleine schaffen will, muss schon ziemlich gut sein. Ich kenne nur zwei Menschen in der ganzen Welt, die so etwas können. Der andere ist Superman."*[348]

Margarete und Alexander Mitscherlich diagnostizierten 1967 beim deutschen Volk *„eine intensive Abwehr von Schuld, Scham und Angst"* und kritisierten, das Prinzip „Führer befiehl – wir folgen" habe eine ganze Generation von eigenständigem Denken, unabhängiger Zukunftsplanung und freier Gestaltung entbunden.[349] Auch Tony Judt erkennt ein *„gestörtes Kurzzeitgedächtnis"* als wichtigstes unsichtbares Vermächtnis des Zweiten Weltkrieges.[350] Meine Großeltern sind nach dem Zweiten Weltkrieg offenbar – wie viele andere Deutsche auch – nur am Rande mit der Entnazifizierung in Berührung gekommen. Zu berücksichtigen ist dabei, dass in der britischen Besatzungszone, zu der Wuppertal gehörte, so gut wie gar keine Entnazifizierung im eigentlichen Sinne stattfand. Clemens Vollnhals zufolge beschränkte sie sich im wesentlichen *„auf die Überprüfung von*

Beamten und Angestellten, die eine Stellung in bestimmten Positionen oder Berufszweigen inne hatten."[351] Die für die Wirtschaftskraft der Zone lebenswichtigen Bereiche wie die Steinkohlebergwerke oder die Landwirtschaft waren durch ihre Sonderstellung de facto weitgehend von der Entnazifizierung ausgenommen.[352] Eine Anfrage beim Staatsarchiv Nordrhein-Westfalens ergab, dass Unterlagen über das ehemalige NSDAP-Mitglied Edith K., geborene A., nicht existieren. Die Familie meiner Großeltern ist von Vorwürfen oder Nachforschungen über ihre Beteiligung am Nationalsozialismus in den ersten Nachkriegsjahren offenbar verschont geblieben. Auch ließ sich der bald nach dem Zweiten Weltkrieg einsetzende Ost-West-Konflikt mit seinem dezidierten Antikommunismus für eine Kontinuität des Feindbildes verwerten. Das begünstigte und erleichterte es meinen Großeltern ebenso wie einem großen Teil der deutschen Öffentlichkeit, sich keineswegs selbstkritisch mit der eigenen Schuld und Verantwortung auseinander zu setzen, sondern sich vielmehr als vermeintlich „Verführte" zu begreifen und zu verdrängen, in welchem Ausmaß man sich auf das NS-Regime eingelassen hatte.

„Mein Bruder hat unter seiner Aufgabe gelitten“ – Siegfried bei der Waffen-SS

Erinnerung

Hans Hermanns Bruder Siegfried stellte in der Familie immer ein schwieriges Thema dar, zu dem es wenige Informationen gab. Bekannt waren einige Eckdaten, ansonsten rankten sich eher Gerüchte und Vermutungen als tatsächliches Wissen um sein Schicksal. Als ich 2005 meinen Großvater interviewte, wusste ich nur, dass sein Bruder sich früh freiwillig zur Waffen-SS gemeldet hatte, er im Krieg gegen Frankreich eingesetzt und danach zu einer SS-Stelle in Polen kommandiert worden war. Näheres über seine Aufgaben wusste man nicht, außer dass „schlimme Dinge“ geschehen sein mussten, an denen Siegfried beteiligt gewesen war. Er sei über den Erlebnissen verzweifelt. Um seine Familie zu schützen, habe er jedoch nichts berichtet und sich 1943 – in Todessehnsucht – freiwillig zurück an die Ostfront gemeldet, wo er Anfang 1944 in Nordrussland spurlos verschwand. Mein Großvater sprach ungern über seinen Bruder, dessen ungewisses Schicksal ihn offensichtlich noch immer sehr belastete. Jedem in der Familie war das bekannt.

Siegfried wurde am 8. Juli 1923 in Barmen geboren, zwei Jahre nach Hans Hermann. Sie spielten viel mit den im selben Haus wohnenden Kindern Marlies und Paul-Gerhard. Ebenso wie Hans Hermann war auch Siegfried im Jungvolk Führer gewesen, allerdings nur *„Jungzugführer, nicht so hoch wie ich und in einem anderen Stamm.“*[353]

Das Verhältnis der Brüder scheint sich mit zunehmendem Alter schwierig gestaltet zu haben. *„Es gab immer Reibereien, er hatte einen anderen Freundeskreis als ich, sein Freundeskreis war sehr, sagen wir mal, motorisiert.“*[354] Autos und Motoren waren Siegfrieds großes Hobby, der schon früh technisches Geschick an den Tag legte. Bereits im Alter von vierzehn Jahren lenkte er nach einem Ausflug der Familie ins Oberbergische den

Wagen des Möbelgeschäftes nach Hause, weil der Vater Wilhelm des Fahrens auf den kurvenreichen Straßen nicht so mächtig war wie sein Sohn. Mit siebzehn Jahren meldete sich Siegfried, für Hans Hermann sehr überraschend und plötzlich, freiwillig zur Waffen-SS. „*Er ist dann zur ‚Leibstandarte Adolf Hitler' eingezogen worden. Da haben wir uns aber nicht mehr gesehen, da war ich schon in der Wehrmacht, da haben wir nicht drüber geredet vorher. Aber er war auch in Berlin, als ich in Potsdam in der Kriegsschule war. Wir haben uns am Wochenende auch mal in Berlin getroffen.*"[355] Eine persönliche Entfremdung zwischen den Brüdern gab es nicht, auch wenn Hans Hermann froh war, selbst in der Wehrmacht und nicht in der SS zu dienen. Die SS bezeichnete er als „*Einheiten der Nationalsozialisten. Die Wehrmacht war da noch ein bisschen neutraler und traditioneller. Und da konnte ich mich mehr mit identifizieren.*"[356]

Den Hauptgrund für die Meldung bei der SS beruhte nach Hans Hermanns Ansicht darauf, dass die Wehrmacht Freiwillige erst ab 18 Jahren annahm, Siegfried aber gerade erst 17 Jahre alt war. „*Er war so begeistert, und im Krieg wollte er Deutschland dienen. Er war schon sehr national eingestellt.*"[357] In Frankreich kam Siegfried ebenso wie sein Bruder Hans Hermann zum ersten Mal an die Front. „*Weil er so jung war, war er MG-Schütze 2. Er musste die schwere Lafette vom MG tragen, und da wurde er herzkrank. Daraufhin wurde er aus der Leibstandarte versetzt. 1941 kam er zu irgendeiner SS-Polizeieinheit. Aber wo die eingesetzt war, das wusste ich nicht.*"[358]

Im Herbst 1943 besuchte Siegfried seine Mutter, die nach dem Luftangriff auf Barmen bei Verwandten in Hohenfichte lebte. Während desselben Urlaubs war Siegfried auch für zwei Tage in Metz bei Hans Hermann und Edith zu Besuch. „*Er hat von seiner SS erzählt, wie das so ist. Den Krieg aber [haben wir] doch weit weg geschoben.*"[359] Genaueres über die Tätigkeit seines Bruders habe Hans Hermann auch hier nicht erfahren. Es sollte das letzte Mal sein, dass sich die Brüder sahen. „*1944 ist Siegfried an der Russenfront, nördlich von Leningrad am Weißen See, vermisst, da kriegten die Eltern einen Brief von dem Kompaniechef, dass Siegfried von einem Spähtrupp nicht zurückgekehrt war.*"[360]

Die Informationen aus dem Jahre 2005 gingen über die hier wiedergegebenen Aussagen nicht hinaus. Erst als ich meinen

Großvater am Ende des Interviews noch einmal fragte, welche Erlebnisse des Krieges er während unserer Gespräche nach eigener Einschätzung umgangen oder verschwiegen habe, antwortete er sichtlich bewegt: „*Was mich schwer beeindruckt hat und wo ich auch eine gewisse Verschlossenheit habe: Ich weiß so gut wie nichts von meinem Bruder Siegfried. Und das ist ein Thema, was mich belastet. Das fällt mir noch sehr schwer, darüber zu reden und nachzudenken. Und wo soll ich heute was herhören? Wo soll ich heute noch Informationen herkriegen? Ich kenne seine Freunde nicht, mit denen er zusammen war. Ich weiß nicht, welche Einheit er hat* [sic!]. *Aber was über seine Truppe, wo er war, die Waffen-SS, geschrieben wird ... dann war das doch so manch harter Tobak. Ich glaube, dass mein Bruder unter seiner Aufgabe gelitten hat. Und er wollte meinen Vater, meine Mutter und mich nicht einweihen. Vielleicht hat mein Vater auch mehr gewusst als ich und hat mir nichts gesagt.*"[361]

Im Sommer 2006, kurz vor seinem Tod, sprach ich erneut mit meinem Großvater über Siegfried. Ich deutete an, einige Komplexe des Interviews noch einmal behandeln und genauer ins Detail gehen zu wollen. „*Ja. Ein Thema, über das ich nach wie vor nicht gerne spreche und was ich vermeiden möchte, ist mein Bruder Siegfried.*

– Da würde mich mal interessieren, inwieweit du da selbst nicht Bescheid weißt oder inwieweit du da nicht drüber reden möchtest. –

Also ... (lange Pause) Er war da.

– Wo? –

Auschwitz. Mein Vater hat ihn in Auschwitz-Birkenau besucht, in dem Monat, in dem ich verwundet aus Russland zurückkam. Auf dem Weg zu mir zum Bahnhof in Warschau, wo mein Vater und ich uns wieder gesehen haben, da hat er ihn in Auschwitz-Birkenau besucht. Und das hat er mir in Warschau dann erzählt. Und Auschwitz war ja ein Konzentrationslager. Auch wenn die richtig schlimmen Sachen erst 1943/44 einsetzten. Aber da habe ich dann nichts mehr von wissen wollen, von meinem Vater, da habe ich keine weiteren Informationen bekommen und auch nicht gesucht."[362]

Meine Großmutter Edith starb nach langer Krankheit am 21. Juni 2006. Nachdem er sich in den letzten Lebensjahren aufopferungsvoll um sie gekümmert hatte, folgte mein Großvater ihr nur wenige Wochen danach am 31. Juli 2006 in den Tod.

Familienquellen

In den Familienalben sind einige Bilder und Dokumente von Siegfried vorhanden. Die Fotos zeigen ihn in der Jugendzeit, in der Aufmachung der „Leibstandarte Adolf Hitler" sowie in weiteren SS-Uniformen, etwa während des Besuches bei seiner Mutter Kläre in Hohenfichte im Oktober 1943. Erhalten sind zwei Briefe von Siegfried: ein Gratulationsschreiben zur Hochzeit von Hans Hermann und Edith, verfasst am 9. August 1943, und ein Brief an die Cousine Marlies, in dem Siegfried am 17. Februar 1942 aus dem Ort Debica schrieb: *„Mir geht es sonst sehr gut bis auf eine kleine Erkältung, das wird sich aber schon wieder legen. Mit der Arbeit ist es bei mir ganz verschieden, manchmal strecke ich von früh bis spät die Beine gen Himmel und spiele den großen Herrn, und manchmal weiß ich vor Arbeit nicht, wo ich beginnen soll. Ich bin hier im Lager mein eigener Chef, und in meine Arbeit kann mir keiner drein reden oder Vorschriften machen. Die Verwaltung ist nämlich ganz für sich, der kann kein Einheitsführer etwas sagen. Redet mir einer etwas dazwischen, mache ich Meldung an meinen Chef, der 5 km von hier sein Büro hat und dann bekommt der, ganz gleich welchen Dienstrang er hat, einen drauf, dass die Heide wackelt, denn ich bin ja ganz alleine für meinen Kram verantwortlich."*[363]

Des Weiteren ist ein Besitzzeugnis über das Infanterie-Sturmabzeichen in Silber vorhanden, das Siegfried als Angehöriger des SS-Polizei-Grenadierregiments 1 am 26. Juli 1943 verliehen wurde. Als letztes Dokument findet sich eine Todeserklärung für Siegfried durch das Amtsgericht Wuppertal vom 23. Oktober 1961, die sein Vater Wilhelm Anfang 1961 beantragt hatte.

Nach Anfragen beim Stadtarchiv Wuppertal, Staatsarchiv Nordrhein-Westfalen, dem Militärarchiv in Freiburg, der Abteilung R des Bundesarchivs in Berlin und vor allen Dingen durch einen Suchantrag bei der Deutschen Dienststelle, wurden mir mehrere Dokumente und personenbezogene Materialien zu Siegfried zugeschickt. Das Wehrstammbuch ist das umfangreichste und informativste Dokument.

Siegfried bewarb sich am 21. Januar 1940 bei der SS-Ergänzungsstelle West (VI) um die Aufnahme als Freiwilliger in die Waffen-SS. Am 13. Februar 1940 erklärte man ihn nach hervorragenden Musterungsergebnissen als „kriegsverwendungsfähig“ und „besonders geeignet“ für die „Leibstandarte Adolf Hitler“. Seine militärische Ausbildung erhielt Siegfried in der 2. Schützen-Ersatzkompanie der „Leibstandarte“, später kommandierte man ihn zur 10. Kompanie ab. Am 1. November 1940 erfolgte die Versetzung zum Verwaltungsamt der Waffen-SS in Berlin. Mein Großvater Hans Hermann besuchte damals in Döberitz nahe Potsdam die Kriegsschule. In dieser Zeit dürften sich die Brüder, wie von meinem Großvater erwähnt, in Berlin getroffen haben.

Am 1. Dezember 1940 teilte man Siegfried der Standortverwaltung des SS-Truppen-Übungsplatzes Dębica in Polen zu, wo er am 1. Juli 1941 zum SS-Sturmmann befördert wurde, vergleichbar dem Gefreiten als zweitniedrigstem Dienstrang in der Wehrmacht. Seit dem 16. April 1942 gehörte Siegfried der 2. Kompanie des SS-Bataillons „Dębica“ an. Am 1. November 1942 ernannte man ihn zum SS-Rottenführer (vergleichbar dem Obergefreiten), und ab dem 9. Februar 1943 diente Siegfried wieder in einer Kampfeinheit der Waffen-SS, der 10. Kompanie des SS-Polizei-Grenadierregiments 1, welche zu diesem Zeitpunkt an *„Stellungskämpfen im Bereich der Heeresgruppe Nord“* in Russland teilnahm. Während der *„Abwehrschlachten südlich des Ladogasees“* zeichnete man Siegfried mit dem bereits erwähnten Infanterie-Sturmabzeichen in Silber aus. Seit dem 7. März 1944 galt er als *„nördlich des Peipussees, Nordrussland“* vermisst. Zweimal beurteilte man seine soldatischen Leistungen als *„sehr gut“*, Disziplinarstrafen wurden nicht gegen ihn verhängt.[364]

In den Briefen meiner Großeltern tauchen vereinzelt Kommentare zu Siegfried oder zu Erlebnissen mit ihm auf. Am 11. Januar 1943 – Hans Hermann hatte gerade seine neue Dienststelle in Metz angetreten, Siegfried war Angehöriger des SS-Bataillons „Dębica“ – berichtete Edith ihrem Verlobten in einem Brief von einem Theaterbesuch mit dem sich in Wuppertal auf Urlaub befindlichen Siegfried. *„Anschließend ist Dein Brüderlein noch etwas mit zu uns gegangen, Mutti machte uns etwas zu essen und dann haben wir noch recht gemütlich beisammen gesessen und geklönt. Dir haben doch sicher auch mächtig die Ohren geklungen, gell, Lieber?“*[365]

Am 22. Februar 1943 schrieb Edith Hans Hermann von einem *„sehr lieben, allerdings auch ernsten Brief meines Schwagers. Er sieht und hört wohl sehr viel, alles nimmt ihn stark mit,* *aber sein Glaube ist nach wie vor unerschütterlich.*"[366] Nach dem Bombenangriff auf Barmen wusste Hans Hermann am 19. Juni 1943 zu berichten, dass Siegfried in einem *„rührenden Brief"* wegen der zerstörten Heimat *„auch ganz geknickt"* gewesen sei und seinen baldigen „Bombenurlaub" angekündigt habe.[367] Es handelte sich vermutlich um den Aufenthalt im Herbst 1943, als er Hans Hermann und Edith in Metz und seine Mutter in Hohenfichte besuchte. Im November 1943 war Siegfried offenbar von dem im Februar geäußerten *„unerschütterlichen Glauben"* abgerückt. Hans Hermann teilte seiner Frau in den Schwarzwaldurlaub mit: *„Post ist von Siegfried da, ein verzweifelter Brief, schreibe dem armen Jungen gleich, ich kann ihm nicht helfen.*"[368]

Es ist auffällig, dass Siegfried nach der Vermisstenmeldung keine Erwähnung mehr findet. Noch im Mai 1944 sprach Hans Hermann von einem heftigen alkoholischen Gelage mit SS-Agenten in Paris.[369] Seine Scheu gegenüber der SS, wie er sie manchmal in den Interviews äußerte, scheint also so groß nicht gewesen zu sein. Aber weder in diesem noch in späteren Schreiben Hans Hermanns fällt Siegfrieds Name. Auch Edith nannte ihn nur noch ein einziges Mal, als sie berichtete, in Hamminkeln Fotos der Familie aufgestellt zu haben.[370] Die zahlreichen Briefe Hans Hermanns aus der amerikanischen Kriegsgefangenschaft sind voller Sorge um die Angehörigen in Europa, aber selbst in diesen erkundigte er sich nie danach, ob es Neues von Siegfried gebe. Vermutlich ging er bereits davon aus, seinen Bruder nicht wiederzusehen.

Auch Friedel war sich offensichtlich sofort im Klaren darüber, was die Vermisstenmeldung aus Russland bedeutete. Nachdem ihm Hans Hermann in seinem ersten Brief nach Argentinien aus der US-amerikanischen Gefangenschaft die neuesten Nachrichten über die Familienangehörigen in Deutschland überbracht hatte, kommentierte Friedel: *„Wenn Siegfried in Russland vermisst ist, so müssen wir ihn wohl abschreiben, armer Kerl.*"[371]

Marlies charakterisierte ihren Cousin als aufbrausenden, aber verantwortungsbewussten Charakter. Die Brüder Hans Hermann und Siegfried wirkten auf sie sehr unterschiedlich. Letzterer habe viele Probleme mit dem Lernen gehabt und die Schulen oft gewechselt. Andererseits sei er sehr beliebt und bei allen Tanzfesten und Veranstaltungen dabei gewesen. Ebenso habe er viele Freunde gehabt. Die Meldung zur Waffen-SS führte sie auf die schlichte Tatsache zurück, dass er nach Abschluss der Schule ohne Beschäftigung und berufliche Qualifikationen geblieben sei.

Marlies berichtete ferner, Siegfrieds Urlaub zu Beginn des Jahres 1943 habe einen dramatischen Verlauf genommen. Seiner Mutter erklärte er, nicht mehr zurückgehen zu wollen und zu viele schlimme Dinge gesehen zu haben und auch selbst habe machen müssen. Als Beispiel sei von ihm genannt worden, alte Menschen mit seinem Gewehr auf Lastwagen getrieben zu haben. Seine Mutter Kläre überredete ihn offenbar, bloß keine Dummheiten zu machen, und bat ihn, nicht zu desertieren, woraufhin sich Siegfried freiwillig zur Front meldete, um den Problemen in Polen zu entgehen. Seine Vermisstenmeldung im Frühjahr 1944 sei ein Schock für die ganze Familie gewesen. Am Weihnachtsfest 1944 in Hohenfichte mit Marlies, Edith und Birgit habe Kläre einen Zusammenbruch erlitten. Warum innerhalb der Familie niemand den Hinweisen über das Schicksal Siegfrieds nachgegangen ist, die bereits aus den vorhandenen Dokumenten hätten entnommen werden können, bleibt unklar.

Analyse und Forschungsstand

Die von meinem Großvater im Interview dargebotene Lebensgeschichte seines Bruders bestätigte zunächst in weiten Teilen die bis dahin in der Familie tradierte Lesart des jungen und idealistischen Siegfried, der freiwillig zur Waffen-SS gegangen und, nach dem Krieg gegen Frankreich irgendwo in Polen mit „schlimmen Dingen" konfrontiert, sich in Verzweiflung darüber erneut freiwillig zur Front gemeldet habe und dort, seine traumatischen Erlebnisse aus Rücksicht auf die Familie mit ins Ungewisse nehmend, verschollen sei. Erst als Hans Hermann seinen Bruder in einem Gespräch mit Auschwitz-Birkenau in Verbindung brachte, durchbrach er die über Jahre hinweg überlieferte Version. Auch die den Familiendokumenten zu entnehmenden Informationen stützen die Darstellung des zunächst heiteren, später verzweifelten Siegfrieds. Ebenso lieferten Marlies' Erinnerungen einige ergänzende Details.

Mein Großvater erwähnte im Zusammenhang der Auseinandersetzung mit seinem Bruder, *„keine weiteren Informationen bekommen und auch nicht gesucht“* zu haben. Die Angst vor den möglichen Enthüllungen hat ihn offenbar tatsächlich gebremst, denn in dem von ihm selbst angelegten Ordner finden sich mit dem Begriff „Lager“, dem Ortsnamen „Dębica“ und dem Truppenteil „SS-Polizei-Grenadierregiment 1“ einige Hinweise, denen er durchaus hätte nachgehen können. Dass es nicht erfolgt ist, verdeutlicht, wie schwer sich mein Großvater mit der Geschichte seines Bruders tat, und dass er tatsächlich so wenig wie möglich in Erfahrung bringen wollte.

Andererseits beweisen die Feldpostbriefe der Jahre 1943/44, dass Siegfried sehr wohl von seinen Einsätzen erzählte. Meine Großeltern besaßen folglich ein deutlich größeres Wissen, als sie später zugaben. Edith berichtete in einem Brief von einem Gespräch mit Siegfried und fragte Hans Hermann: *„Dir haben doch sicher auch mächtig die Ohren geklungen, gell, Lieber?“* Einen Monat später erzählte sie: *„Siegfried hört und sieht wohl sehr viel.“* Ganz offenkundig teilte er also das, was er sah und hörte, zumindest in Andeutungen meinen Großeltern auch mit. Hans erhielt zudem mindestens einen *„verzweifelten Brief“* von Siegfried. Dem Gespräch mit Marlies nach zu urteilen, war auch über die unmittelbar nächsten Verwandten hinaus bekannt, dass Siegfried in Polen Aufgaben zu erfüllen hatte, die über rein soldatische Pflichten hinausgingen. Um was handelte es sich dabei?

In der ganzen Welt ist die Bezeichnung SS zum Inbegriff für die Verbrechen des Holocaust geworden. Obwohl mittlerweile eindeutig die weitreichende Beteiligung der Wehrmacht, der Wirtschaft und zahlreicher ziviler Ämter und Dienststellen und – wenn auch nur in Ansätzen – von ausländischen Verwaltungsstellen nachgewiesen ist, bleibt die SS die hauptverantwortliche Instanz für den Völkermord. Sie übernahm die Organisation und Verwaltung und stellte die Wachmannschaften der Konzentrations- und Vernichtungslager, aus ihr rekrutierten sich die mobilen Einsatzkommandos, die in Osteuropa hunderttausende Menschen ermordeten.

Die Waffen-SS – hervorgegangen aus der SS-Verfügungstruppe – wurde im Verlauf des Krieges enorm ausgebaut. 1939 verfügte sie über drei, bei Kriegsende über 38 Divisionen. Sie erwarb sich den Mythos einer hervorragend ausgebildeten, fanatisch kämpfenden Elitetruppe, obwohl ihre Verluste horrend waren.

Gegen Kriegsende mussten das strenge Aufnahmeverfahren sowie die dünkelhafte Exklusivität, ausschließlich „arische" Rekruten aufzunehmen, aufgrund der hohen Ausfälle zum Teil aufgegeben werden. Eine gewisse Mystifizierung der Waffen-SS kann man zahlreichen mehr oder weniger seriösen Arbeiten, die über sie erschienen sind, nicht absprechen. Die „Leibstandarte Adolf Hitler", die Siegfried im Februar 1940 aufnahm, verstand sich selbst als Elite innerhalb der Waffen-SS, schließlich war diese aus ihr überhaupt erst hervorgegangen.[372]

Die Teilnahme der „Leibstandarte" am Krieg im Westen ist aus den Beständen des Militärarchivs in Freiburg nicht mehr rekonstruierbar. Kriegstagebücher der „Leibstandarte" sind erst beginnend mit dem 28. Juli 1941 archiviert. Georg H. Stein gelangt zu dem Schluss, dass der Anteil der Waffen-SS am Erfolg des Krieges gegen Frankreich relativ gering war. Im Verband mit beinahe 140 Divisionen kam ihr keine besondere Rolle zu, obwohl sie bereits große Verluste aufwies. Jedoch waren ihre Einheiten – mit Ausnahme der Polizeidivision – im Unterschied zu den meisten Infanteriedivisionen der Wehrmacht voll motorisiert und hielten so mit den schnellen Panzerverbänden der Wehrmacht Schritt. An der Eroberung der Niederlande, bei der man nur auf eine verhältnismäßig kleine deutsche Streitmacht zurückgriff, kam jedoch insbesondere der „Leibstandarte" ein wichtiger Anteil zu.[373]

Ob Siegfried wirklich aufgrund einer Herzkrankheit versetzt worden ist, darf bezweifelt werden: In seinem Wehrstammbuch ist kein Eintrag zu finden, der einen Rückschluss auf eine medizinisch begründete eingeschränkte Verwendungsfähigkeit zulässt. Offensichtlich herrschte bei meinem Großvater auch hier die Tendenz vor, zu verharmlosen oder zu entschulden. Er machte nicht nur ein „unabänderliches Schicksal" geltend, nämlich, dass Siegfried aufgrund einer Erkrankung nach Polen versetzt worden war. Zugleich relativierte er: „Die „richtig schlimmen Sachen" seien in Auschwitz-Birkenau erst 1943/44 geschehen – also zu einem Zeitpunkt, als sich Siegfried schon an der Ostfront befand. In Auschwitz starben zwischen Februar 1942 und November 1944 über eine Million Menschen. Eine Diskussion darüber, wann genau die „schlimmen Sachen einsetzten", ist müßig.[374]

Ein Wechsel von Soldaten der SS-Kampftruppen zu anderen SS-Einheiten war kein ungewöhnlicher Vorgang. Raul Hilberg hat nachgewiesen, dass man etwa bei den mobilen Mordkommandos der Einsatzgruppen auch auf einfache Soldaten der Waffen-SS zurückgriff.[375] Auch laut Georg H. Stein *„gab es den ganzen Krieg über einen zwar verhältnismäßig begrenzten, aber doch laufenden Personalaustausch zwischen den KZ-Mannschaften und den Kampfverbänden der Waffen-SS.“*[376] Über die Aktivitäten der SS in Dębica weiß die Forschungsliteratur nicht viel zu berichten. Auch im Militärarchiv in Freiburg ist über den Ort oder die dort stationierten SS-Einheiten nichts zu erfahren. Offensichtlich sind sowohl die Akten der Standort-Verwaltung als auch des SS-Bataillons „Dębica“ vor Kriegsende von der SS vernichtet worden.

Fakt scheint es zu sein, dass sich in dem etwa 100 Kilometer östlich von Krakau an der Wisłoka gelegenen Ort – verwaltungstechnisch dem „Generalgouvernement“ zugehörig – ein Truppenübungsplatz der Waffen-SS befand. Georg H. Stein hat die Entstehungsgeschichte analysiert, der zufolge der „Reichsführer SS“ Heinrich Himmler seit Kriegsbeginn 1939 um die Einrichtung eines SS-eigenen Drillgeländes bemüht war. Offenbar wurde dafür innerhalb einiger Monate im Sommer 1940 ein mehrere Quadratkilometer umfassendes Gebiet bereit gestellt.[377] Daneben dürfte es weitere Einrichtungen der SS in Dębica gegeben haben. SS-Einheiten in militärisch verwalteten Gebieten griffen zur Versorgung auf Truppenwirtschaftslager der Wehrmacht zurück, die entsprechende Güter und Nahrungsmittel lagerten und auslieferten. Der Nachschub der verschiedenen SS-Truppenteile in zivil verwalteten Gebieten (wie etwa dem „Generalgouvernement“) erfolgte über SS-interne Truppenwirtschaftslager.[378] Laut Jan Erik Schulte existierte ein solches in Dębica.[379] Seiner Analyse zufolge gab es auch Pläne, in Dębica Kriegsgefangene zu internieren: *„Ein weiteres ‚Sowjet-Kriegsgefangenenlager‘ wurde im Oktober 1941 auf dem Gelände des SS-Truppenübungsplatzes Debica (bei Krakau) vorgesehen. Ob und wie dieses Lager eingerichtet wurde, ist nicht überliefert. Allerdings ernannte SS-Gruppenführer Hans Jüttner, der Chef des Stabes des SS-Führungshauptamtes, bereits am 25. Oktober 1941 eine vorläufige Lagerleitung. Obwohl es sich bei dem SS-Truppenübungsplatz um eine Einrichtung des SS-Führungshauptamtes handelte, war die enge Beziehung des Kriegsgefangenenlagers zum Konzentrationslagersystem evident. Jüttner befahl: ‚Zunächst sind zur Einweisung im Arbeitseinsatz der*

Kriegsgefangenen 2 Unterführer durch die Kommandantur des SS-Tr.Üb.Platzes Debica zu einem Gefangenenlager, welches dem Inspekteur der KL untersteht, in Marsch zu setzen. Diese Kommandierung durch die Kommandantur erfolgt im Einvernehmen mit dem Inspekteur der KL.' Der Arbeitseinsatz der sowjetischen Kriegsgefangenen sollte also wie derjenige von KL-Häftlingen organisiert werden. Über die Einsatzgebiete der Gefangenen kann gegenwärtig nur spekuliert werden. Möglicherweise wurde das Lager in Debica ebenfalls als Arbeitskräftereservoir für die Ostsiedlung vorgesehen."[380]

Für die These, dass in Dębica ein sowjetisches Kriegsgefangenenlager bestand, spricht, dass man – zeitnah zu den von Jan Erik Schulte erforschten Plänen zur Errichtung eines solchen Gefangenenlagers – ein eigenes SS-Bataillon „Dębica" zusammenstellte, das für Instandhaltungs- und Bewachungsaufgaben zuständig war.[381] Es ist also davon auszugehen, dass es zu diesem Zeitpunkt Personen in Dębica gegeben hat, die man nach Ansicht der SS bewachen musste – eine Aufgabe, die Siegfried als Angehöriger des SS-Bataillons „Dębica" zwischen dem 16. April 1942 und dem 8. Februar 1943 auch übernommen haben dürfte.

In seinem Brief vom Februar 1942 sprach er explizit davon, Verwaltungsaufgaben in einem „Lager" zu verrichten, was dafür spricht, dass neben dem Übungsplatz zumindest ein Truppenwirtschafts- und/oder ein Kriegsgefangenenlager in Dębica existierten. Die Aufgaben in der Verwaltung haben ihn aber zunächst nicht sonderlich belastet. Dem in seinem ganzen Stil heiteren und geradezu neckischen Brief von Siegfried an seine Cousine Marlies vom Februar 1942 ist keine Verzweiflung oder gar Todessehnsucht zu entnehmen. Siegfried scheint zu diesem Zeitpunkt keinerlei Groll oder Unzufriedenheit gegenüber seiner Dienststelle gehegt zu haben, wo er auch schon mal *„den großen Herrn"* spielen konnte. Ganz offensichtlich ist die Tätigkeit im SS-Bataillon „Dębica" für Siegfried zu einem Schlüsselerlebnis geworden.

Kurze Zeit vor Siegfrieds Versetzung war es in einer Villa am Wannsee in Berlin zu einer Zusammenkunft hoher NS-Vertreter gekommen, bei der es um den Völkermord an den europäischen Juden ging. Viele der Anwesenden waren Mitglieder der SS. Den Vorsitz auf dieser „Wannseekonferenz" führte Reinhard Heydrich. Die in der Sowjetunion bereits begonnene ausnahmslose

Ermordung der jüdischen Bevölkerung sollte auf ganz Europa ausgedehnt und wichtige organisatorischen Fragen dazu erörtert werden. An die Stelle der Tötung durch mobile Erschießungskommandos sollten „effizientere" Methoden treten – namentlich die Ermordung durch Giftgas in speziell eingerichteten Vernichtungslagern – und laut Protokoll der „Wannseekonferenz" insgesamt elf Millionen europäische Juden von Hitlers, Himmlers und Heydrichs gigantischen Umsiedlungs-, Zwangsarbeits- und Ausrottungsplänen betroffen sein. Nach und nach wurden die zahlreichen Ghettos in Polen aufgelöst und die Juden in Lager deportiert,[382] und die Opferzahlen stiegen laut Christopher Browning sprunghaft an: *„Mitte März 1942 lebten noch etwa 75 bis 80 Prozent aller Holocaust-Opfer; bis dahin hatten erst 20 bis 25 Prozent ihr Leben verloren. Elf Monate später, Mitte Februar 1943, hatten sich die Prozentzahlen genau umgekehrt. In der zentralen Phase des Holocaust kam es zu einer kurzen, intensiven Welle von Massenmorden, die ihren Schwerpunkt in Polen hatte."*[383] In fast exakt diesen Monaten war Siegfried Angehöriger des SS-Bataillons „Dębica" und wandelte sich – wie übereinstimmend in Interviews und in den zeitgenössischen Quellen dargestellt – vom heiteren Briefschreiber zu einem stark mitgenommenen Menschen, der verzweifelte Briefe schrieb und laut seiner Cousine Marlies sogar an Desertion dachte.

Anfang des Jahres 1942 lebten im Raum Dębica auf sieben Orte verteilt etwa 15 000 Juden,[384] und offensichtlich gab es auch in Dębica ein Ghetto. Die genauen Aufgaben des SS-Bataillons „Dębica" lassen sich aufgrund des fehlenden Aktenmaterials nicht rekonstruieren. Ein Augenzeugenbericht vermag jedoch den Mangel etwas zu beheben. Die emeritierte Professorin der Universität Jerusalem und Holocaust-Überlebende Irene Eber, als Kind mit ihrer Familie deportiert, verdeutlichte in ihren 2007 erschienenen Erinnerungen: *„Schließlich erreichten wir das Ghetto von Dębica. Hier wurden Juden jeglicher Herkunft aus benachbarten Städten zusammen gewürfelt. Einige Tage lang vollzog sich eine uns schon bekannte Routine: Familien wurden bei stattfindenden Selektionen, Erschießungen und Deportationen auseinander gerissen. Nachts rollten Züge nach Auschwitz (für uns kein Geheimnis mehr) ... Das Ghetto von Dębica war aus dem ärmsten, heruntergekommensten Stadtteil geschaffen worden, und eine Seite, nicht weit von unserer*

Bruchbude, begrenzte den Marktplatz ... Die meisten Menschen in dem eingezäunten Gebiet hausten in Schuppen ähnlich dem unseren. Sie waren ausgehungert, krank und verzweifelt, weil sie spürten, dass das Ende nah war mit noch mehr Selektionen und Deportationen, die auf sie warteten."[385]

Die „Endlösung" erreichte im November 1942 auch das Ghetto von Dębica.[386] Während der Liquidation versteckte sich Irene Eber mit ihrer Familie. „*Zunächst wurde das Ghetto geleert. Die Juden wurden auf eine große Weide an den Bahngleisen getrieben. Wir erkannten diesen Abschnitt an den Schreien der Menschen und dem Gebrüll der Deutschen, unterbrochen von Gewehrsalven; während einer Deportation wurden immer Menschen brutal zusammengeschlagen und getötet. Als der Lärm sich legte, wussten wir, dass die Selektionen begonnen hatten. Das Prügeln und Töten war jetzt beschränkt. Später hörten wir die Ankunft des langen Güterzugs. Und noch später sagte uns das Pfeifen der Lokomotive, dass es Abend geworden war und der Zug sich auf die Fahrt nach Auschwitz machte. Als der Zug abgefahren war, begann die bekannte Suche nach versteckten Juden. Das Verstreichen der Zeit prägt sich nicht leicht ins Gedächtnis ein, und ich kann nicht genau sagen, wann die Suche begann, ob am Tag der Deportation oder am darauf folgenden. Doch wir wussten aus Erfahrung, dass die Deutschen alles systematisch durchsuchen würden, ein Haus nach dem anderen, eine Hütte nach der anderen, Wände abklopfend, in Keller eindringend und auf Dachböden steigend. Ihnen war sehr gut bekannt, wie geschickt die Juden inzwischen geworden waren, sich während der Deportationen zu verstecken. Das war natürlich die allergefährlichste Zeit für uns: wir mussten erstarren, absolut still sein. Wir wussten, für Juden, die im Versteck gefunden wurden, war das der sichere Tod. Obwohl wir die Grenzen des Erträglichen erreicht hatten, kam jetzt die wahre Prüfung; erst jetzt, während der Suche, wurde über Leben oder Tod entschieden.*"[387]

Irene Eber überlebte den Holocaust. Dass Dębica und zahlreiche weitere Ghettos in der Geschichtsschreibung weitgehend unerwähnt geblieben sind, bringt Irene Eber in ihrem Buch ebenfalls zur Sprache. „*Die Historiker haben Dębica und Radomyśl Wielki vergessen. Man kann von ihnen schließlich nicht erwarten, dass sie sich an jedes kleine Ghetto und jede kleinere Deportation erinnern, bei der nur ein paar tausend Juden (waren es achttausend oder sogar zehntausend?) ihrem Tod entgegengingen und bei der nur ein paar hundert niedergeschossen oder erschlagen wurden. Der Historiker muss sich mit den größeren Fragen beschäftigen, was ihm die Distanz zur Vergangenheit vermutlich gestattet. Er muss sich mit sechs Millionen befassen – wie kann er da dem winzigen Punkt auf der Landkarte allzu viel Beachtung, wenn überhaupt welche, schenken – Dębica, wo an einem kalten und grauen Herbsttag nur etliche Tausend in den Tod getrieben wurden.*"[388]

Wissenschaftlich belegt ist die Zahl von etwa 12 000 aus dem Raum Dębica in die Vernichtungslager deportierten Juden. Ziel der Transporte war jedoch laut Frank Golczewski nicht Auschwitz, sondern das Lager Bełżec,[389] in dem den Forschungsergebnissen Raul Hilbergs zufolge etwa 550 000 Menschen ermordet wurden, nur eine Handvoll Menschen überlebte.[390] Es ist kaum davon auszugehen, dass Siegfried als Angehöriger des SS-Bataillons „Dębica" nicht an der Bewachung und späteren Auflösung des Ghettos oder den Deportationen der im Raum Dębica befindlichen Juden in irgendeiner Form beteiligt gewesen ist.

Für die Aussage meines Großvaters, sein Bruder Siegfried sei im Lager Auschwitz-Birkenau gewesen, gibt es keinen Beleg. Der Leiter des Archivs im Staatlichen Museum in Auschwitz-Birkenau, Dr. Piotr Setkiewicz, antwortete auf meine Anfrage, der Name Siegfried K. sei in den Unterlagen nicht vermerkt, obwohl die durchaus repräsentative Anzahl von immerhin über 7 000 Namen von in Auschwitz eingesetztem SS-Personal überliefert ist.[391] Auch wenn sich nicht sagen lässt, ob Siegfried sich jemals in Auschwitz aufgehalten hat, so ist doch davon auszugehen, dass er hier zumindest nicht dauerhaft eingesetzt war. Offenbar hat mein Großvater seinen Bruder, wohl wissend um dessen Beteiligung an den Verbrechen, automatisch dem „Inbegriff" des Holocaust – Auschwitz – zugeordnet.

Auch wenn ihn sein Fronteinsatz von den Aufgaben in Dębica entband, so war Siegfried dadurch den Grausamkeiten des Krieges nicht entkommen. Seine neue Einheit, das SS-Polizei-Grenadierregiment 1, unterstand der 4. SS-Polizeidivision und kämpfte in Russland im Verband der Heeresgruppe Nord gegen die Rote Armee. Am 9. Februar 1943 stieß Siegfried zu der Division und sah sich schnell mit den Realitäten des Krieges konfrontiert. Bereits am 20. Februar erlitt das Regiment 1 *„infolge* *der harten Abwehrkämpfe ... erhebliche Verluste.*"[392] Die Schwere der Kämpfe, an denen Siegfried teilnahm, verdeutlicht der Gefechtsbericht eines russischen Angriffs vom 6. Oktober 1943: „*Obwohl der Russe kurz vor der HKL [Hauptkampflinie] erkannt wurde, konnte die schwache Grabenbesatzung trotz Nachtaufstellung den äußerst schnell geführten Einbruch nicht verhindern. Die unter „Hurrä"-Rufen einbrechenden Russen versuchten, den Graben nach rechts und links aufzurollen. Sie blieben aber bereits in dem flankierenden Feuer der Nachbarkampfstände liegen. Die Schützen dieser beiden Stände haben bis zu ihrem Ausfall durch Verwundung (davon 1 schwer) erbittert Widerstand geleistet. Inzwischen stießen etwa 10 Russen weiter vor und umstellten einen 5 m hinter der HKL gelegenen Wohnbunker. In heftigen Nahkämpfen gelang es der eingeschlossenen Besatzung dieses Bunkers sich freizukämpfen und sofort die Bekämpfung der Russen aufzunehmen ... Bei dem Kampf um den Wohnbunker konnte sich der Schütze Hagenberg nicht mehr rechtzeitig durchschlagen, sodass er den Russen in die Hände fiel. Die Gegenstoßgruppen beobachteten einen Russen, der einen deutschen Soldaten auf dem Rücken davon schleppte. Dieser ließ sich willen- und bewegungslos tragen, ohne zu schreien oder Widerstand zu leisten. Es ist deshalb anzunehmen, dass der Hagenberg dem Russen schwer verwundet in die Hand gefallen ist. Eine Fesselung dürfte infolge der Kürze der Zeit ausgeschlossen sein. Es ist beobachtet worden, wie der den deutschen Soldaten schleppende Russe verwundet wurde, sich aber trotzdem weiter in Richtung der russischen HKL bewegte.*"[393]

Da es keine Überlieferung gibt, lässt sich über den Spähtrupp, von dem Siegfried am 7. März 1944 im Alter von 20 Jahren nicht mehr zurückkehrte, nichts aussagen. Zusammenfassend ist festzuhalten: Siegfried war offenbar – wie innerfamiliär vermutet, aber nie recherchiert – unmittelbar mit dem Holocaust konfrontiert. Seine Einsätze im Krieg gegen Frankreich 1940 bzw. ab Februar 1943 in Russland dürften über „normale" Fronterlebnisse nicht hinaus gegangen sein. Demgegenüber sprechen zahlreiche Indizien dafür, dass er während seiner Zeit in Dębica – und hier insbesondere in den zehn Monaten seiner Zugehörigkeit zum SS-Bataillon „Dębica" – daran beteiligt war, die jüdische Bevölkerung ihrer menschlichen Grundrechte zu berauben und sie schließlich in die Gaskammern der Vernichtungslager zu deportieren. Zwar vermutete man das in der Familie, aber um eine Aufklärung bemühte man sich nicht. Die Befürchtung, der Völkermord reichte womöglich weit in die Familiengeschichte hinein, war offensichtlich berechtigt.

Schlussbetrachtung

Die Fragestellung der vorliegenden Untersuchung lässt sich auf die schlichte Formel bringen: „Was hat mein Großvater im Zweiten Weltkrieg erlebt?" und „Waren meine Großeltern Nazis?" Episodenhafte „Nahblicke" und Ereignisse aus dem Leben meiner Großeltern sind mit Themenbereichen und Forschungsergebnissen aus der Überblicksperspektive der wissenschaftlichen Geschichtsschreibung verknüpft,[394] und die Aussagen meines Großvaters in dem umfangreichen Interview im Jahre 2005 mit privaten und militärischen Quellen, weiteren Zeitzeugeninterviews und den Erkenntnissen der wissenschaftlichen Geschichtsschreibung verglichen worden. Die Schlussfolgerungen, die sich aus der Gegenüberstellung – abweichend oder bestätigend – ergeben, führten zu der Erkenntnis, dass die Geschichte meiner Großeltern durchaus exemplarisch ist für die Erfahrungen zahlreicher Zeitzeugen des NS-Regimes und ihrer Deutung des Geschehens.

Zunächst ging es darum, auf welche Vorprägungen oder Überzeugungen sich die NS-Diktatur stützte und warum die NS-Ideologie auch in der Familie meines Großvaters auf fruchtbaren Boden fiel. Bereits in der Weimarer Republik entschied sie sich mit der Wahl der DNVP für eine nationalistische, revisionistische und antisemitische Partei. Die Gefälligkeiten und Aufstiegschancen, die der Nationalsozialismus bot, nutzte man gerne, wie mein Großvater am Ende unseres Interviews 2005 bestätigte: *„Meine Eltern hatten wenige Freunde außerhalb der Familie. Ihr Kreis war aber konservativ bis auf die Knochen, das muss man sagen … Meiner elterlichen Firma ging es wieder* *gut durch die politischen Änderungen und die Systemänderungen. Auch die Chemiefirma* [von Ediths Vater, d. Verf.] *hat sich verbessern können ... Für meine Eltern war das Ergebnis, du hältst die Schnauze und machst noch ein gutes Geschäft in der Wirtschaft mit den Möbeln. Die haben uns natürlich viel mitgegeben, wir haben viel gesprochen, wir haben sie respektiert und geliebt.*"[395]

In den 1930er Jahren trugen meine Großeltern als ranghohe Führer auf lokaler Ebene in den Jugendorganisationen der NSDAP früh Verantwortung, formten sich damit selbst im nationalsozialistischen Sinne und gaben ihre Überzeugungen zugleich an Jüngere weiter. Die NS-Erziehung lenkte auch ihre Zukunftspläne und Lebensentscheidungen: Mein Großvater entschloss sich zu einer Offizierslaufbahn, meine Großmutter trat der NSDAP bei und arbeitete – nach ersten beruflichen Gehversuchen in der Privatwirtschaft – als Angestellte bei der Kreisleitung der Partei in Wuppertal-Elberfeld; mein Großonkel meldete sich freiwillig zur Waffen-SS.

Während seiner militärischen Ausbildung in Polen erfuhr mein Großvater gerüchteweise erstmals von Gräueltaten und *„rigorosem Vorgehen"* der SS, was er sowohl 1939 als auch 2005 offenbar relativ unkritisch und unkommentiert zur Kenntnis nahm, ebenso wie zuvor die schrittweise Ausgrenzung und Verfolgung der jüdischen Bevölkerung Deutschlands. Nach dem Krieg gegen Frankreich sahen sich die Brüder in Osteuropa eingesetzt: Siegfried als ein Rädchen im Getriebe der NS-Vernichtungsmaschinerie in Polen, Hans Hermann bis zu seiner Verwundung im Vernichtungskrieg gegen die Sowjetunion. Es zeigte sich, dass mein Großvater dazu neigte, Kriegsgeschehnisse und Kampferlebnisse zu verharmlosen bzw. schweigend über sie hinwegzugehen. Verantwortlich dafür waren wohl der Unwille, sich die Grausamkeiten noch einmal zu vergegenwärtigen, sowie das Unvermögen, die brutalen Geschehnisse in Worte zu fassen. Ebenfalls trat in seinen Ausführungen deutlich die „Legende der sauberen Wehrmacht" zutage, die einen wertfreien, sich im Rahmen des internationalen Kriegsrechts bewegenden Krieg geführt habe; für Kriegsverbrechen sei allein die SS verantwortlich gewesen.

Des Weiteren fiel bei meinen Großeltern eine sehr weitgehende Unsensibilität gegenüber den von den Deutschen verursachten Leiden der Zivilbevölkerung auf. Weder die immensen

Opferzahlen allein der sowjetischen Völker, von denen mein Großvater während seiner Teilnahme am „Krieg im Osten" zumindest eine Ahnung erlangt haben muss, noch die mit den deutschen Angriffskriegen einhergehenden zivilen Verluste in ganz Europa fanden bei den Erinnerungen oder in den zeitgenössischen Quellen Erwähnung, vom Genozid an den Juden ganz zu schweigen. Demgegenüber löste der alliierte Bombenkrieg gegen Deutschland, dessen Auswirkungen meine Großeltern während des Angriffes auf Wuppertal-Barmen am eigenen Leib erfuhren, Unverständnis, Entsetzen und Wut aus. Offenbar waren auch sie von jener „moral insanitiy" infiziert, von der bereits im und nach dem Ersten Weltkrieg viele Deutsche befallen gewesen sind – ein Zustand von Gefühlskälte, fehlender Selbstkritik und absolutem Egoismus, verbunden mit einem starken Mangel an sittlichem Urteilsvermögen sowie mit der Befürwortung, Hinnahme und Rechtfertigung von Grausamkeiten, wenn der Gegner von ihnen betroffen war. Eine Abwendung von NS-Idealen lässt sich gegen Kriegsende zumindest erahnen, als die Durchhalteparolen zwar noch eine gewisse Hoffnung auf *„Wunderwaffen"* und einen glimpflichen Ausgang des Kriegs weckten, mein Großvater in seinem Verhalten aber mehr und mehr eine gewisse Resignation und realistische Einschätzung an den Tag legte und sich schließlich *„mit dem Los der Gefangenschaft abfand"*, anstatt *„bis zur letzten Patrone fanatischen Widerstand"* zu leisten, wie es das NS-Regime forderte. Auch das in der Literatur über den Nationalsozialismus und die Zeit nach 1945 viel beachtete Phänomen der „kollektiven Amnesie" nach dem Krieg ist der Lebensgeschichte meiner Großeltern zu entnehmen. Angesichts der totalen militärischen wie moralischen Niederlage wandten sie sich stark der Zukunft zu, richteten den Blick nach vorne und verdrängten die Vergangenheit. Insgesamt haftet dem Interview mit meinem Großvater die Tendenz an, die eigene Biographie vor allem in Handlungen, Ereignissen und Geschehensabläufen darzustellen, weniger in Selbstreflexionen und Beschreibungen von Gefühlen.[396]

Es bleibt die Frage: „Waren meine Großeltern Nazis?" Ja, sie waren vom Nationalsozialismus überzeugt und – was vielleicht in seinen Auswirkungen schwerer wiegt – sie *glaubten* an ihn. Meine Großmutter Edith ist als überzeugte, nahezu fanatische Nationalsozialistin anzusehen. Bereits im „Bund Deutscher Mädel" bekleidete sie eine hohe lokale Führungsposition, und mit 19 Jahren trat sie in die NSDAP ein. Ihre Briefe aus den Jahren 1943/44 belegen eine starke nationalsozialistische Prägung und Weltanschauung. Der vor der Hochzeit aufgestellte Nachweis ihrer „arischen Abstammung",[397] die sie bis ins frühe 18. Jahrhundert zurückverfolgte – Voraussetzung für die Genehmigung einer Ehe war selbst bei SS-Angehörigen „nur" die Bestätigung bis zum 1.1.1800[398] –, legt den Schluss nahe, dass die völkische Rassenideologie fest in ihr verankert war. Ein Wandel hin zu einer Infragestellung der Herrschaftslegitimität und -eignung der NSDAP ist ihren Briefen – abgesehen von wenigen Anzeichen von Zweifeln am positiven Ausgang des Krieges – nicht zu entnehmen. Erst nach dem Krieg setzte ein für sie schmerzhafter Prozess der Auseinandersetzung mit den eigenen Überzeugungen ein.

Bei meinem Großvater Hans Hermann fällt die Bewertung komplexer aus. Seine Briefe aus den späten 1930er Jahren bezeugen ebenfalls eine sehr starke Übernahme nationalsozialistischer Ideale und große nationalistische Euphorie. Er fasste aber den Entschluss, sich nicht persönlich in der NSDAP zu engagieren, und war nie Parteimitglied. Stattdessen sah er sich stärker mit den Traditionen und Werten der Wehrmacht verbunden. Zahlreiche Elemente der NS-Weltanschauung waren von ihm jedoch verinnerlicht worden, und er vertrat sie aus Überzeugung und nicht aus Zwang. Den Krieg trug und führte er fraglos, eine Meuterei hätte er als *„gegen seine Ehre"* empfunden. Eine Verurteilung der nationalsozialistischen Politik oder eine unterschwellige Ablehnung zahlreicher Maßnahmen, wie er sie sich selbst 2005 attestierte, hielten dem Vergleich mit zeitgenössischen Quellen nicht stand. Sein Umdenken setzte vermutlich bereits in der US-amerikanischen Gefangenschaft ein. Die starke Hinwendung zur Zukunft und die Tendenz, das Vergangene ruhen zu lassen, haben viele Erkenntnisse verzögert bzw. dazu geführt, dass er sie nie erlangte.

Zur genaueren Einordnung meiner Großeltern seien im Folgenden die im alliierten *„Gesetz Nr. 104 zur Befreiung von Nationalsozialismus und Militarismus"* vom 5. März 1946 unter Artikel 4 definierten fünf Gruppen *„zur gerechten Beurteilung der Verantwortlichkeit"* herangezogen: Hauptschuldige, Belastete, Minderbelastete, Mitläufer und Entlastete.[399] Es ist dabei jedoch zu beachten, dass es hier in einem *juristischen* Sinne darum geht, Beteiligung und Schuld zu erfassen.

Vor diesem Hintergrund ordne ich meine Großeltern der sogenannten „Bewährungsgruppe“, den „Minderbelasteten“, zu. „Belasteter“ war, *„wer sich als überzeugter Anhänger der nationalsozialistischen Gewaltherrschaft, insbesondere ihrer Rassenlehre erwiesen hat.“* Das dürfte wohl auch für meine Großeltern gelten; die Unterscheidung zwischen „belastet“ und „minderbelastet“ liegt jedoch hauptsächlich in der während des Dritten Reiches ausgeübten Funktion und inwiefern diese *„Stellung oder Tätigkeit die Gewaltherrschaft der NSDAP wesentlich gefördert hat.“* Da meine Großeltern keine Parteiaktivisten in hohen Ämtern oder ranghohe SS- oder SA-Führer waren, trifft auf sie also eher die Bewertung „minderbelastet“ zu, denn dazu zählte, *„wer an sich zur Gruppe der Belasteten gehört, jedoch … einer milderen Beurteilung würdig erscheint und nach seiner Persönlichkeit erwarten lässt, dass er nach Bewährung in einer Probezeit seine Pflichten als Bürger eines friedlichen demokratischen Staates erfüllen wird.“*[400] Da meine Großeltern zudem nach dem 1. Januar 1919 geboren wurden – ein weiteres Kriterium für „Minderbelastete“ – ist die Einordnung in diese Kategorie sicher nicht verkehrt. Keinesfalls waren sie nur indifferente Mitläufer.

Legt man jedoch keine rein juristischen, sondern *moralische* Kriterien zugrunde, müsste ich meine Großeltern als „belastet“ einstufen. Sie waren zeit- und teilweise Augenzeugen, ja sogar mitausführendes Organ eines Vernichtungskrieges und Genozids unvorstellbaren Ausmaßes. Durch die Berichte Siegfrieds aus Polen und eigene Erfahrungen verfügten sie über Kenntnisse von den Vorgängen in Osteuropa. Die Reflektion darüber vermieden sie jedoch *(„Da habe ich dann nichts mehr von wissen wollen“)*. Das Verbrechertum des Nationalsozialismus offenbarte sich jedoch nicht erst in den Jahren ab 1941. Bereits zuvor waren Andersdenkende, politische Gegner, den Rasseidealen nicht entsprechende Kranke, Sinti und Roma, Homosexuelle und Juden verfolgt und ermordet, sowie halb Europa überfallen und ausgebeutet worden. So lange meine Großeltern auf der Seite der „Sieger“ standen, auf der keine Unterdrückung, Verfolgung oder Ermordung drohte, vertraten sie euphorisch die nationalsozialistischen Ideale. Vieles erschien ihnen als gerecht und legitim. Von Mitleidsbekundungen gegenüber beobachtetem Leid ist weder zur Tatzeit noch im Rahmen der Interviews etwas zu spüren, das Schicksal anderer Völker und Nationen hat sie nicht interessiert oder sie haben es konsequent verdrängt. Mit dem Wandel des Kriegsglückes und dem Erleben eigenen Elends, sahen sie sich mehr und mehr selbst als Opfer des Krieges. Es machte sich gar Empörung über die Unmenschlichkeit der gegnerischen Kriegsführung breit – eine Haltung, mit der meine Großeltern jedoch keineswegs alleine dastanden, war es doch spätestens seit 1918 offenbar weit verbreitet, die Schandtaten anderer Nationen anzuprangern, ohne zu sehen bzw. in Rechnung zu stellen, dass die eigene Nation zuvor selbst erhebliches Leid über andere Nationen gebracht hatte.

Auch nach 1945 – vor dem Hintergrund der nun nicht mehr zu leugnenden „Enthüllungen", von denen man angeblich nichts gewusst hatte – waren meine Großeltern offensichtlich nicht gewillt, eigene Mitverantwortung einzugestehen bzw. Scham oder Reue, ja allein nur Mitgefühl für die Opfer auszudrücken. 2005 konfrontierte ich meinen Großvater mit den immensen Opferzahlen des Krieges gegen die Sowjetunion (27-32 Millionen Tote)[401] und des Judenmordes (5,6-6,3 Millionen Tote)[402].

– Wenn du das hörst, was denkst du da? –

„Das muss ich glauben. Ich hatte keinen Überblick in der Form vor Ort, dass ich das vor Ort erleben konnte und bestätigen konnte. Die Russen sind in Kampfhandlungen gewesen, in deutscher Gefangenschaft gewesen, die waren in Deutschland auch zum Arbeiten, ob die alle zurückgekommen sind, weiß ich nicht. Da sind bestimmt auch die mit drin, die bei deutschen Luftangriffen umgekommen sind. Ich muss die Zahlen glauben. Wir sind ja auch stark reduziert worden. In Wuppertal hatten wir auch tausende Tote nach dem Luftangriff. Wenn ich das auf die Größe von Russland umrechne, kann ich das glauben, dann zweifle ich die Zahlen nicht an. Auch wie viele Juden ermordet worden sind in Auschwitz und wo auch immer, kann ich auch nicht bestätigen, das muss ich glauben, das wird so gewesen sein."

– Und wenn du das hörst, wie ist da dein persönlicher Umgang mit? Hat man da das Gefühl, dass einen ein Teil dieser kollektiven Schuld trifft? –

„Nein. Kollektiv ist das keine Schuld. Diese kollektive Schuld wird ja auch von keiner Gruppe erhoben, das wird ja heute doch etwas differenziert, auch in der historischen Geschichtsschreibung. Da wird die individuelle Schuld von Menschen und Gruppen erforscht."[403]

Mein Großvater hat seine eigenen Kriegsanstrengungen und sein Handeln als Offizier, seinen Anteil am Vormarsch der deutschen Truppen, durch den die SS-Mordkommandos der ausländischen Opfergruppen überhaupt erst habhaft geworden sind, nie zum Holocaust gezählt.[404] Vor dem Hintergrund der einsehbar gemachten Erlebnisse und historischen Fakten ist es sicher keineswegs übertrieben, meine Großeltern als moralisch „belastet“ zu bezeichnen.

Eine Frage aber, die mich als Enkel emotional am meisten beschäftigte, ist unbeantwortet geblieben: Warum hat die Menschlichkeit meiner Großeltern nicht gegen die Massenmorde rebelliert und mein Großvater selbst im Interview 2005 keine Schuld oder Scham eingeräumt bzw. kein Mitgefühl für die Opfer geäußert?

Es ist selbstverständlich, dass ich versuche, meine Großeltern im Kontext ihrer Zeit zu verstehen und ihnen gerecht zu werden. Bei meinen Recherchen ist mir aufgefallen, dass meine Großeltern jene Erfahrungen, die ich über ein halbes Jahrhundert später nachzuvollziehen versuchte, bereits in jungen Jahren gemacht haben. Mein Großvater erlebte mit 19 Jahren seinen ersten Fronteinsatz in Frankreich, mit 21 verlor er in Russland sein rechtes Auge, mit 25 Jahren kehrte er aus der US-amerikanischen Gefangenschaft in eine zerstörte Heimatstadt zu seiner Frau Edith und seiner ihm bis dahin unbekannten, bereits 18 Monate alten Tochter Birgit zurück. Doch sollen der Verweis auf die Jugend meiner Großeltern, die starke Infiltration durch das gesellschaftliche und private Umfeld und die nationalsozialistische Jugenderziehung weder die Verbrechen des Nationalsozialismus relativieren oder als quasi „unumgänglich“ darstellen, noch sie bagatellisieren oder meine Großeltern von ihrer Mitschuld entbinden. Es ist der Versuch eines Enkels, das Wissen über den historisch einzigartigen Genozid an den Juden mit dem Bild der respektierten und geliebten Großeltern zu verknüpfen und sich ihre hier nachgewiesene Beteiligung daran zu erklären. Das hebt aber keinesfalls den *„Verlust der humanen Orientierung“*[405] meiner Großeltern und ihre Mitschuld auf. Auch nach dem Zweiten Weltkrieg – bis hin zum Interview 2005 – gingen sie der Frage nach ihrem persönlichen Schuldanteil möglichst aus dem Weg. Ralph Giordano schrieb 1987: *„Wer zwischen 1939 und 1945 ‚guten Glaubens‘ gewesen war, weil er der NS-Propaganda erlag, der hatte inzwischen mehr* *als 40 Jahre absoluter Informationsfreiheit, sich über die wahren Geschehnisse Klarheit zu verschaffen und sein zeitgeschichtliches Bild zu korrigieren.*"[406]

Zeitlebens verfolgte meine Großeltern der Makel, Teil des NS-Systems gewesen zu sein und ihm begeistert angehangen und gedient zu haben. Die Auseinandersetzung hiermit beschäftigte sie bis ins hohe Alter. Das Nachdenken darüber gestaltete sich bei meinem Großvater im Interview 2005 meiner Meinung nach folgendermaßen:

1. Die Einsicht, dass es sich bei der NS-Diktatur um ein verbrecherisches Regime gehandelt hat, war vorhanden;
2. In abstrakter Form darüber zu reden war möglich;
3. Konkret darüber zu reden, seine persönlichen Erlebnisse thematisierend und wertend, erwies sich nur teilweise als möglich;
4. Sich der eigenen Rolle zu stellen und die eigene Schuld zu reflektieren, hat er in seinem Innern getan und auch nach außen kenntlich gemacht, obwohl hierbei auch manche Aspekte konsequent ausgeblendet blieben;
5. Die Ergebnisse seiner inneren Auseinandersetzung zu formulieren, war ihm unmöglich.

Ergiebiger als der Versuch, explizit selbstkritische Aussagen oder Mitgefühlsbekundungen für die Opfer zu finden, ist die Suche nach nonverbalen Schuldeingeständnissen. Mein Großvater versuchte während des Interviews 2005 wiederholt, die eigene Verantwortung und seine Überzeugungen aus der Zeit des Nationalsozialismus zu relativieren und sich selbst eine innere Ablehnung und Opposition zu attestieren. Auch wenn die zeitgenössischen Quellen seine Darstellung widerlegten, offenbart sein Bestreben, zwischen sich und die Nazis eine Distanz zu schieben, dass er den Unrechtscharakter des NS-Regimes offenbar erkannt hatte. Die Schuldabwehr – oftmals ohne explizite Anklage – verdeutlicht, wie sehr ihm wohl bewusst war, dass man seine Rolle durchaus kritisch bewerten und ihn für schuldig befinden könnte.

In den ersten beiden Nachkriegsjahrzehnten bestand sein Beitrag zur „Vergangenheitsbewältigung" darin, im Rahmen seiner Möglichkeiten die „Erbfeindschaft" mit Frankreich zu überwinden. Er förderte seine Töchter beim Erlernen der französischen Sprache, ließ sie in jungen Jahren zum Schüleraustausch nach Frankreich reisen, empfing selbst französische Schüler und unternahm zahlreiche Reisen in das Nachbarland – Russland dagegen betrat mein Großvater nie wieder. Die Europapolitik Konrad Adenauers und Charles de Gaulles schätzte und unterstützte er. Insbesondere für den ehemaligen Oberbefehlshaber der französischen Truppen de Gaulle hegte er große Bewunderung, entwickelte geradezu eine Leidenschaft für das Lothringer Kreuz, das Symbol de Gaulles[407], und besuchte später sogar dessen Grab in Colombey-les-Deux-Églises.

In den 1950er Jahren begann er, Bücher über den Nationalsozialismus zu lesen, zumeist von ehemaligen Entscheidungsträgern, vermutlich in der Hoffnung, hier Erklärungen für das Geschehene zu erhalten oder von ihnen Bestätigung für sein eigenes Tun zu erhalten.[408] Seine Beschäftigung mit dem Thema setzte also durchaus früh ein. Zugleich wandte er sich vom Militär ab und besuchte nur je einmal Veteranentreffen der 79. I. D. (1953) und des I. R. 208 (1954),[409] die in der Folge ohne ihn stattfanden. Auch die Möglichkeit, sich am Aufbau der Bundeswehr zu beteiligen, wie es an ihn herangetragen worden war, schlug er aus und zog das zivile Leben einer erneuten militärischen Karriere vor. Seine Gesprächsbereitschaft mit den Enkeln, die im starken Gegensatz zu seiner Verschwiegenheit während den 1950er, 1960er und 1970er Jahren steht, ist als Bereitschaft zu deuten, Auskunft zu geben und zur „Aufarbeitung" der deutschen Vergangenheit beizutragen, ebenso sein Einverständnis zu der langwierigen Erstellung des Interviews im Jahr 2005.

Zwei nonverbale Schuldeingeständnisse bzw. Gesprächsversuche sollen nicht unerwähnt bleiben. Kurze Zeit nach Abschluss des Interviews im Spätsommer 2005 las mein Großvater die von meinem Kommilitonen Simon Metzroth und mir angefertigte Hausarbeit „Schuld und Untergang", die wir am Historischen Seminar der Universität Freiburg verfasst hatten. Dabei gingen wir der Frage nach, ob ein mit den verübten Verbrechen einhergehendes Schuldbewusstsein der Grund dafür war, die militärisch absehbare Niederlage möglichst lange hinauszuzögern und der propagandistischen „Sieg oder Untergang"-Parole zu folgen. Zunächst suchten wir nach Hinweisen für das Schuldbewusstsein von Funktionsträgern, Anhängern, SS-Führern sowie innerhalb der Wehrmacht. und beschäftigten uns mit den Verbrechen der Kriegsführung – insbesondere mit denen in der Sowjetunion sowie der Beteiligung der Wehrmacht daran. Wir kamen zu dem Schluss, dass es ein Schuldbewusstsein gegeben haben muss und es ein Faktor für die militärisch sinnlose Verlängerung des Krieges war, wenn auch nicht der einzige und entscheidende.[410]

Die Lektüre unserer Arbeit – insbesondere des Kapitels über die Beteiligung der Wehrmacht an Kriegsverbrechen und die Rolle des Offizierskorps – löste bei meinem Großvater zunächst Empörung und angesichts der von uns gezogenen Schlüsse starke Ablehnung aus. Vor dem Hintergrund der gerade erst geführten Interviews, bei denen von mir seine Version einer „sauberen Wehrmacht" nicht ausdrücklich in Frage gestellt worden war, fühlte er sich hintergangen und womöglich durchschaut. Im Verlaufe einiger Wochen änderte er seine Meinung. Nach einer längeren Auseinandersetzung mit der Arbeit und seinen eigenen Gefühlen und Gedanken, kommentierte er sie mit den Worten: *„Ich habe viel drüber nachgedacht – und es ist was Wahres dran."* Darüber hinaus ließ er sich das Typoskript binden, um es weiteren Interessierten zum Lesen zu geben. Infolge des Todes meiner Großeltern im Sommer 2006 haben sie die vorliegende Arbeit über ihre Lebensgeschichte nicht mehr gelesen. Wie ihr Urteil ausgefallen wäre, muss offen bleiben, ich gehe aber davon aus, dass ihre Reaktion eine ähnliche wie gegenüber der beschriebenen Hausarbeit gewesen wäre – zunächst Abwehr, später Zustimmung.

Ein weiterer wichtiger, nonverbaler Kommunikationsversuch stellt die Auseinandersetzung meines Großvaters mit dem Buch „Am Beispiel meines Bruders" von Uwe Timm dar. In ihm beschreibt der Autor anschaulich die Spurensuche nach Informationen über seinen als Freiwilliger der Waffen-SS in Russland gefallenen Bruder. Timm weitet die Betrachtung aber aus, erzählt die Lebensgeschichte seiner Eltern, vom Dasein im Nationalsozialismus, von der Wahrnehmung des Krieges und fragt, warum sein Bruder nicht gegen die Grausamkeiten revoltierte, wieso er etwa die Luftangriffe der Engländer als *„Mord an Frau und Kindern"* diffamierte, sich gegenüber dem Leid der russischen Bevölkerung, das sich vor seinen Augen abspielte, aber unempfänglich zeigte.[411] Ausgehend von der Haltung der eigenen Familie beurteilt Timm den Krieg, die SS, und die Verbrechen des Nationalsozialismus. Angesichts des barbarischen Charakters der deutschen Kriegsführung registriert er fassungslos: *„Und nichts, das ist die tiefe verzweifelte Erkenntnis, nicht Bildung, Kultur, nicht das so genannte Geistige, hat die Täter* *vor den Untaten bewahrt.*"[412] Auch die Gleichgültigkeit gegenüber dem Leid der Opfer thematisiert Timm und kommt infolge der Briefe seines Bruders, die eine starke Emotionslosigkeit charakterisiert, zu dem Schluss: *„Über die Leiden zu schreiben, über die Opfer, das hieße auch die Frage nach den Tätern zu stellen, nach der Schuld, nach den Gründen für Grausamkeit und Tod.*"[413] Timms Urteil über seine Familie ist äußerst kritisch und gilt stellvertretend für große Teile des deutschen Volkes: *„Sie haben nichts gewusst, weil sie nicht sehen wollten, weil sie wegsahen. Daher bekommt das immer wieder Behauptete seine Berechtigung: Das haben wir nicht gewusst – man hatte es nicht sehen wollen, man hatte weggesehen.*"[414]

Mein Großvater hat „Am Beispiel meines Bruders" zufällig gelesen. Um bei ihm nicht alte Wunden aufzureißen, wäre niemand in der Familie auf die Idee gekommen, ihm das Buch zu empfehlen. Er las es in wenigen Tagen, und nach einigen Wochen bat er meine Mutter, es allen Familienmitgliedern zu Weihnachten zu schenken. Er äußerte, das Buch enthielte *„sehr viele gute Gedanken.*" Es ist zu vermuten, dass er in der literarisch hochwertigen Auseinandersetzung mit dem Schicksal eines in Russland verlorenen Bruders bei der Waffen-SS und den deutlich kritischen Worten Timms über die Schuld der Deutschen eine Ausdrucksmöglichkeit eigener Gefühle sah, zu der er selbst nicht in der Lage war. Seine Sprachlosigkeit gegenüber der eigenen Familie zu Themen wie Kriegserlebnis Russland, Wahrnehmung des Holocaust und Schuldgefühle versuchte mein Großvater offenbar, mit dem Buch von Uwe Timm zu überwinden.

Viele Aspekte der vorliegenden Arbeit sind zuvor noch nie so ausführlich und gewissenhaft innerfamiliär behandelt worden. Gerade das lange Zeit ungewisse Schicksal des Bruders meines Großvaters erscheint nun weitgehend aufgeklärt. Die Erkenntnis, dass meine Großeltern wohl doch tiefer in das nationalsozialistische Verbrechensregime involviert gewesen sind, als man es sich selbst vielleicht zugestehen wollte, ändert nichts an ihrem späteren Verhalten, ihrer Hilfsbereitschaft, ihrer Liebe zu ihren Kindern und Enkeln. Die familiären Zuwendungen verlieren dadurch nicht ihren Wert. Insofern stellt diese Arbeit keinesfalls einen Bruch mit den Großeltern oder eine unversöhnliche Verurteilung dar. Nichts liegt ihr ferner. Meine Wahrnehmung der Großeltern als liebende und prägende Oberhäupter der Familie ist durch die Auseinandersetzung mit ihrer Vergangenheit nicht getrübt oder gar in Zweifel gezogen worden.

Oft wird heute darüber gesprochen, wie sich die heutige Generation verhalten würde, wenn sie damals gelebt und vor den Problemen ihrer Großväter oder Väter gestanden hätte. Auch ich habe mich im Laufe der Gespräche mit meinen Großeltern danach gefragt. Aber trägt dies wirklich zu einem Erkenntnisgewinn bei? Niemand weiß und kann sagen, was er oder sie getan hätte, wären sie in den Jahren 1918 oder 1920 zur Welt gekommen. Niemand weiß und kann sagen, welcher sozialen Schicht man angehört hätte, ob man Täter, Mitläufer oder Opfer geworden wäre. Nicht einmal, wie man ausgesehen hätte, lässt sich sagen. Offensichtlich wird mit einer solchen Frage nichts weiter als ein Gedankenspiel in den Raum gestellt, das mit der Realität nicht das Geringste zu tun hat. Soll, indem die jüngere Generation eine spekulative Eventual-Schuld auf sich nimmt, die Schuld der Täter-, Mittäter- und Mitläufergeneration entlastet werden? Zielt nicht auch die Warnung, die Nachgeborenen hätten kein Recht zu behaupten, „besser" und „moralischer" gehandelt zu haben, ebenfalls darauf ab, die Schuld der Eltern und Großeltern zu vermindern?

Ich kann nicht so tun, als sei der Holocaust nicht geschehen. Allein das Wissen um die Opfer und was ihnen angetan worden ist, legt mir eine besondere Verantwortung im hier und jetzt auf, nämlich aus der Vergangenheit zu lernen und Menschen, wenn sie aus rassistischen oder anderen zweifelhaften Gründen verfolgt werden, beizustehen und ihnen zu helfen. Nähme ich diese Haltung nicht ein, stünde ich in derselben Gefahr, in der sich meine Großeltern befunden haben. Damit überhebe ich mich keineswegs über sie, sondern stelle für mich klar, dass ihr Handeln im Dritten Reich für mich heute keine Geltung hat. Das Bekenntnis zum demokratisch verfassten Rechtsstaat schließt ohnehin ein, der wo immer begangenen Verletzung von Menschenrechten entgegenzuwirken.

Der vorliegenden Arbeit kommt, wenn überhaupt, nur ein minimaler Anteil zu an jener familieninternen „Vergangenheitsbewältigung", die im deutschen „Tätervolk" nötig ist oder nötig gewesen wäre, und sie leistet sie auch nur in einem ganz speziellen Fall für eine deutsche Familie aus Wuppertal. Sie stellt einige Methoden und Vorgehensweisen vor, mit denen man sich der eigenen Familiengeschichte zwischen 1933 und 1945 nähern kann. Natürlich ist es nicht verwerflich, wenn man den Werdegang der eigenen Familie in den Jahren des NS-Regimes nicht oder nur in groben Zügen kennt. Selbstverständlich kann man über die Geschichte, Struktur und Verbrechen des Nationalsozialismus informiert sein, und dabei die Fragen nach den lebensgeschichtlichen Ereignissen und der Mitverantwortung seiner eigenen Vorfahren vernachlässigen oder unbeantwortet lassen. Von diesem Wissen hängt weder das eigene historische Bild des Nationalsozialismus ab, noch ergeben sich daraus zwangsläufig politische Schlussfolgerungen.

Muss man unbedingt wissen, was die Großeltern im Nationalsozialismus getan haben? Ich wollte es einfach wissen. Die These meiner Arbeit lautet, dass die emotionale, innerfamiliäre Beschäftigung neben dem persönlichen auch einen grundlegenden Erkenntnisgewinn hat und somit große Chancen bietet: Wer versteht, wie die eigenen Vorfahren sich für eine totalitäre Ideologie aktivieren ließen und sich begeisterten, erkennt im Idealfall den unschätzbaren Wert des heutigen liberalen, demokratischen Rechtsstaates und ist sensibler in seiner Selbstwahrnehmung als mündiger Bürger.

Natürlich sind die Beschäftigung mit der eigenen NS-Familienvergangenheit und deren Ergebnisse intim, persönlich, manchmal unangenehm und schmerzhaft, und letztlich muss sich jede Familie selbst fragen, ob sie sich ihrer eigenen NS-Geschichte stellen möchte. Tatsache ist und bleibt – und dessen sollte man sich bewusst sein: Nationalsozialismus und Holocaust sind immer auch Familiengeschichte.

Nachwort von Helmut Donat

Mütter und Großmütter, Väter und Großväter: „Mit den Nazis nie etwas am Hut gehabt"?

Es ist gewiss ungewöhnlich, dass der Verleger dem Buch eines Autors ein Nachwort hinzufügt. Doch hat ihn das Manuskript mehr beschäftigt als andere, und während der Bearbeitung ist es zwischen dem Autor und ihm zu einem langen brieflichen und mündlichen Austausch gekommen. Manches davon hat – unabhängig von diesen Gesprächen – Wolfram Wette bereits in seinem Geleitwort erörtert und steht daher mit den folgenden Ausführungen in einem engen Zusammenhang. Anderes ist dem Verleger, der schon als Jugendlicher begonnen hat, sich mit dem Nationalsozialismus auseinanderzusetzen, durch den Dialog mit dem Autor in Erinnerung gebracht worden. Darüber hinaus führte die engagierte Diskussion zu Überlegungen, die den Leser – so die Hoffnung des Autors wie des Verlegers – nicht unberührt lassen, vielleicht zum Weiterdenken anregen mögen und daher hier wiedergegeben sind.

Bei der Lektüre des Manuskriptes wurde mir bewusst, dass den Autor und mich etwas Wesentliches miteinander verbindet: Wir wollen wissen, wie sich unsere Vorfahren im Dritten Reich und Zweiten Weltkrieg verhalten haben, wie sie damit nach 1945 umgegangen sind und warum es zu 1933 und allem, was sich danach ereignete, gekommen ist. Moritz Pfeiffer war noch nicht geboren, als ich bereits Dokumentationen und Filme über das NS-Regime und die Verbrechen in den Konzentrationslagern sah. Ich lebte damals in Wolfsburg. Es muss im Jahre 1965 oder 1966 gewesen sein. Die Behörden untersagten dem Industriepfarramt, den französischen Dokumentarfilm „Nacht und Nebel" von Alain Resnais (1955) in der deutschen Übersetzung von Paul Celan zu zeigen. Wir erklärten die Aufführung kurzerhand zu einer „geschlossenen Veranstaltung", begaben uns auf halb verbotene Wege, um zu sehen, was wir nicht über die

„Nacht und Nebel-Aktion“ des NS-Staates und die Konzentrationslager des Dritten Reiches sehen sollten.

In der Schule erfuhren wir nichts über die Herrschaft des Nationalsozialismus. Auch die Eltern oder Großeltern lehnten es ab, darüber zu reden oder auf Fragen zu antworten, spielten ihren Anteil an den Geschehnissen in den Jahren vor und nach 1933 herunter und täuschten uns. Meine Mutter sagte, sie hätte mit den Nazis „nie etwas am Hut gehabt“. Später, bei anderer Gelegenheit, erklärte sie, beim BDM freudig mitmarschiert zu sein. Was sollte man glauben?

Sowohl meine Mutter als auch die Großmutter von Moritz Pfeiffer sind überzeugte bis fanatische Nationalsozialistinnen gewesen. Sie haben an den „Führer“ und an den Endsieg geglaubt – bis zum bitteren Ende. Beide wollten später nichts mehr davon wissen. Gleichwohl gingen sie liebevoll und fürsorglich mit ihren Kindern und Enkeln um, kümmerten sich um sie, damit aus ihnen einmal etwas würde. Dafür waren sie zu Opfern bereit.

Beide Frauen entschieden sich dafür, die NS-Politik und den Krieg zu unterstützen. Indem sie sich in ihrem Umfeld für die damit verbundenen Ziele einsetzten, tragen sie Mitverantwortung an dem kollektiv erzeugten Unheil. Ihre Herkunft, die Frage der Massensuggestion, das Böse, die Fehlbarkeit oder Verführbarkeit des Menschen schlechthin spielen dabei keine bzw. eine, wenn überhaupt, weitgehend untergeordnete Rolle. Für uns als Nachgeborene, Kinder oder Enkel gilt dasselbe: Auch wir können uns heute nicht auf eine wie immer geartete Beeinflussung von außen oder die „Subtilitäten einer geschickten Propaganda“ berufen. Tun wir es dennoch, geben wir unsere ureigene individuelle Verantwortlichkeit preis. Wir tragen Anteil daran, was um uns herum geschieht. Wir würden ebenso mitschuldig wie unsere Vorfahren.

Als Vorbild für einen unvoreingenommenen Umgang mit den Fehlleistungen der jüngeren deutschen Geschichte erwies sich auch mein Vater nicht. Mit viel Glück ist er mit einem der letzten Schiffe in den Westen gelangt und ihm die sowjetische Kriegsgefangenschaft oder Schlimmeres erspart geblieben. Zuvor war er auf dem Balkan und in Griechenland eingesetzt gewesen. Es zählte es zu seinen Aufgaben, mit dem Motorrad Meldungen von einer Einheit zur anderen zu bringen. Er ist viel herumgekommen, hat offenbar mehr als andere mitgekriegt. Auch in Griechenland haben deutsche Truppen Schlimmes angerichtet. Nur einmal sagte er, Dinge gesehen zu haben, über die zu sprechen er sich und anderen nicht zumuten möchte. Andererseits schwelgte er bei Familienfeiern und mit „alten Kameraden" in Kriegserlebnissen. Mein Bemühen als Historiker, Publizist und Verleger, die Ursachen und Folgen des Dritten Reiches durchschaubar zu machen sowie Opfern und Verfolgten des NS-Regimes eine Stimme zu verleihen, kommentierte er kurz und knapp mit den Worten: Er sähe das alles ganz anders. Was er damit im Einzelnen meinte, habe ich nie erfahren. Er ließ es im Ungewissen, wollte nicht darüber reden, schon gar nicht mit mir.

Es spricht viel dafür, dass der Vater und die Mutter von Moritz Pfeiffer von ihren jeweiligen Eltern ebenfalls nichts oder nur wenig über deren Haltung im Dritten Reich erfahren haben. Umso mehr berührt mich sein Bemühen, mit sich, seinen Vorfahren und der „Geschichte", in die er wie viele andere hineingeboren worden ist, ins Reine zu kommen. Seinem Bestreben stehen etliche Widerstände entgegen. Als einer, der nicht dabei gewesen ist, soll er sich – wie schon meine Generation – davor hüten, vom Standpunkt bzw. „hohem Ross" des Nachgeborenen aus die Dinge zu betrachten bzw. zu vorschnellen Urteilen zu gelangen. Die „Gnade der späten Geburt", die Helmut Kohl in den 1980er Jahren in die Debatte geworfen hat und die nicht zuletzt junge Menschen dazu auffordert, nicht allzu erleichtert darüber zu sein, dass sie im Nationalsozialismus nicht schuldig werden konnten, geistert auch heute noch in vielen Köpfen herum und wird in Diskussionen über die im Dritten Reich und Zweiten Weltkrieg begangenen Verbrechen in der einen oder anderen abgewandelten Form immer wieder angeführt. Auch Moritz Pfeiffer sind solche Gedanken nicht fremd.

Bei einer Veranstaltung am 12. Mai 2004 im Bremer Kippenberg-Gymnasium mit der Zeitzeugin Sonja Sonnenfeld aus Stockholm und der Holocaust-Überlebenden Lucille Eichengreen aus Oakland in Kalifornien brachte eine Schülerin zur Sprache, wie sehr sie darunter leide, sich schuldig fühlen zu müssen und nicht zu wissen, was sie im Dritten Reich getan hätte. Während Sonja Sonnenfeld ihr verdeutlichte, dass sie keine Schuld trage, antwortete Lucille Eichengreen ihr zu dem „Dritten Reich-Komplex" kurz und bündig: „Ach, wissen Sie, mit Ihrem Problem lässt sich im Vergleich mit einer wirklichen Bedrohung gut leben!"

Wenige Wochen später, am 6. Juli 2004, fand im Bremer Landes- bzw. Focke-Museum ein Vortragsabend zum Thema „Helmuth Groscurth und Hans Graf von Sponeck – zwei Bremer Offiziere gegen Hitler“ statt. Ich erhob Einspruch gegen den damit verbundenen Versuch, die beiden Militärs zu „Vorbildern heutiger demokratischer Gesinnung“ zu erklären. Sowohl Groscurth als auch Sponeck hatten Anteil an der Zerstörung der Weimarer Republik und dienten dem NS-Staat nach 1933 zunächst treu und ergeben. Es mag sie ehren, dass sie durch ihren späten Widerstand zur Menschlichkeit zurückgefunden haben. Aber sind sie deshalb Vorbilder? Sie mögen es sicher für jene sein, die bis zum letzten Tag an ihren Irrtümern und NS-Parolen festhielten, aber sind sie es auch in dem Geiste, in welchem sich die Demokratie von heute bewegen soll? Und was ist mit jenen deutschen Offizieren, die wie z. B. der Generalmajor Paul Freiherr von Schoenaich lange vor 1933 den Nationalsozialismus und Militarismus bekämpft haben und dafür von ihren „alten Kameraden“ ausgegrenzt und verächtlich gemacht worden sind? Da hilft es auch nicht weiter, dass ein Mitarbeiter des Museums meinte, die Zuhörer sollten sich doch einmal danach fragen, wie sie selbst gehandelt hätten.

Am 16. November 2010 nahm ich im Bremer Staatsarchiv an einem Vortrag von Rolf Rübsam über „Kindheit in der Verfolgung: Jüdische Kinder in der NS-Zeit in Bremen“ teil. In der anschließenden Diskussion ergriff ein pensionierter evangelischer Pfarrer das Wort und erklärte: Je länger er sich mit dem Dritten Reich befasse, desto mehr komme er zu dem Ergebnis, vorsichtiger mit den Schuldzuweisungen an die Väter sein zu müssen; man wisse ja nicht, wie man sich selbst in vergleichbaren Situationen verhalten würde. Niemand störte sich daran. Meine Erfahrung im Umgang mit den Ursachen und Folgen des Nationalsozialismus war und ist hingegen eine andere. Je mehr ich mir die Menschenverachtung und Verbrechen des NS-Regimes vor Augen führe, um so klarer und eindeutiger werden die Schuldzusammenhänge, um so greifbarer wird, zu welchen Grausamkeiten die Täter fähig waren und was für Qualen und Schändlichkeiten die Opfer erdulden mussten. Und so fragte ich den Pastor, ob er sich, ohne sich darüber im Klaren zu sein, vielleicht mehr auf die Seite der Täter als die der Opfer stelle. Damit hatte ich offenbar einen Nerv getroffen sowie ein Tabu gebrochen. Etliche Zuhörer reagierten erbost, ergriffen die

Partei des Pastors. Meine Verwunderung darüber, wie man nach all dem, was wir seit langem wissen, sich fragen oder vorstellen kann, in eine Täter- oder Mitläuferrolle zu geraten, ging in empörten Zurufen wie „Moralapostel“ und „Besserdünker“ unter.

Es ist offenbar für viele nicht einfach, sich bewusst zu machen, dass sie in einer „Tätergesellschaft“ aufgewachsen und ihr Denken und ihre Erziehung davon nicht unberührt geblieben ist. Während die Opfer zumeist leer ausgingen, unter Beweiszwang gestellt oder mit lächerlichen Beträgen abgespeist wurden, sind viele der Täter davon gekommen, schnell amnestiert worden, haben sie oder ihre Witwen hohe Renten bezogen. Dieselben Richter, welche z.B. Sinti und Roma ins KZ gebracht hatten, lehnten in den 1950er Jahren die Anträge auf Haftentschädigung eben dieser Sinti und Roma als unbegründet ab. Das alles ist mit Billigung des Deutschen Bundestages und der überwiegenden Mehrheit der Bevölkerung geschehen. Im Grunde genommen hat kein Hahn danach gekräht, wie man damals mit Schuld, Verantwortung und Mitverantwortung umgegangen ist. In diesem juristisch sanktionierten und kaum Widerspruch zulassenden Umfeld sind die nachgeborenen Generationen aufgewachsen und davon mehr oder minder geprägt worden. Vermutlich und oft sogar, ohne es zu merken. Verkehrte Welt: Den Tätern stand ein besseres Leben offen als den Opfern. Oder anders ausgedrückt: Tätern wurde mehr Verständnis entgegen gebracht als den Verfolgten. Die „Gnade der späten Geburt“ trägt solchem Umgang mit der Vergangenheit mehr Rechnung, als man es auf den ersten Blick erkennt.

Zunächst ist festzuhalten, dass es immer „später“ Geborene gibt, die dadurch von Dingen verschont sind, die sich vor ihrer Zeit ereignet haben (Kriege, Naturkatastrophen, Hungersnöte, Epidemien etc.). Und es ist doch schön, wenn ein Mensch sich darüber freuen kann, nicht zu Zeiten von Pest, Hexenjagden oder revolutionären Umbrüchen auf die Welt gekommen zu sein! Wer gibt einem anderen das Recht, sich darüber zu mokieren?

Offensichtlich ging es Helmut Kohl oder jenen, die in Sachen „Spätgeburt“ in seine Fußstapfen getreten sind, auch darum, eine Brücke von der Unschuld der Nachgeborenen zu der Schuld oder Mitschuld der im Dritten Reich lebenden Menschen, Parteigänger Hitlers etc. zu schlagen. Die vom Schicksal und Geburtsjahr Begünstigten sollen sich nicht als Unschuldige fühlen, was sie aber in Bezug auf die Schandtaten des NS-Regimes tatsächlich sind. Mit anderen Worten: Sie sollen sich die Last der schuldig Gewordenen bewusst machen und sich zumindest ein Stück weit mit ihrem Fehlverhalten arrangieren. So wie Helmut Kohl es im März 1985 auf dem Soldatenfriedhof in Bitburg demonstriert hat? Was ist dazu zu sagen?

Niemand weiß, was er getan hätte, wenn er in den Jahren von 1910 bis 1918 zur Welt gekommen wäre. Niemand weiß, welcher sozialen Schicht er zugehörig gewesen wäre, nicht einmal, wie er ausgesehen hätte oder ob er/sie als Mädchen oder Junge geboren worden wäre. Hier wird nichts weiter als ein Gedankenspiel in den Raum gestellt, mit dem bestimmte Schlussfolgerungen erschlichen werden. Mit der Realität hat das alles nicht das Geringste zu tun, wohl aber mit einer auf Spekulationen beruhenden ideologischen Beeinflussung. Als was wäre Helmut Kohl denn gern geboren worden? Als Sohn von Heinrich Himmler, Ernst Thälmann oder von Carl von Ossietzky? Vermutlich würde er sich den einen oder anderen Vorschlag verbeten. Zu Recht. Wie aber kommen er und wer auch immer dazu, andere mehr oder minder zu nötigen, sich in die Lage eines früher oder anders Geborenen hineinzuversetzen, noch dazu in die eines Menschen, der offensichtlich Schuld auf sich geladen hat?

Warum hat er der Großmutter von Moritz Pfeiffer und meiner Mutter nicht Folgendes zugerufen: „Ihr wart bis zum Schluss überzeugte Nationalsozialistinnen. Ihr wisst längst, wie verkehrt das gewesen ist. Sprecht bitte mit Euren Kindern und Enkeln darüber, sagt Ihnen, was Ihr getan und gesehen habt und vielleicht nicht glauben wolltet. Erklärt Ihnen, was Ihr falsch gemacht habt, damit sie aus Euren Fehlern lernen können!" So aber hat weder ein Helmut Kohl noch sonst ein deutscher Politiker jemals geredet. Statt dessen haben sie die NS-Parteigänger und Mitläufer in Ruhe gelassen, dafür aber ihren jungen Kritikern ins Gewissen geredet.

Während meines Anerkennungsverfahren als Kriegsdienstverweigerer (1966) suchte mich der Vorsitzende des Prüfungsausschusses in eine schwierige Situation hineinzumanövrieren: „Was würden Sie tun, wenn sowjetische Soldaten im Krieg Ihre Mutter auf der Straße mit Vergewaltigung bedrohten und Sie in der Lage wären, mit einer Waffe einzuschreiten und sie vor dem Unheil zu bewahren?" Solche Fangfragen waren damals unerlaubt, wurden aber dennoch zuhauf gestellt, um junge Menschen in Bedrängnis zu bringen. Wer sie als unstatthaft zurückwies, offenbarte damit, dass er sich auskannte und sich auf die „Gewissensprüfung“ vorbereitet hatte – einen Eindruck, den es tunlichst zu vermeiden galt, zumal man sich dadurch leicht eine Ablehnung einhandeln konnte. Ich verkniff mir die Antwort: „Deshalb bin ich ja hier, um nicht in eine solche Not zu geraten, und bitte, stellen Sie mir nicht weiter solch konstruierte Fragen“ – und sagte: „Ich weiß nicht, was ich tun würde. Ich würde schreien und wahrscheinlich verrückt werden.“ – Es spricht für sich, dass dem Vorsitzenden im Umgang mit dem Thema Krieg und Frieden nichts Besseres einfiel, als meine Mutter von Soldaten der Roten Armee vergewaltigen lassen zu wollen.

Offenbar stand bei vielen Zeitzeugen das Motiv im Vordergrund, sich selbst zu entlasten. Statt junge Menschen wie Erwachsene im Umgang mit der deutschen Vergangenheit zu ermuntern, Verfolgten beizustehen und ihnen zu helfen, notfalls gegen den Willen des Staates, suchte und sucht man sie auch heute noch oft mit Fangfragen zu nötigen, Verständnis für Verbrechen und gleichgültiges Wegsehen aufzubringen und sich selbst nicht zuzutrauen, anders als ihre Vorfahren zu handeln.

Es ist nachvollziehbar, wenn Heranwachsende gerne Großeltern hätten, die nicht den Nazis nachgelaufen sind oder ihnen widerstanden haben. Wer will schon gern aus einer Familie stammen, die mitmarschiert ist und dann nach 1945 so getan hat, als sei sie nicht dabei gewesen? Doch darf auch hier nicht der Wunsch der Vater des Gedankens sein. Nicht alles, was uns Eltern und Großeltern erzählen, muss stimmen, und eher ist zu befürchten, wie Moritz Pfeiffer nachweist, dass mehr verdrängt und beschönigt als zugegeben wird. „Misstrauen ist die erste Tugend der Demokratie“, mahnte keine Geringerer als der Journalist und Politiker Hellmut von Gerlach. Leichtgläubigkeit und Wunschdenken im Umgang mit der deutschen Vergangenheit und Familiengeschichte lösen das Problem nicht. Hitler sind allzu viele gefolgt, weil er aussprach, was die meisten dachten. Er war Ausdruck eines Sozialcharakters, ähnlich wie es Wilhelm II. vor ihm gewesen ist. Sie hielten sich für berechtigt, der Welt ihren Stempel aufzudrücken. Sie allein dafür verantwortlich zu machen, führt nicht dazu, Schuld und Verdrängung zu überwinden. Eher ist danach zu fragen, wie viel deutschvölkisches Denken möglicherweise noch in uns allen – ob jung oder alt – schlummert, herumgeistert und was dagegen zu tun ist. Dass unsere Mütter und Väter, Großmütter und -väter in Bezug auf den NS-Staat nicht so waren, wie wir es gern hätten, ist gewiss beklagenswert, wichtiger aber ist, was wir damit anfangen. Nehmen wir sie in Schutz oder durchschneiden wir das Band unreflektierter Identifikation und distanzieren wir uns dort von ihnen, wo es um der Menschenrechte und -würde willen Not tut?

Anmerkungen

1 Vgl. Welzer, Harald/Moller, Sabine/Tschuggnall, Karoline: „Opa war kein Nazi." Nationalsozialismus und Holocaust im Familiengedächtnis, Frankfurt am Main, 2005, S. 10.

2 Vgl. ausführlich zu den Phasen der Auseinandersetzung mit der NS-Vergangenheit in Deutschland Wette, Wolfram: Erinnerungskultur war gestern. Erinnerungskultur vor neuen Herausforderungen. In: Forum Pazifismus. Zeitschrift für Theorie und Praxis der Gewaltfreiheit, Nr. 29 – I/2011, S. 24-34.

3 Vgl. hierzu etwa die repräsentative Umfrage von Silbermann, Alphons/Stoffers, Manfred: Auschwitz: Nie davon gehört? Erinnern und Vergessen in Deutschland, Berlin 2000, sowie Ahlheim, Klaus/Heger, Bardo: Die unbequeme Vergangenheit. NS-Vergangenheit, Holocaust und die Schwierigkeiten des Erinnerns, Schwalbach 2003

4 Welzer, Harald: „Opa war kein Nazi", S. 77 f.

5 Ausführliche Umfrageergebnisse einsehbar bei ebenda, S. 246 ff.

6 Silbermanns und Stoffers' Umfrage ergab, dass in Bezug auf den Nationalsozialismus Eltern und ältere Verwandte abgeschlagen die letzten beiden Ränge in der Liste der Informationsquellen einnehmen – nach Fernsehen, Schule, Bücher und Zeitschriften. Vgl. Silbermann/Stoffers: Auschwitz, S. 92 f.

7 Welzer: „Opa war kein Nazi", S. 49-52.

8 Interview mit Margarete Mitscherlich, SPIEGEL, Nr. 27/2007, S. 149.

9 So schrieb etwa der israelische Psychologe Dan Bar-On, der verschiedene Untersuchungen mit Kindern von NS-Tätern durchführte, dass *„man ... einen Menschen immer in seinem Kontext beurteilen [muss], nicht an den allgemeinen oder äußeren Normen."* Bar-On, Dan: Die Last des Schweigens. Gespräche mit Kindern von NS-Tätern, Hamburg, 2003, S. 297.

10 Vgl. Bajohr, Frank/Pohl, Dieter: Massenmord und schlechtes Gewissen. Die deutsche Bevölkerung, die NS-Führung und der Holocaust, München 2006, S. 9 f. Siehe auch Longerich, Peter: „Davon haben wir nichts gewusst." Die Deutschen und die Judenverfolgung 1933-1945, München 2006.

11 Vgl. Hartmann, Christian: Wehrmacht im Ostkrieg. Front und militärisches Hinterland, München 2010, S. 12, und Derselbe: Unternehmen Barbarossa. Der deutsche Krieg im Osten 1941-1945, München 2011, S. 22.

12 Giordano, Ralph: Die zweite Schuld oder Von der Last Deutscher zu sein, Hamburg 1987, S. 359.

13 Pfeiffer, Moritz: „Ich hatte das letzte deutsche Pferd der 6. Armee." Deutsche Geschichte in der eigenen Familie, privat „herausgegeben" im fami-

liären Kreis, in der Folge als Quelle verwendet und als „Familiengeschichte" bezeichnet. Es sei noch darauf hingewiesen, dass das Interview nicht in einem wissenschaftlich-professionellen Rahmen entstand, sondern Ergebnis eines Gesprächs im vorwissenschaftlichen, familiären Umfeld ist. Die Kapitel der vorliegenden Arbeit entsprechen den zehn Interviewsitzungen, in denen meine Großeltern ihre Lebensgeschichte erzählten.

14 Auf die Diskussion über die wissenschaftliche Verwertbarkeit von Feldpostbriefen sei hier nur am Rande verwiesen. Zahlreiche Gründe können den Inhalt von Feldpostbriefen beeinflussen oder verfälschen, nicht zuletzt die Zensur, mit der sich jeder Soldat konfrontiert sah. In der vorliegenden Arbeit werden die Feldpostbriefe meiner Großeltern als wahrheitsfähige Quellen betrachtet. Zum Thema Feldpostbriefe vgl. vor allen Dingen Latzel, Klaus: Deutsche Soldaten – nationalsozialistischer Krieg? Kriegserlebnis – Kriegserfahrung 1939-1945, Paderborn u.a. 1998.

15 Niethammer, Lutz: Lebenserfahrung und kollektives Gedächtnis. Die Praxis der „Oral History", Frankfurt am Main 1985; vgl. auch das Kapitel „Zur Ästhetik des Zitats aus erzählten Lebensgeschichten", S. 523-534. In: Herbert, Ulrich/Niethammer, Lutz (Hrsg.): Deutschland danach. Postfaschistische Gesellschaft und nationales Gedächtnis, Bonn 1999.

16 Niethammer, Lutz: Forschungstrends unter Verwendung diachroner Interviews. In: Ders.: Lebenserfahrungen und kollektives Gedächtnis, S. 473.

17 Fried, Johannes: Der Schleier der Erinnerung. Grundzüge einer historischen Memorik, München 2004, S. 46.

18 Eine ausführliche Diskussion über die wissenschaftliche Verwertbarkeit von Erinnerungsinterview findet sich bei Schröder, Hans Joachim: „Die gestohlenen Jahre." Erzählgeschichten und Geschichtserzählungen im Interview: Der Zweite Weltkrieg aus der Sicht ehemaliger Mannschaftssoldaten, Tübingen 1992, S. 158-184 und 202-226.

19 Schröder, Hans Joachim: „Die gestohlenen Jahre", S. 221.

20 Silbermann/Stoffers: Auschwitz: Nie davon gehört? S. 148.

21 Fried, Johannes: Der Schleier der Erinnerung, S. 49.

22 Welzer, Harald: „Opa war kein Nazi", S. 199.

23 Vgl. hierzu Welzer, Harald: „Opa war kein Nazi", S. 209.

24 Vgl. zur „Normalität" der deutschen Täter etwa Schwan, Gesine: Politik und Schuld. Die zerstörerische Macht des Schweigens, Frankfurt am Main 1997, S. 115-123, sowie Browning, Christopher R.: Ganz normale Männer. Das Reserve-Bataillon 101 und die „Endlösung" in Polen, Hamburg 2005 und Welzer, Harald: Täter. Wie aus ganz normalen Menschen Massenmörder werden, Frankfurt am Main 2005.

25 Mitscherlich, Alexander und Margarete: Die Unfähigkeit zu trauern. Grundlagen kollektiven Verhaltens, München 1967.

26 Arnim, Gabriele von: Das große Schweigen. Von der Schwierigkeit, mit den Schatten der Vergangenheit zu leben, München 1989.

27 Vgl. Schwan, Gesine: Politik und Schuld. Die zerstörerische Macht des Schweigens, Frankfurt am Main 1997.

28 Schmidbauer, Wolfgang: „Ich wusste nie, was mit Vater ist." Das Trauma des Krieges, Hamburg 1998.

29 Moser, Tilmann: „Dabei war ich doch sein liebstes Kind." Eine Psychotherapie mit der Tochter eines SS-Mannes, München 1997 sowie Moser, Tilmann: Dämonische Figuren. Die Wiederkehr des Dritten Reiches in der Psychotherapie, Frankfurt am Main 1997.

30 Bar-On, Dan: Die Last des Schweigens, Hamburg 2003.

31 Moser, Tilmann: „Dabei war ich doch sein liebstes Kind", S. 172.

32 Frank, Niklas: Der Vater. Eine Abrechnung, München, 1987; ders.: Meine deutsche Mutter, München 2006.

33 Schirach, Richard von: Der Schatten meines Vaters, München/Wien 2005.

34 Nissen, Margret: Sind Sie die Tochter Speer? München 2005.

35 Heß, Wolf-Rüdiger: Rudolf Heß: „Ich bereue nichts", Stuttgart 1994.

36 Brunner, Claudia; Seltmann, Uwe von: Schweigen die Täter reden die Enkel, Frankfurt am Main 2006.

37 Kessler, Matthias: „Ich muss doch meinen Vater lieben, oder?" Die Lebensgeschichte von Monika Göth – Tochter des KZ-Kommandanten aus „Schindlers Liste", Frankfurt am Main 2002.

38 Bormann, Martin: Leben gegen Schatten. Gelebte Zeit, geschenkte Zeit, Begegnungen, Erfahrungen, Folgerungen, Paderborn 2000.

39 Himmler, Katrin: Die Brüder Himmler. Eine deutsche Familiengeschichte, Frankfurt am Main 2007.

40 Eine ausführliche Analyse der in den letzten Jahren aufgetretenen Literatur zu innerfamiliärer Vergangenheitsbewältigung und Kritiken einiger exemplarischer Werke findet sich bei Heer, Hannes: „Hitler war's", Die Befreiung der Deutschen von ihrer Vergangenheit, Berlin 2005, S. 196-236.

41 Bruhns, Wibke: Meines Vaters Land. Geschichte einer deutschen Familie, Berlin 2006.

42 Scheub, Ute: Das falsche Leben. Eine Vatersuche, München 2006.

43 Medicus, Thomas: In den Augen meines Großvaters, München 2004.

44 Jetter, Monika: Mein Kriegsvater. Versuch einer Aussöhnung, Hamburg 2004.

45 Leupold, Dagmar: Nach den Kriegen. Roman eines Lebens, München 2004.

46 Welsch, Marion: Sprich mit mir. Auf der Suche nach der Vergangenheit meiner Familie, Berlin 2005.

47 Wackwitz, Stephan: Ein unsichtbares Land. Familienroman, Frankfurt am Main 2003.

48 Starke, Fritz: Langer Schatten. Eine Jugend in Deutschland. Mit einem Nachwort von Helmut Donat, Bremen 2003.

49 Galle, Anne: Rabenzeit. Erzählung, Bremen 2010.

50 Roes, Jörn: Freiwillig in den Krieg. Auf den Spuren einer verlorenen Jugend, Berlin-Brandenburg 2005.

51 Timm, Uwe: Am Beispiel meines Bruders, München, 2005.

52 „Winterkinder – Die schweigende Generation", Regie: Jens Schanze, SUN-FILM Entertainment, D 2005.

53 „2 oder 3 Dinge, die ich von ihm weiß", Regie: Malte Ludin, absolut Medien GmbH, D 2005. Ergänzend sei hier noch der Film „Gerdas Schweigen" von Britta Wauer aus dem Jahr 2008 erwähnt, Piffl Medien GmbH.

54 Siehe Kurzbiographie zu Hanns Elard Ludin in Weiß, Hermann (Hrsg.): Biographisches Lexikon zum Dritten Reich, Frankfurt am Main, 1998, S. 307 f.

55 Pfeiffer: Familiengeschichte, S. 7.

56 Pfeiffer: Familiengeschichte, S. 9. Längere Zitate ab 5 Zeilen werden in der Folge eingerückt.

57 Pfeiffer: Familiengeschichte, S. 8.

58 Pfeiffer: Familiengeschichte, S. 9.

59 Pfeiffer: Familiengeschichte, S. 10.

60 Pfeiffer: Familiengeschichte, S. 10.

61 Personalakte für Hans Hermann K., Nr. 26400, Bundesarchiv-Militärarchiv Freiburg.

62 Wehrstammbuch für Siegfried K., Bundesarchiv, Zeichen 727-VI/ZNS-PU, Kopie im Besitz des Verfassers.

63 Ahnenpass der Edith Else A., Zentralverlag der NSDAP, München, Original im Besitz der Familie.

64 „Firnhabers kleiner Ahnenpass" der Edith Else A., Original im Besitz der Familie.

65 Alle diesbezüglichen militärischen Dokumente und Fotos im Besitz der Familie.

66 Abiturszeugnis von Hans Hermann, beglaubigte Abschrift vom 9.12.1946, im Familienbesitz.

67 Brief von Friedel an Hans Hermann vom 12.3.1930, Brief im Familienbesitz.

68 Vgl. Wette, Wolfram: Schule der Gewalt. Militarismus in Deutschland 1871-1945, Berlin, 2005, S. 9.

69 Vgl. Messerschmidt, Manfred: Das neue Gesicht des Militarismus in der Zeit des Nationalsozialismus. In: Wette, Wolfram (Hrsg.): Schule der Gewalt, S. 267.

70 Vgl. Wette, Wolfram (Hrsg.): Schule der Gewalt, S. 12.

71 Nipperdey, Thomas: Deutsche Geschichte 1866-1918. Band 1: Arbeitswelt und Bürgergeist, München 1990, S. 537.

72 Altrichter, Helmut/Bernecker, Walter L.: Geschichte Europas im 20. Jahrhundert, Stuttgart 2004, S. 68.
73 Winkler, Heinrich August: Deutschland, eine Jahrhundertfrage. In: SPIEGEL Special Geschichte, 1/2007, S. 159.
74 Grundsätze der Deutschnationalen Volkspartei von 1920, zit. in: Mommsen, Wilhelm (Hrsg.): Deutsche Parteiprogramme, München, 1960, S. 538.
75 Aly, Götz: Die Wohlfühldiktatur, in: SPIEGEL Special, 2/2005, S. 104.
76 Ebd., S. 107.
77 Vgl. hierzu auch die ausführliche Ausarbeitung von Götz Aly: Hitlers Volksstaat. Raub, Rassenkrieg und nationaler Sozialismus, Frankfurt am Main 2005.
78 Ebd.
79 Ebd., S. 317.
80 Giordano, Ralph: Die Zweite Schuld, S. 66.
81 Pfeiffer: Familiengeschichte, S. 15.
82 Ebd., S. 14 f.
83 Ebd., S. 14 und 17.
84 Ebd., S. 17.
85 Pfeiffer: Familiengeschichte, S. 13.
86 Ebd., S. 18.
87 Sonnenfeld, Sonja: Es begann in Berlin. Ein Leben für Gerechtigkeit und Freiheit, Bremen 2005, S. 39-42 und 53.
88 Neben den großen Standardwerken findet sich eine informative und prägnante Übersicht über die nationalsozialistische Judenpolitik von 1933 bis 1937 u.a. bei Kropat, Wolf-Arno: „Reichskristallnacht." Der Judenpogrom vom 7. bis 10. November 1938 – Urheber, Täter, Hintergründe, Wiesbaden 1997, S. 9-26.
89 Pfeiffer: Familiengeschichte, S. 22.
90 Vgl. Faust, Anselm: Die „Kristallnacht" im Rheinland. Dokumente zum Judenpogrom im November 1938, Düsseldorf 1987, S. 116-119.
91 Pfeiffer: Familiengeschichte, S. 19.
92 Ebd., S. 27.
93 Brief von Hans Hermann an Friedel, 16.8.1937, Brief im Familienbesitz.
94 Ebd.
95 Brief von Friedel an Hans Hermann, 10.10.1937, Brief im Familienbesitz.
96 Ebd.
97 Brief von Friedel an Hans Hermann, 20.3.1938, Brief im Familienbesitz.
98 Klönne, Arno: Jugend im Dritten Reich, zitiert in: Buddrus, Michael: Totale Erziehung für den totalen Krieg. Hitlerjugend und nationalsozialistische Jugendpolitik, München 2003, S. 61.
99 Kater, Michael H.: Hitler-Jugend, Darmstadt 2005, S. 10.

100 Buddrus, Michael: Totale Erziehung für den totalen Krieg, S. 60.

101 Ebd., S. 63.

102 Ebd., S. 71, zitiert sind hier die Richtlinien der „Reichsjugendführung" unter Baldur von Schirach für den Unterricht über Rasse aus den Jahren 1934 und 1935.

103 Ebd., S. 80.

104 Auszüge aus den NSDAP-Mitgliederkarteien (Sammlung „Berlin Document Center") zu Edith A., Kopie der Mitgliederkarteikarte im Besitz des Verfassers.

105 Gesprächsnotizen vom Interview mit Marlies A., geborene V., vom 30.9. 2006, im Besitz des Verfassers.

106 Vgl. u.a. Herwig, Malte: Hoffnungslos dazwischen. In: SPIEGEL, Nr. 29/2007, S. 134 f.

107 Vgl. Sparing, Franz/ Stracke, Stephan: Die „Entjudung" der Wuppertaler Wirtschaft. In: Okroy, Michael/ Schrader, Ulrike (Hrsg.): Der 30. Januar 1933 – ein Datum und seine Folgen. Aktuelle Forschungen zum Nationalsozialismus in Wuppertal, Wuppertal 2004, S. 61-71.

108 Zu F. Grimm vgl. die Kurzbiographie in Klee, Ernst: Das Personenlexikon zum Dritten Reich. Wer war was vor und nach 1945? Frankfurt am Main 2003, S. 200 f.

109 Beumelburg, Werner: Gruppe Bosemüller. Der Roman des Frontsoldaten, Oldenburg/Berlin 1941.

110 Sarkowicz, Hans/Mentzer, Alf: Literatur in Nazi-Deutschland. Ein biografisches Lexikon, Hamburg/Wien 2000, S. 94.

111 Vgl. ebd., S. 212-217.

112 Dwinger, Erich Edwin: Zwischen Weiß und Rot. Die russische Tragödie 1919-1920, Jena 1930.

113 Vgl. Sarkowicz/Mentzer: Literatur in Nazi-Deutschland, S. 136 ff.

114 Vgl. hierzu etwa Thamer, Hans-Ulrich: Nationalsozialistische Außenpolitik: der Weg in den Krieg. In: Informationen zur politischen Bildung, Nr. 266/2000, Nationalsozialismus I, S. 31-47.

115 Thomas Mann über den Nationalsozialismus, zitiert in: Giordano, Ralph: Die Zweite Schuld, S. 14.

116 Longerich, Peter: „Davon haben wir nichts gewusst." Die Deutschen und die Judenverfolgung 1933-1945, München 2006, S. 328.

117 Vgl. hierzu Kropat, Wolf-Arno: „Reichskristallnacht", S. 142-153, zur Haltung der Bevölkerung zu den Ereignissen der „Reichskristallnacht", S. 153-169.

118 Generalanzeiger der Stadt Wuppertal für Elberfeld und Barmen vom 10. November 1938.

119 Zu den Vorkommnissen während der Pogromnacht in Wuppertal vgl.

Föhse, Ulrich: Erst Mensch, dann Untermensch. Der Weg der jüdischen Wuppertaler in den Holocaust. In: Goebel, Klaus (Hrsg.): Wuppertal in der Zeit des Nationalsozialismus, Wuppertal 1984, S. 65-80.

120 Kershaw, Ian: Antisemitismus und Volksmeinung. In: Broszat, Martin/Fröhlich, Elke (Hrsg.): Bayern in der NS-Zeit II. Herrschaft und Gesellschaft im Konflikt, München 1979, S. 281-348.

121 Berschel, Holger: Bürokratie und Terror. Das Judenreferat der Gestapoaußenstelle Wuppertal. In: Okroy/Schrader (Hrsg.): Der 30. Januar 1933 – Ein Datum und seine Folgen, S. 89 f.

122 Pfeiffer: Familiengeschichte, S. 27.

123 Ebd., S. 27 f.

124 Ebd., S. 31.

125 Ebd., S. 32.

126 Vgl. Wette, Wolfram: Die Wehrmacht. Feindbilder, Vernichtungskrieg, Legenden, Frankfurt am Main 2005, S. 105 f.

127 Pfeiffer: Familiengeschichte, S. 33.

128 Ebd., S. 19.

129 Ebd.

130 Zitiert in: Klee, Ernst/Dressen, Willi/Rieß Volker (Hrsg.): „Schöne Zeiten." Judenmord aus Sicht der Täter und Gaffer, Frankfurt am Main 1988, S. 14 f.

131 Pfeiffer: Familiengeschichte, S. 34.

132 Ebd.

133 Ebd., S. 35.

134 Brief von Hans Hermann an Friedel, 16.8.1937, Brief im Familienbesitz.

135 Vgl. Böhler, Jochen: Auftakt zum Vernichtungskrieg. Die Wehrmacht in Polen 1939, Frankfurt am Main 2006, S. 42-45.

136 Vgl. Donat, Helmut: „Wohl der bestgehaßte Mann Deutschlands" – Friedrich Wilhelm Foerster (1869-1966) und sein Bemühen um eine deutsch-polnische Aussöhnung. In: Christoph Koch, Vom Junker zum Bürger. Hellmut von Gerlach – Demokrat und Pazifist in Kaiserreich und Republik, München 2009, S. 143-201.

137 Wette, Wolfram: Die Wehrmacht, S. 197-292.

138 Als Auswahl seien hier etwa genannt Böhler: Auftakt zum Vernichtungskrieg; Heer, Hannes/Naumann, Klaus (Hrsg.): Vernichtungskrieg. Verbrechen der Wehrmacht 1941 bis 1944, Frankfurt am Main 1997; Hartmann, Christian/Hürter, Johannes/Jureit, Ulrike (Hrsg.): Verbrechen der Wehrmacht. Bilanz einer Debatte, München 2005; Streit, Christian: Keine Kameraden. Die Wehrmacht und die sowjetischen Kriegsgefangenen 1941-1945, Bonn 1991; Wette, Wolfram: Die Wehrmacht; Hartmann, Christian/Hürter, Johannes/Lieb, Peter/Pohl, Dieter: Der deutsche Krieg im Osten

1941-1944. Facetten einer Grenzüberschreitung, München 2009. Siehe hierzu auch die umfassende zehnbändige Reihe „Das Deutsche Reich und der Zweite Weltkrieg“.

139 Wette, Wolfram: Die Wehrmacht, S. 104-107.

140 Vgl. Böhler, Jochen: Auftakt zum Vernichtungskrieg.

141 Neitzel, Sönke/Welzer, Harald: Soldaten. Protokolle vom Kämpfen, Töten und Sterben, Frankfurt am Main 2011, S. 145-209.

142 Giordano, Ralph: Die Zweite Schuld, S. 32 f.

143 Giordano, Ralph: Die Zweite Schuld, S. 31.

144 Pfeiffer: Familiengeschichte, S. 35, 37.

145 Ebd., S. 35.

146 Ebd., S. 38.

147 Ebd.

148 Ebd., S. 39.

149 Ebd., S. 40.

150 Ebd., S. 38.

151 Ebd., S. 37.

152 Ebd., S. 41.

153 Personalakte Hans Hermann K., Nr. 26400, Bundesarchiv-Militärarchiv Freiburg.

154 Ebd.

155 Fritz, Stephen G.: Hitlers Frontsoldaten. Der erzählte Krieg, Berlin 1998, S. 167-179.

156 Schröder, Hans-Joachim: Die gestohlenen Jahre, S. 624-670.

157 Vgl. ebd., S. 280.

158 Vgl. ausführlich zum Frankreichfeldzug und seinen operativen Vorgängen Frieser, Karl-Heinz: Blitzkrieg-Legende. Der Westfeldzug 1940, München 1995.

159 Schröder, Hans-Joachim: Die gestohlenen Jahre, S. 317.

160 Ebd.

161 Remarque, Erich Maria: Im Westen Nichts Neues, Köln 161997, S. 153 ff.

162 Welzer, Harald: „Opa war kein Nazi“, S. 120, vgl. zu dieser Frage das Kapitel „Des Teufels General“, S. 105-133.

163 Zitiert in: Der großdeutsche Freiheitskampf. II. Band: Reden Adolf Hitlers vom 10. März 1940 bis 16. März 1941. Herausgegeben von Reichsleiter Philipp Bouhler, Zentralverlag der NSDAP, München 1941, S. 181 f.

164 Rürup, Reinhard (Hrsg.): Der Krieg gegen die Sowjetunion 1941-1945. Eine Dokumentation zum 50. Jahrestag des Überfalls auf die Sowjetunion, Berlin 1991, S. 41.

165 Pfeiffer: Familiengeschichte, S. 44.

166 Ebd., S. 45.

167 Ebd.

168 Ebd.

169 Die Bezeichnungen „Infanteriedivision“ und „Infanterieregiment“ werden in der Folge zum Teil gemäß der Schreibweise der Kriegstagebücher der Wehrmacht als „I. D.“ und „I. R.“ abgekürzt.

170 Pfeiffer: Familiengeschichte, S. 45 f.

171 Zitiert in Rürup, Reinhard: Der Überfall auf die Sowjetunion, S. 43.

172 Ebd., S. 45.

173 Ebd., S. 46.

174 Für eine ausführliche Darstellung und Analyse der Entstehung und Bedeutung der „Verbrecherischen Befehle“ siehe etwa Streit, Christian: Keine Kameraden, S. 28-61.

175 Pfeiffer: Familiengeschichte, S. 47.

176 Ebd., S. 48.

177 Ebd., S. 48 f.

178 Pfeiffer: Familiengeschichte, S. 49.

179 Bis hierhin alle zitierten Verwendungen und Beförderungen der Personalakte Hans Hermann, Nr. 26400, Bundesarchiv-Militärarchiv Freiburg, entnommen.

180 Als Auswahlliteratur zum „Russlandfeldzug“ und seinem verbrecherischen Charakter seien die Werke genannt von Rürup, Reinhard: Der Krieg gegen die Sowjetunion; Wette, Wolfram/Ueberschär, Gerd R. (Hrsg.): Der Überfall auf die Sowjetunion „Unternehmen Barbarossa“ 1941, Frankfurt am Main, 1991; Streit, Christian: Keine Kameraden; Arnold, Klaus Jochen: Die Wehrmacht und die Besatzungspolitik in den besetzten Gebieten der Sowjetunion. Kriegsführung und Radikalisierung im „Unternehmen Barbarossa“, Berlin, 2005; Heer, Hannes/Naumann, Klaus (Hrsg.): Vernichtungskrieg.

181 Eintrag am 22.6.1941 in Kriegstagebuch Nr. 6 der 79. I. D., BA-MA RH 26-79/14, S. 2.

182 Sänger, Hans: Die 79. Infanterie-Division 1939-1945, Eggolsheim o.J., S. 49.

183 Rürup, Reinhard: Der Krieg gegen die Sowjetunion, S. 11.

184 Eine ausführliche Darstellung des Russlandbildes in Deutschland und die daraus resultierenden Auswirkungen und Radikalisierungen im Kriegsfalle findet sich bei Wette, Wolfram: Die Wehrmacht, S. 14-35.

185 Divisionsbefehl für den 14.8.1941, Anlageheft 1 zu KTB 7 der 79. I. D., BA-MA RH 26-79/20, Bl. 32.

186 Divisionsbefehl für den 15.8.1941, Anlageheft 1 zu KTB 7 der 79. I. D., BA-MA RH 26-79/20 S. Bl. 33 f.

187 Eintrag am 30.6.1941 in Kriegstagebuch Nr. 6 der 79. I.D., BA-MA RH 26-79/14, S. 6.

188 Divisionsbefehl betreff. Umbildung des I.R. 226, 20.7.1941, Anlageheft 2 zu KTB 6 der 79. I.D., BA-MA RH 26-79/16, Bl. 116.

189 Fritz: Hitlers Frontsoldaten, S. 174.

190 Korpsbefehl vom XVII. AK für den 10.8.1941, Anlageheft 1 zu KTB 7 der 79. I.D. , BA-MA RH 26-79/20, Bl. 13.

191 Sänger, Hans: Die 79. Infanterie-Division, S. 52.

192 Korpsbefehl vom XVII. AK für den 7.8.1941, Anlageheft 1 zu KTB 7 der 79. I.D. , BA-MA RH 26-79/20, Bl. 7.

193 Vgl. Cüppers, Martin: Wegbereiter der Shoah. Die Waffen-SS, der Kommandostab Reichsführer SS und die Judenvernichtung 1939-1945, Darmstadt, 2005, S. 171 ff. und 192.

194 Vgl. Wette, Wolfram: Die Wehrmacht, S. 176 f.

195 Wortlaut des Befehls abgedruckt in Wette, Wolfram/Ueberschär, Gerd R.: Der Überfall auf die Sowjetunion, S. 249 f.

196 Wette, Wolfram: Die Wehrmacht, S. 98.

197 Wortlaut abgedruckt in Rürup, Reinhard: Der Krieg gegen die Sowjetunion, S. 45.

198 Wortlaut abgedruckt in Wette, Wolfram/Ueberschär, Gerd R.: Der Überfall auf die Sowjetunion, S. 258.

199 Wortlaut abgedruckt in Rürup, Reinhard: Der Krieg gegen die Sowjetunion, S. 46.

200 Vgl. allgemein zu den „verbrecherischen Befehlen" auch Wette, Wolfram: Die Wehrmacht, S. 98 f.

201 Gefangenenzahlen regelmäßig aufgelistet in KTB 7 der 79. I.D., BA-MA RH 26-79/19.

202 Meldung der Abteilung Ia der 79. I.D. vom 27.9.1941 zu Beutelsammelaktion, im Anlageheft 2 zu KTB 7 der 79.I.D., BA-MA RH 26-79/21, Bl. 3.

203 Abgedruckt bei Streit, Christian: Keine Kameraden, S. 49.

204 Nachgewiesen sind für die 79. I.D. acht, für die 62. I.D. sogar 82 Exekutionen während des „Russlandfeldzuges", vgl. Römer, Felix: Der Kommissarbefehl. Wehrmacht und NS-Verbrechen an der Ostfront 1941/42, Paderborn 2008, S. 584.

205 Vgl. zur Befehlsentgegennahme und -weitergabe innerhalb der 6. Armee Boll, Bernd/Safrian, Hans: Auf dem Weg nach Stalingrad. Die 6. Armee 1941-1942. In: Heer, Hannes/Naumann, Klaus: Vernichtungskrieg, S. 264 f.

206 Boll/Safrian: Auf dem Weg nach Stalingrad. In: Heer, Hannes/Naumann, Klaus: Vernichtungskrieg, S. 260-296.

207 Siehe hierzu etwa die Zusammenfassungen bei Wette, Wolfram: Die Wehrmacht, S. 111-128.; ebenso Fruchtmann, Karl: Die Grube. Drehbuch zu einem Film. Mit einem Nachwort von Wolfram Wette über den Kindermord von Bjelaja Zerkow im August 1941, Bremen 1998.

208 Punkt IV des „Erlasses der Kriegsgerichtsbarkeit", abgedruckt und kommentiert bei Streit: Keine Kameraden, S. 38.

209 In der Forschung gilt Generalfeldmarschall von Reichenau als „*Wegbereiter einer bislang unbekannten Kooperation zwischen Wehrmacht und Nationalsozialismus.*" Ihm wird ein maßgeblicher Anteil an der Integration der Armee in den NS-Staat bescheinigt. Vgl. hierzu Weiß,: Biographisches Lexikon zum Dritten Reich, S. 368.

210 Wortlaut des Reichenau-Befehls abgedruckt in Rürup, Reinhard: Der Krieg gegen die Sowjetunion, S. 122.

211 Anmerkung zum Divisionsbefehl für den 7.10.1941, Anlageheft 1 zu KTB 8 der 79.I.D., BA-MA RH 26-79/25, Bl. 26.

212 Wortlaut des Reichenau-Befehls abgedruckt in Rürup, Reinhard: Der Krieg gegen die Sowjetunion, S. 122.

213 Armeebefehl vom 9.11.1941, Anlageheft 1 zu KTB 8 der 79. I.D., BA-MA RH 26-79/25, Bl. 11.

214 Abteilung Ic vom 15.11.1941, Anlageheft 2 zu KTB 8 der 79. I.D., BA-MA RH 26-79/26, Bl. 6.

215 Armeebefehl vom 9.11.1941, Anlageheft 1 zu KTB 8 der 79. I.D., BA-MA RH 26-79/25, Bl. 11.

216 Vgl. hierzu Richter, Timm C.: Handlungsspielräume am Beispiel der 6. Armee. In: Hartmann/Hürter/Jureit: Verbrechen der Wehrmacht, S. 65.

217 Tätigkeitsbericht der Abteilung Ic der 79. I.D. für den Zeitraum vom 1.10. bis 30.11.1941, in Anlageheft 2 zu KTB 9, BA-MA RH 26-79/30, Bl. 1.

218 Tätigkeitsbericht der Abteilung Ic der 79. I.D. für den Zeitraum vom 1. bis 31.12.1941, in Anlageheft 2 zu KTB 9 der 79.I.D., BA-MA RH 26-79/30.

219 Führungsanordnung Nr. 30 vom 18.12.1941, Anlageheft 2 zu KTB 9 der 79. I.D., BA-MA RH 26-79/30, Bl. 1.

220 Armeebefehl AOK 6 vom 28.9.1941, zitiert in Kunz, Norbert: Das Beispiel Charkow: Eine Stadtbevölkerung als Opfer der deutschen Hungerstrategie 1941/42. In: Hartmann/Hürter/Jureit: Verbrechen der Wehrmacht, S. 137.

221 Korpsbefehl Nr. 83 vom 27.10.1941, in Anlageheft 1 zu KTB 8 der 79. I.D., BA-MA RH 26-79/25, Bl. 47.

222 Ebd.

223 Ebd.

224 Auszüge aus den wirtschaftspolitischen Richtlinien des „Wirtschaftsstabes Ost“ vom 23.5.1941, zitiert in Rürup, Reinhard: Der Krieg gegen die Sowjetunion, S. 45.

225 Neitzel, Sönke/Welzer, Harald: Soldaten, S. 145 f.

226 Wortlaut abgedruckt in Wette, Wolfram/Ueberschär, Gerd: Der Überfall auf die Sowjetunion, S. 343 f.

227 Zitiert in Wette, Wolfram: Die Wehrmacht, S. 117.

228 Ebd., S. 198.

229 Vgl. Rürup, Reinhard: Der Krieg gegen die Sowjetunion, S. 8.

230 Hartmann, Christian: Wie verbrecherisch war die Wehrmacht. In: Hartmann/Hürter/Jureit: Verbrechen der Wehrmacht, S. 79.

231 Pfeiffer: Familiengeschichte, S. 49.

232 Ebd., S. 51.

233 Ebd., S. 52.

234 Ebd., S. 52.

235 Ebd., S. 53.

236 Ebd., S. 48, 53.

237 Ebd., S. 53.

238 Ebd., S. 55.

239 Gefechtsbericht der 62. I.D. zur Schlacht von Charkow, S. 5, Abschrift von Hans Hermann K. im Besitz der Familie.

240 Edith an Hans Hermann vom 23.3.1943, Brief im Familienbesitz.

241 Offiziersbeurteilung Hans Hermann K., 10.2.1943. In: Personalakte Hans Hermann K., Nr. 26400, Bundesarchiv-Militärarchiv Freiburg.

242 Zustandsbericht der 79. I.D. vom 1.11.1941, in Anlageheft 2 zu KTB 8 der 79. I.D., BA-MA RH 26-79/26, Bl. 7.

243 Zustandsbericht der 79. I.D. vom 22.11.1941, in Anlageheft 2 zu KTB 8 der 79. I.D., BA-MA RH 26-79/26, Bl. 8.

244 Sänger: Die 79. I.D., S. 62.

245 Ebd.

246 Diesen Ausdruck prägte Marlies Steinert in ihrer Analyse über die Wirkung nationalsozialistischer Propaganda auf die deutsche Bevölkerung. Zitiert in: Wette, Wolfram: Die Wehrmacht, S. 171.

247 Vgl. Otte, Hans Jürgen: „Bloß nicht den Russen in die Hände fallen!“ Erinnerungen eines Kampffliegers an Krieg und Gefangenschaft 1940-1947, Bremen 2005, insbesondere S. 48 und 67.

248 Streit, Christian: Keine Kameraden, S. 244 f.

249 Rürup, Reinhard: Der Krieg gegen die Sowjetunion, S. 108.

250 Vgl. etwa die entsprechenden Tagebuchaufzeichnungen des Chefs des Generalstabes, Generaloberst Halder, vom 30.3.1941 nach einer Rede Hitlers vor Offizieren der Wehrmacht, den geplanten Krieg und die Kriegsziele

gegen die Sowjetunion betreffend, Wortlaut abgedruckt in: Rürup: Der Krieg gegen die Sowjetunion, S. 42.

251 Vgl. zu dem gesamten Themenkomplex der Behandlung der sowjetischen Kriegsgefangenen vor allen Dingen Streit: Keine Kameraden.

252 Neitzel, Sönke/Welzer, Harald: Soldaten, S. 408 ff.

253 Vgl. hierzu KTB Nr. 15 der 79. I.D., BA-MA RH 26-79/50.

254 Kriegstagebucheintrag für den 17.8.1942. In: KTB Nr. 15 der 79. I.D., BA-MA RH 26-79/50.

255 Kriegstagebucheintrag für den 29.8.1942. In: KTB Nr. 15 der 79. I.D., BA-MA RH 26-79/50.

256 Kriegstagebucheintrag für den 1.9.1942. In: KTB Nr. 15 der 79. I.D., BA-MA RH 26-79/50.

257 Sänger, Hans: Die 79. I.D., S. 66.

258 Schröder, Hans Joachim: Die gestohlenen Jahre, S. 774.

259 Schröder, Hans Joachim: Die gestohlenen Jahre, S. 771.

260 Kriegstagebucheintrag für den 17.10.1942. In KTB Nr. 15 der 79. I.D., BA-MA RH 26-79/50.

261 Vgl. Wolf, Richard: Im Kampf um Stalingrad. Erinnerungen und Betrachtungen eines Mitkämpfers, des Kampfkommandanten vom „Roter Oktober“, im Bundesarchiv-Militärarchiv einsehbar, BA-MA RH 37/4973, S. 24.

262 Sänger, Hans: Die 79. I.D., S. 131.

263 Pfeiffer: Familiengeschichte, S. 54.

264 Ebd., S. 56.

265 Ebd.

266 Ebd., S. 57.

267 Ebd., S. 59.

268 Ebd., S. 60.

269 Ebd.

270 Ebd., S. 60 f.

271 Ebd., S. 59, 62.

272 Ebd., S. 63 ff.

273 Ebd., S. 65.

274 Ebd.

275 Ebd., S. 77.

276 Offiziersbeurteilung Hans Hermann K., 10.2.1943, in: Personalakte Hans Hermann K., Nr. 26400, Bundesarchiv-Militärarchiv Freiburg.

277 Edith an Hans Hermann vom 16.1.1943, Brief im Familienbesitz.

278 Edith an Hans Hermann vom 5.2.1943, Brief im Familienbesitz.

279 Edith an Hans Hermann vom 10.2.1943, Brief im Familienbesitz.

280 Edith an Hans Hermann vom 21.3.1943, Brief im Familienbesitz.

281 Edith an Hans Hermann vom 19.2.1943, Brief im Familienbesitz.

282 Edith an Hans Hermann vom 22.2.1943, Brief im Familienbesitz.

283 Edith an Hans Hermann vom 8.11.1943, Brief im Familienbesitz.

284 Edith an Hans Hermann vom 20.2.1943, Brief im Familienbesitz.

285 Edith an Hans Hermann vom 20.2.1943, Brief im Familienbesitz.

286 Edith an Hans Hermann vom 12.2.1943, Brief im Familienbesitz.

287 Edith an Hans Hermann vom 4.3.1943, Brief im Familienbesitz.

288 Edith an Hans Hermann vom 5.11.1943, Brief im Familienbesitz.

289 Edith an Hans Hermann vom 13.1.1943, 7.3.1943 und 4.11.1943, Briefe im Familienbesitz.

290 Edith an Hans Hermann vom 13.3.1943, Brief im Familienbesitz.

291 Hans Hermann an Edith vom 18.6.1943, Brief im Familienbesitz.

292 Edith an Hans Hermann vom 18.6.1943, Brief im Familienbesitz.

293 Edith an Hans Hermann vom 23.6.1943, Brief im Familienbesitz.

294 Edith an Hans Hermann vom 26.1.1943, Brief im Familienbesitz.

295 Edith an Hans Hermann vom 8.11.1943, Brief im Familienbesitz.

296 Hans Hermann an Edith vom 5.11.1943, Brief im Familienbesitz.

297 Hans Hermann an Edith vom 22.4.1944, Brief im Familienbesitz.

298 Hans Hermann an Edith vom 27.4.1944, Brief im Familienbesitz.

299 Hans Hermann an Edith vom 29.4.1944, Brief im Familienbesitz.

300 Hans Hermann an Edith vom 25.4.1944, Brief im Familienbesitz.

301 Offiziersbeurteilung Hans Hermann K., 1.3.1944. In: Personalakte Hans Hermann K., Nr. 26400, Bundesarchiv-Militärarchiv Freiburg.

302 Edith an Hans Hermann vom 9.8.1944, Brief im Familienbesitz.

303 Padover, Saul K.: Lügendetektor. Vernehmungen im besiegten Deutschland 1944/45, Frankfurt am Main 1999 S. 93 f.

304 Zitiert in: Heer, Hannes: „Hitler war's“, S. 7.

305 Vgl. die ausführliche Analyse des Angriffs auf Wuppertal mit zahlreichen Augenzeugenberichten und Quellen von Krüger, Norbert: Die Zerstörung Wuppertals. In: Goebel, Klaus: Wuppertal in der Zeit des Nationalsozialismus, S. 170.

306 Friedrich, Jörg: Der Brand. Deutschland im Bombenkrieg 1940-1945, München 2002, S. 13-20.

307 Timm, Uwe: Am Beispiel meines Bruders, S. 128.

308 Vgl. Arnold, Jörg/Süß, Dietmar/Thießen, Malte (Hrsg.): Luftkrieg. Erinnerungen in Deutschland und Europa, Göttingen 2009.

309 Vgl. Meyer, Ahlrich: Die deutsche Besatzung in Frankreich 1940-1944. Widerstandsbekämpfung und Judenverfolgung, Darmstadt 2000, S. 34-53.

310 Zur Kollaboration in Frankreich allgemein u.a. Judt, Tony: Die Geschichte Europas seit dem Zweiten Weltkrieg, Bonn 2006, S. 60 f. und 65.

311 Karl Sch., ehemals Gren.Ers.Btl. 208, an Moritz Pfeiffer vom 14.1.2007, Brief im Besitz des Verfassers.

312 Vgl. hierzu Wette, Wolfram: Die Wehrmacht, S. 165.

313 Storz, Stefan: Perfide Rechnung. In: SPIEGEL Special Geschichte 2/2005 „Hitlers Krieg." Sechs Jahre, die die Welt erschüttern, S. 210.

314 Zitiert in Neitzel, Sönke: Abgehört. Deutsche Generäle in britischer Gefangenschaft 1942-1945, Berlin 2007, S. 11.

315 Vgl. hierzu Rass, Christopher: „Menschenmaterial": Deutsche Soldaten an der Ostfront. Innenansichten einer Infanteriedivision 1939-1945, Paderborn 2003, S. 223.

316 Pfeiffer: Familiengeschichte, S. 63.

317 Ebd.

318 Ebd.

319 Ebd., S. 64.

320 Ebd.

321 Ebd., S. 67.

322 Ebd., S. 68.

323 Ebd., S. 69.

324 Ebd.

325 Ebd., S. 70.

326 Ebd., S. 71.

327 Ebd., S. 72.

328 Edith an Hans Hermann vom 4.8.1943, Brief im Familienbesitz.

329 Edith an Hans Hermann vom 13.8.1943, Brief im Familienbesitz.

330 Edith an Hans Hermann vom 18.8.1943, Brief im Familienbesitz.

331 Edith an Hans Hermann vom 23.8.1943, Brief im Familienbesitz.

332 Hans Hermann an Edith vom 8.12.1944, Brief im Familienbesitz.

333 Karl Sch. an Edith vom 10.1.1945, Brief im Familienbesitz.

334 Edith an Hans Hermann vom 7.2.1945, Brief im Familienbesitz.

335 Alfred (Nachname unleserlich) an Edith, 19.10.1945, Brief im Familienbesitz.

336 Edith an Hans Hermann vom 29.10.1945, Brief im Familienbesitz.

337 Edith an Hans Hermann vom 20.2.1946, Brief im Familienbesitz.

338 Hans Hermann an Edith vom 20.4.1945, Brief im Familienbesitz.

339 Hans Hermann an Edith vom 23.3. und 13.4.1945, Briefe im Familienbesitz.

340 Edith an Hans Hermann vom 20.2.1946, Brief im Familienbesitz.

341 Friedel an Hans Hermann vom 28.5.1945, Brief im Familienbesitz.

342 Friedel an Hans Hermann vom 4.7.1945, Brief im Familienbesitz.

343 Friedel an Hans Hermann vom 18.10.1945, Brief im Familienbesitz.

344 Friedel an Hans Hermann vom 8.12.1946, Brief im Familienbesitz.

345 Vgl. hierzu Wette, Wolfram: Die Wehrmacht, S. 192.

346 Ebd.

347 Zitiert in Hinrichs, Per: Mord im Lager. In: SPIEGEL, Special Geschichte 2/2005 „Hitlers Krieg." Sechs Jahre, die die Welt erschüttern, S. 213; vgl. auch Neitzel, Sönke/Welzer, Harald: Soldaten. In diesem Zusammenhang sei erwähnt, dass mein Großvater – so das Ergebnis meiner Recherchen – nicht zu den abgehörten Soldaten in alliierter Kriegsgefangenschaft gehörte, also hier auch keine weiteren zeitgenössischen Quellen auffindbar waren.

348 Padover: Lügendetektor, S. 46.

349 Mitscherlich, Alexander und Margarete: Die Unfähigkeit zu trauern, S. 34 f.

350 Judt, Tony: Die Geschichte Europas seit dem Zweiten Weltkrieg, S. 82.

351 Vollnhals, Clemens (Hrsg.): Entnazifizierung. Politische Säuberung und Rehabilitierung in den vier Besatzungszonen 1945-1949, München 1991, S. 28 f.

352 Ebd.

353 Pfeiffer: Familiengeschichte, S. 25.

354 Ebd.

355 Ebd, S. 26.

356 Ebd.

357 Ebd.

358 Ebd.

359 Ebd., S. 62.

360 Ebd., S. 26.

361 Ebd., S. 77.

362 Abschrift eines Gesprächs mit Hans Hermann am 5.6.2006.

363 Siegfried an Marlies A. vom 17.2.1942, Brief in Familienbesitz.

364 Alle Informationen bis hierhin entnommen dem Wehrstammbuch für Siegfried K., Zeichen 727-VI/ZNS-PU, Kopie im Besitz des Verfassers.

365 Edith an Hans Hermann vom 11.1.1943, Brief im Familienbesitz.

366 Edith an Hans Hermann vom 22.2.1943, Brief im Familienbesitz.

367 Hans Hermann an Edith vom 19.6.1943, Brief im Familienbesitz.

368 Hans Hermann an Edith vom 4.11.1943, Brief im Familienbesitz.

369 Hans Hermann an Edith vom 3.5.1944, Brief im Familienbesitz.

370 Edith an Hans Hermann vom 6.8.1944, Brief im Familienbesitz.

371 Friedel an Hans Hermann vom 28.5.1945, Brief im Familienbesitz.

372 Vgl. zur Geschichte der Waffen-SS und der Leibstandarte etwa Stein, George H.: Geschichte der Waffen-SS, Düsseldorf, 1967; Wegner, Bernd: Hitlers politische Soldaten: Die Waffen-SS 1933-1945, Paderborn 1997; Höhne, Heinz: Der Orden unter dem Totenkopf. Die Geschichte der SS,

Gütersloh 1967. Schulte, Jan Erik (Hrsg.): Die SS, Himmler und die Wewelsburg, Paderborn 2009. Eine umfassende Gesamtdarstellung der SS entsteht derzeit im Hannah-Arendt-Institut an der Technischen Universität Dresden durch Jan Erik Schulte. Um einen Eindruck von der weitgehenden Mystifizierung der Leibstandarte zu erhalten, siehe beispielhaft: Sepp Dietrich. Kommandeur Leibstandarte Adolf Hitler und seine Männer – Hrsg. von der Deutschen Verlagsgesellschaft, Rosenheim o.J.

373 Vgl. hierzu Stein, George H.: Geschichte der Waffen-SS, S. 81.

374 Vgl. Tabelle 79 bei Hilberg, Raul: Die Vernichtung der europäischen Juden, Frankfurt am Main,1999, S. 956.

375 Ebd., S. 302 f.

376 Siehe in der Einleitung von George H. Stein unter „Die Waffen-SS". In: Geschichte der Waffen-SS, ohne Seitenangabe.

377 Ebd., S. 98. Zum Truppenübungsplatz in Debiça siehe auch Klietmann, K.-G.: Die Waffen-SS. Eine Dokumentation, Osnabrück 1965, S. 453 f., und Mehner, Kurt: Waffen-SS und Polizei 1939-1945. Führung und Truppe, Norderstedt 1995, S. 281. Auch Frank Golczewski erwähnt in seiner Arbeit den Truppenübungsplatz im Raum Debiça, siehe: Golczewski, Frank: Polen. In: Benz, Wolfgang (Hrsg.): Dimension des Völkermordes. Die Zahl der jüdischen Opfer des Nationalsozialismus, München 1991, S. 435.

378 Schulte, Jan Erik: Zwangsarbeit und Vernichtung: Das Wirtschaftsimperium der SS. Oswald Pohl und das SS-Wirtschafts-Verwaltungshauptamt 1933-1945, Paderborn 2001, S. 278.

379 Ebd., S. 203. Siehe auch Mehner, Kurt: Waffen-SS und Polizei, S. 33.

380 Schulte, Jan Erik: „sollen nun im Zuge der Endlösung die Juden ... zum Arbeitseinsatz kommen." Vortrag am 20. Januar 2003 im Haus der Wannseekonferenz, Berlin, einsehbar in http://www.ghwk.de/deut/texte/voelkermord.htm, besucht am 10.12.2010.

381 Das SS-Bataillon Truppenübungsplatz Debiça gliederte sich in eine Stabskompanie, zwei Baukompanien, eine Werkstatt- und eine Wachkompanie sowie einen Nachrichtenzug, vgl. Mehner, Kurt: Waffen-SS und Polizei, S. 281.

382 Zur Wannseekonferenz vgl. etwa Schulze, Dietmar: Die Wannsee-Konferenz. In: Militärgeschichte. Zeitschrift für historische Bildung, Nr. 3/2002, S. 18-21, und Longerich, Peter: Die Wannsee-Konferenz vom 20. Januar 1942. Planung und Beginn des Genozids an den europäischen Juden, Berlin 1998.

383 Browning: Ganz normale Männer, S. 11.

384 Golczewski, Frank: Polen. In: Benz, Wolfgang: Dimension des Völkermords, S. 454.

385 Eber, Irene: Ich bin allein und bang. Ein jüdisches Mädchen in Polen 1939-1945, München 2007, S. 54 f.

386 Zum Ablauf der Deportationen und Auflösung der Ghettos siehe auch Hilberg, Raul: Die Vernichtung der europäischen Juden, S. 513 f.

387 Eber, Irene: Ich bin allein und bang, S. 60 f.

388 Ebd., S. 73.

389 Golczewski, Frank: Polen. In: Benz, Wolfgang: Dimension des Völkermords, S. 466.

390 Vgl. die Tabelle 79 bei Hilberg, Raul: Die Vernichtung der europäischen Juden, S. 956.

391 Email von Dr. Piotr Setkiewicz an Moritz Pfeiffer vom 18.10.2006.

392 Kriegstagebucheintrag für den 20.2.1943, KTB Nr. 13 der SS-Polizei-Division, BA-MA RS 3-4/36.

393 Bericht der Abteilung Ia über das russ. Stoßtruppunternehmen 50-60 Mann am 6.10.1943 an Generalkommando LIV. A.K., KTB Nr. 14 der SS-Polizei-Division, BA-MA RS 3-4/44, Bl. 4.

394 Vgl. zu „Nahblick und Überblicksperspektive" Schröder: Die gestohlenen Jahre, S. 724.

395 Pfeiffer: Familiengeschichte, S. 75 f.

396 Vgl. hierzu auch Schröder: Die gestohlenen Jahre, S. 596 und S. 624.

397 Ahnenpass der Edith Else A., Zentralverlag der NSDAP, München, Original im Besitz der Familie.

398 Vgl. Heinemann, Isabel: „Rasse, Siedlung, deutsches Blut." Das Rasse- und Siedlungshauptamt der SS und die rassenpolitische Neuordnung Europas, Göttingen 2003, S. 50-62.

399 In Ausschnitten abgedruckt bei Vollnhals: Entnazifizierung, S. 262 f.

400 Der Gesetzestext ist in voller Länge und im Wortlaut einsehbar unter http://www.verfassungen.de/de/bw/wuerttemberg-baden/wuertt-b-befreiungsgesetz46.htm, besucht am 10.12.2010.

401 Rürup, Reiner: Der Krieg gegen die Sowjetunion, S. 8.

402 Vgl. Pohl, Dieter: Verfolgung und Massenmord in der NS-Zeit 1933-1945, Darmstadt 2003, und Benz, Wolfgang: Dimension des Völkermords.

403 Pfeiffer: Familiengeschichte, S. 77.

404 Vgl. Welzer, Harald: „Opa war kein Nazi", S. 49 f.

405 Vgl. Giordano, Ralph: Die Zweite Schuld, S. 29-40.

406 Ebd., S. 194.

407 Es kann darüber spekuliert werden, ob er es als nahezu schicksalhaft empfand, dass das Lothringer Kreuz das Symbol seiner Militäreinheit, der 79. I.D., gewesen war und eben dieses nun – als Symbol de Gaulles – als Zeichen der Versöhnung umgedeutet werden konnte.

408 In seinem Bücherregal standen die Werke von Ilse Hess: „England, Nürnberg, Spandau „über das Schicksal des „Stellvertreter des Führers“ Rudolf Hess, das Buch von Wilfred von Oven „Mit Goebbels bis zum Ende“, die Tagebuchaufzeichnungen des Pressereferenten von Joseph Goebbels, und Erich von Mansteins „Verlorene Siege“, die das Kriegsgeschehen und den militärischen Verlauf des Zweiten Weltkriegs behandeln. Natürlich handelt es sich hierbei teilweise um stark apologetische Literatur der frühen Nachkriegszeit, andererseits zeigt die Beschäftigung mit dem Thema, dass ein Prozess innerer Auseinandersetzung hier schon einsetzte. Wann genau er allerdings von Ovens „Mit Goebbels bis zum Ende“ erhielt und las (Erscheinungsort Buenos Aires), ist unklar.

409 Entsprechende Fotos, der Schriftverkehr und Drucksachen der Traditionsverbände aus den frühen 1950er Jahren im Familienbesitz. Auf die Divisionsgeschichte Hans Sängers wurde er erst durch mich aufmerksam.

410 Metzroth, Simon/Pfeiffer, Moritz: „Schuld und Untergang“ – Das Ende des Dritten Reiches, Hauptseminars-Hausarbeit am Historischen Seminar der Universität Freiburg im Sommersemester 2005 bei Professor Dr. Wolfram Wette „Kriegsende 1945“, Arbeit im Besitz der Verfasser.

411 Timm, Uwe: Am Beispiel meines Bruders, S. 24 f.

412 Ebd., S. 59.

413 Ebd., S. 120.

414 Ebd., S. 143.

Quellen und Literatur

Quellen

Archivalien

Bundesarchiv-Militärarchiv Freiburg im Breisgau (BA-MA)

RH 26-79/14 Kriegstagebuch Nr. 6 der 79. Infanteriedivision.
RH 26-79/16 Anlageheft 2 zu Kriegstagebuch Nr. 6 der 79. I.D.
RH 26-79/19 Kriegstagebuch Nr. 7 der 79. I.D.
RH 26-79/20 Anlageheft 1 zu Kriegstagebuch Nr. 7 der 79. I.D.
RH 26-79/21 Anlageheft 2 zu Kriegstagebuch Nr. 7 der 79. I.D.
RH 26-79/25 Anlageheft 1 zu Kriegstagebuch Nr. 8 der 79. I.D.
RH 26-79/26 Anlageheft 2 zu Kriegstagebuch Nr. 8 der 79. I.D.
RH 26-79/30 Anlageheft 2 zu Kriegstagebuch Nr. 9 der 79. I.D.
RH 26-79/50 Kriegstagebuch Nr. 15 der 79. I.D.
RH 37/4973 Kampferinnerungen aus Stalingrad, von Richard Wolf.
RS 3-4/36 Kriegstagebuch Nr. 13 der SS-Polizeidivision.
RS 3-4/44 Kriegstagebuch Nr. 14 der SS-Polizeidivision.
Personalakte für Hans Hermann K., Nr. 26400.

Bundesarchiv Berlin-Lichterfelde

Wehrstammbuch, Siegfried K., Zeichen 727-VI/ZNS-PU.
NSDAP-Mitgliederkartei, personenbezogene Daten zu Edith Else A.

Stadtarchiv Wuppertal

Generalanzeiger der Stadt Wuppertal für Elberfeld und Barmen vom 10. November 1938.

Private Quellen bzw. im Privatbesitz befindliche Quellen

Ahnenpass der Edith Else A., Zentralverlag der NSDAP, München.
„Firnhabers kleiner Ahnenpass“ der Edith Else A.
Email von Dr. Piotr Setkiewicz (Direktor des Archivs Gedenkstätte Auschwitz-Birkenau) an Moritz Pfeiffer vom 18.10.2006.
Briefe von Friedel K. an Hans Hermann K.
Briefe von Hans Hermann K. an Friedel K.
Briefe von Hans Hermann K. an Edith K. geb. A.

Briefe von Edith K. geb. A. an Hans Hermann K.
Brief von Karl Sch. an Edith K. geb. A.
Brief von Karl Sch. an Moritz Pfeiffer.
Brief von Alfred (Nachname unleserlich) an Edith K. geb. A.
Brief von Siegfried K. an seine Cousine Marlies.
Gefechtsbericht der 62. I. D. über die Kämpfe südlich Charkow in der Zeit vom 12. bis 25.5.1942, einschließlich Lagekarten.
Gesprächsnotizen vom Interview mit Hans Hermann K. vom 5.6.2006.
Gesprächsnotizen vom Interview mit Marlies A. geb. V. vom 30.9.2006.
Metzroth, Simon/Pfeiffer, Moritz: „Schuld und Untergang." Das Ende des Dritten Reiches, Hauptseminars-Hausarbeit am Historischen Seminar der Universität Freiburg, Sommersemester 2005, Hauptseminar von Prof. Dr. Wolfram Wette „Kriegsende 1945", Arbeit im Besitz der Verfasser.
Pfeiffer, Moritz: „Ich hatte das letzte deutsche Pferd der 6. Armee." Deutsche Geschichte in der eigenen Familie, Abschrift der Erinnerungsinterviews aus dem Jahr 2005, 79 Seiten.
Alle weiteren verwendeten Militärdokumente, Fotos, Briefe, Karten etc. im Familienbesitz.

Gedruckte Quellen

Beumelburg, Werner: Gruppe Bosemüller. Der Roman des Frontsoldaten, Oldenburg/Berlin 1941.
Der großdeutsche Freiheitskampf. II. Band. Reden Adolf Hitlers vom 10. März 1940 bis 16. März 1941. Hrsg. von Reichsleiter Philipp Bouhler, Zentralverlag der NSDAP, München 1941.
Dwinger, Erich Edwin: Zwischen Weiß und Rot. Die russische Tragödie 1919-1920, Jena 1930.
Hess, Ilse: England, Nürnberg, Spandau. Ein Schicksal in Briefen, Freising 1952.
Hitler, Adolf: Mein Kampf. Zwei Bände in einem Band, ungekürzte Ausgabe, München 1942.
Klee, Ernst; Dressen, Willi; Rieß, Volker (Hrsg.): „Schöne Zeiten." Judenmord aus der Sicht der Täter und Gaffer, Frankfurt am Main 1988.
Manstein, Erich von: Verlorene Siege, Bonn 1955.
Oven, Wilfred von: Mit Goebbels bis zum Ende, Buenos Aires 1949.
Sänger, Hans: Die 79. Infanterie-Division 1939-1945, Eggolsheim o. J.
„Gesetz Nr. 104 zur Befreiung von Nationalsozialismus und Militarismus" der Alliierten Besatzungsmächte vom 5. März 1946. Regierungsblatt für Württemberg-Baden 1946, S. 71. Gesetzestext selbst eingesehen in voller Länge und im Wortlaut unter http://www.verfassungen.de/de/bw/wuerttemberg-baden/wuertt-b-befreiungsgesetz46.htm, zuletzt besucht am 10.12.2010.

Literatur

Ahlheim, Klaus/Heger, Bardo: Die unbequeme Vergangenheit. NS-Vergangenheit, Holocaust und die Schwierigkeiten des Erinnerns, Schwalbach 2003.

Altrichter, Helmut/Bernecker, Walther L.: Geschichte Europas im 20. Jahrhundert, Stuttgart 2004.

Aly, Götz: Hitlers Volksstaat. Raub, Rassenkrieg und nationaler Sozialismus, Frankfurt am Main 2005.

Arnim, Gabriele von: Das große Schweigen. Von der Schwierigkeit, mit den Schatten der Vergangenheit zu leben, München 1989.

Arnold, Jörg/Süß, Dietmar/Thießen, Malte (Hrsg.): Luftkrieg. Erinnerungen in Deutschland und Europa, Göttingen 2009.

Arnold, Klaus Jochen: Die Wehrmacht und die Besatzungspolitik in den besetzten Gebieten der Sowjetunion. Kriegsführung und Radikalisierung im „Unternehmen Barbarossa", Berlin 2005.

Bajohr, Frank/Pohl, Dieter: Massenmord und schlechtes Gewissen. Die deutsche Bevölkerung, die NS-Führung und der Holocaust, München 2006.

Bar-On, Dan: Die Last des Schweigens. Gespräche mit Kindern von NS-Tätern, erweiterte Neuausgabe, Hamburg 2003.

Benz, Wolfgang (Hrsg.): Dimension des Völkermords. Die Zahl der jüdischen Opfer des Nationalsozialismus, München 1991.

Berschel, Holger: Bürokratie und Terror – Das Judenreferat der Gestapoaußenstelle Wuppertal. In: Okroy, Michael/Schrader, Ulrike (Hrsg.): Der 30. Januar 1933 – ein Datum und seine Folgen. Aktuelle Forschungen zum Nationalsozialismus in Wuppertal, Wuppertal 2004.

Böhler, Jochen: Auftakt zum Vernichtungskrieg. Die Wehrmacht in Polen 1939, Frankfurt am Main 2006.

Boll, Bernd/Safrian, Hans: Auf dem Weg nach Stalingrad. Die 6. Armee 1941/42. In: Heer, Hannes/Naumann, Klaus (Hrsg.): Vernichtungskrieg. Verbrechen der Wehrmacht 1941 bis 1944, Frankfurt am Main 1997.

Bormann, Martin: Leben gegen Schatten. Gelebte Zeit, geschenkte Zeit, Begegnungen, Erfahrungen, Folgerungen, Paderborn 2000.

Browning, Christopher R.: Ganz normale Männer. Das Reserve-Polizeibataillon 101 und die „Endlösung" in Polen, Hamburg 2005.

Broszat, Martin/Fröhlich, Elke (Hrsg.): Bayern in der NS-Zeit II. Herrschaft und Gesellschaft im Konflikt, München 1979.

Bruhns, Wibke: Meines Vaters Land. Geschichte einer deutschen Familie, Berlin 2006.

Brunner, Claudia/Seltmann, Uwe von: Schweigen die Täter reden die Enkel, Frankfurt am Main 2006.

Buddrus, Michael: Totale Erziehung für den totalen Krieg. Hitlerjugend und nationalsozialistische Jugendpolitik, hrsg. vom Institut für Zeitgeschichte, München 2003.

Cüppers, Martin: Wegbereiter der Shoah. Die Waffen-SS, der Kommandostab Reichsführer SS und die Judenvernichtung 1939-1945, Darmstadt 2005.

Donat, Helmut: „Wohl der bestgehaßte Mann Deutschlands" – Friedrich Wilhelm Foerster (1869-1966) und sein Bemühen um eine deutsch-polnische Aussöhnung. In: Christoph Koch, Vom Junker zum Bürger. Hellmut von Gerlach – Demokrat und Pazifist in Kaiserreich und Republik, München 2009.

Eber, Irene: Ich bin allein und bang. Ein jüdisches Mädchen in Polen 1939-1945, München 2007.

Faust, Anselm: Die „Kristallnacht" im Rheinland. Dokumente zum Judenpogrom im November 1938, Düsseldorf 1987.

Föhse, Ulrich: Erst Mensch, dann Untermensch. Der Weg der jüdischen Wuppertaler in den Holocaust. In: Goebel, Klaus (Hrsg.): Wuppertal in der Zeit des Nationalsozialismus, Wuppertal 1984.

Frank, Niklas: Der Vater. Eine Abrechnung, München 1987.

Frank, Niklas: Meine deutsche Mutter, München 2006.

Fried, Johannes: Der Schleier der Erinnerung. Grundzüge einer historischen Memorik, München 2004.

Friedrich, Jörg: Der Brand. Deutschland im Bombenkrieg 1940-1945, München 2002.

Frieser, Karl-Heinz: Blitzkrieg-Legende. Der Westfeldzug 1940, München 1995.

Fritz, Stephen G.: Hitlers Frontsoldaten. Der erzählte Krieg, Berlin 1998.

Fruchtmann, Karl: Die Grube. Drehbuch zu einem Film. Mit einem Nachwort von Wolfram Wette über den Kindermord von Bjelaja Zerkow im August 1941, Bremen 1998.

Galle, Anne: Rabenzeit. Erzählung, Bremen 2010.

Giordano, Ralph: Die zweite Schuld oder Von der Last Deutscher zu sein, Hamburg/Zürich 1987.

Goebel, Klaus (Hrsg.): Wuppertal in der Zeit des Nationalsozialismus, Wuppertal 1984.

Goebel, Klaus: Fahnen, Feiern und Parolen. Nationalsozialistische Propaganda in Wuppertal. In: Goebel, Klaus (Hrsg.): Wuppertal in der Zeit des Nationalsozialismus, Wuppertal 1984.

Golczewski, Frank: Polen. In: Benz, Wolfgang (Hrsg.): Dimension des Völkermords. Die Zahl der jüdischen Opfer des Nationalsozialismus, München 1991.

Hartmann, Christian/Hürter, Johannes/Jureit, Ulrike (Hrsg.): Verbrechen der Wehrmacht. Bilanz einer Debatte, München 2005.

Hartmann, Christian: Wie verbrecherisch war die Wehrmacht? In: Hartmann, Christian; Hürter, Johannes/Jureit, Ulrike (Hrsg.): Verbrechen der Wehrmacht. Bilanz einer Debatte, München 2005.

Hartmann, Christian/Hürter, Johannes/Lieb, Peter/Pohl, Dieter: Der deutsche Krieg im Osten 1941-1944. Facetten einer Grenzüberschreitung, München 2009.

Hartmann, Christian: Wehrmacht im Ostkrieg. Front und militärisches Hinterland, München 2010.

Hartmann, Christian: Unternehmen Barbarossa. Der deutsche Krieg im Osten 1941-1945, München 2011.

Heer, Hannes/Naumann, Klaus (Hrsg.): Vernichtungskrieg. Verbrechen der Wehrmacht 1941 bis 1944, Frankfurt am Main 1997.

Heer, Hannes: „Hitler war's." Die Befreiung der Deutschen von ihrer Vergangenheit, Berlin 2005.

Heinemann, Isabel: „Rasse, Siedlung, deutsches Blut." Das Rasse- und Siedlungshauptamt der SS und die rassenpolitische Neuordnung Europas, Göttingen 2003.

Herbert, Ulrich/Laak, Dirk van (Hrsg.): Lutz Niethammer. Deutschland danach. Postfaschistische Gesellschaft und nationales Gedächtnis, Bonn 1999.

Heß, Wolf-Rüdiger: Rudolf Heß: „Ich bereue nichts", Stuttgart 1994.

Hilberg, Raul: Die Vernichtung der europäischen Juden, 9. erneut durchgesehene Auflage, Frankfurt am Main 1999.

Himmler, Katrin: Die Brüder Himmler. Eine deutsche Familiengeschichte, Frankfurt am Main 2007.

Höhne, Heinz: Der Orden unter dem Totenkopf. Die Geschichte der SS, Gütersloh 1967.

Jetter, Monika: Mein Kriegsvater. Versuch einer Aussöhnung, Hamburg 2004.

Judt, Tony: Die Geschichte Europas seit dem Zweiten Weltkrieg, Bonn 2006.

Kater, Michael H.: Hitlerjugend, Darmstadt 2005.

Kershaw, Ian: Antisemitismus und Volksmeinung. In: Broszat, Martin/Fröhlich, Elke (Hrsg.): Bayern in der NS-Zeit II. Herrschaft und Gesellschaft im Konflikt, München 1979.

Kessler Matthias: „Ich muss doch meinen Vater lieben, oder?" Die Lebensgeschichte von Monika Göth – Tochter des KZ-Kommandanten aus „Schindlers Liste", Frankfurt am Main 2002.

Klee, Ernst: Das Personenlexikon des Dritten Reiches. Wer war was vor und nach 1945? Frankfurt am Main 2003.

Klietmann, K.-G.: Die Waffen-SS. Eine Dokumentation, Osnabrück 1965.

Klönne, Arno: Jugend im Dritten Reich. Die Hitler-Jugend und ihre Gegner, München 1995.

Kropat, Wolf-Arno: „Reichskristallnacht". Der Judenpogrom vom 7. bis 10. November 1938 – Urheber, Täter, Hintergründe, Wiesbaden 1997.
Krüger, Norbert: Die Zerstörung Wuppertals. Ein Überblick über die Luftangriffe im Sommer 1943. In: Goebel, Klaus (Hrsg.): Wuppertal in der Zeit des Nationalsozialismus, Wuppertal 1984.
Kunz, Norbert: Das Beispiel Charkow: Eine Stadtbevölkerung als Opfer der deutschen Hungerstrategie 1941/42. In: Hartmann, Christian/Hürter, Johannes/Jureit, Ulrike (Hrsg.): Verbrechen der Wehrmacht. Bilanz einer Debatte, München 2005.
Latzel, Klaus: Deutsche Soldaten – nationalsozialistischer Krieg? Kriegserlebnis – Kriegserfahrung 1939-1945, Paderborn u. a. 1998.
Leupold, Dagmar: Nach den Kriegen. Roman eines Lebens, München 2004.
Longerich, Peter: „Davon haben wir nichts gewusst." Die Deutschen und die Judenverfolgung 1933-1945, München 2006.
Longerich, Peter: Die Wannsee-Konferenz vom 20. Januar 1942. Planung und Beginn des Genozids an den europäischen Juden, Berlin 1998.
Medicus, Thomas: In den Augen meines Großvaters, München 2004.
Mehner, Kurt (Hrsg.): Die Waffen-SS und Polizei 1939-1945. Führung und Truppe, Norderstedt 1995.
Messerschmidt, Manfred: Das neue Gesicht des Militarismus in der Zeit des Nationalsozialismus. In: Wette, Wolfram (Hrsg.): Schule der Gewalt. Militarismus in Deutschland 1871-1945, Berlin 2005.
Meyer, Ahlrich: Die deutsche Besatzung in Frankreich 1940-1944. Widerstandsbekämpfung und Judenverfolgung, Darmstadt 2000.
Mitscherlich, Alexander und Margarete: Die Unfähigkeit zu trauern. Grundlagen kollektiven Verhaltens, München 1977.
Mommsen, Wilhelm (Hrsg.): Deutsche Parteiprogramme, München 1960.
Moser, Tilmann: „Dabei war ich doch sein liebstes Kind." Eine Psychotherapie mit der Tochter eines SS-Mannes, München 1997.
Moser, Tilmann: Dämonische Figuren. Die Wiederkehr des Dritten Reiches in der Psychotherapie, Frankfurt am Main 1997.
Neitzel, Sönke: Abgehört. Deutsche Generäle in britischer Kriegsgefangenschaft 1942-1945, Berlin 2007.
Neitzel, Sönke / Welzer, Harald: Soldaten. Protokolle vom Kämpfen, Töten und Sterben, Frankfurt am Main 2011.
Niethammer, Lutz: Lebenserfahrung und kollektives Gedächtnis. Die Praxis der „Oral History", Frankfurt am Main 1985.
Nipperdey, Thomas: Deutsche Geschichte 1866-1918, Band 1: Arbeitswelt und Bürgergeist, München 1990.
Nissen, Margret: Sind Sie die Tochter Speer? München 2005.

Obst, Dieter: „Reichskristallnacht." Ursachen und Verlauf des antisemitischen Pogroms vom November 1938, Frankfurt am Main 1991.

Okroy, Michael/Schrader, Ulrike (Hrsg.): Der 30 Januar 1933 – ein Datum und seine Folgen. Aktuelle Forschungen zum Nationalsozialismus in Wuppertal, Wuppertal 2004.

Otte, Hans Jürgen: „Bloß nicht den Russen in die Hände fallen!" Erinnerungen eines Kampffliegers an Krieg und Gefangenschaft 1940-1947, Bremen 2005.

Padover, Saul K.: Lügendetektor. Vernehmungen im besiegten Deutschland 1944/45, Frankfurt am Main 1999.

Pohl, Dieter: Verfolgung und Massenmord in der NS-Zeit 1933-1945, Darmstadt 2003.

Rass, Christopher: „Menschenmaterial": Deutsche Soldaten an der Ostfront. Innenansichten einer Infanteriedivision 1939-1945, Paderborn 2003.

Remarque, Erich Maria: Im Westen Nichts Neues, Köln 1997.

Richter, Timm C.: Handlungsspielräume am Beispiel der 6. Armee. In: Hartmann, Christian; Hürter, Johannes/Jureit, Ulrike (Hrsg.): Verbrechen der Wehrmacht. Bilanz einer Debatte, München 2005.

Roes, Jörn: Freiwillig in den Krieg. Auf den Spuren einer verlorenen Jugend, Berlin-Brandenburg 2005.

Rürup, Reinhard (Hrsg.): Der Krieg gegen die Sowjetunion 1941-1945. Eine Dokumentation, Berlin 1991.

Sarkowicz, Hans/Mentzer, Alf: Literatur in Nazi-Deutschland. Ein biografisches Lexikon, Hamburg/Wien 2000.

Scheub, Ute: Das falsche Leben. Eine Vatersuche, München 2006.

Schirach, Richard von: Der Schatten meines Vaters, München/Wien 2005.

Schmidbauer, Wolfgang: „Ich wusste nie, was mit Vater ist." Das Trauma des Krieges, Hamburg 1998.

Schröder, Hans Joachim: Die gestohlenen Jahre. Erzählgeschichten und Geschichtserzählungen im Interview: Der Zweite Weltkrieg aus der Sicht ehemaliger Mannschaftssoldaten, Tübingen 1992.

Schulte, Jan Erik: Zwangsarbeit und Vernichtung: Das Wirtschaftsimperium der SS. Oswald Pohl und das SS-Wirtschafts-Verwaltungshauptamt 1933-1945, Paderborn 2001.

Schulte, Jan Erik (Hrsg.): Die SS, Himmler und die Wewelsburg, Paderborn 2009.

Schwan, Gesine: Politik und Schuld. Die zerstörerische Macht des Schweigens, Frankfurt am Main 1997.

Sepp Dietrich. Kommandeur der Leibstandarte SS Adolf Hitler und seine Männer. Hrsg. von der Deutschen Verlagsgesellschaft, Rosenheim 1995.

Silbermann, Alphons/Stoffers, Manfred: Auschwitz: Nie davon gehört? Erinnern und vergessen in Deutschland, Berlin 2000.

Sonnenfeld, Sonja: Es begann in Berlin. Ein Leben für Gerechtigkeit und Freiheit, Bremen 2005.

Sparing, Franz/Stracke, Stephan: „... dass durch den Übergang ein musterhaft geführtes, deutsches Geschäft geschaffen wird." Die „Entjudung" der Wuppertaler Wirtschaft 1933-1938. In: Okroy, Michael/Schrader, Ulrike (Hrsg.): Der 30 Januar 1933 – ein Datum und seine Folgen. Aktuelle Forschungen zum Nationalsozialismus in Wuppertal, Wuppertal 2004.

Starke, Fritz: Langer Schatten. Eine Jugend in Deutschland. Mit einem Nachwort von Helmut Donat, Bremen 2003.

Stein, Georg H.: Geschichte der Waffen-SS, Düsseldorf 1967.

Streit, Christian: Keine Kameraden. Die Wehrmacht und die sowjetischen Kriegsgefangenen 1941-1945, Bonn 1991.

Tessin, Georg: Verbände und Truppen der deutschen Wehrmacht und Waffen-SS im Zweiten Weltkrieg 1939-1945. Zweiter Band: Die Landstreitkräfte 1-5, Frankfurt am Main o.J.

Timm, Uwe: Am Beispiel meines Bruders, München 2005.

Todorov, Tzvetan: Angesichts des Äußersten, München 1993.

Ueberschär, Gerd R./Wette, Wolfram (Hrsg.): Der deutsche Überfall auf die Sowjetunion. „Unternehmen Barbarossa" 1941, Frankfurt am Main 1991.

Vollnhals, Clemens (Hrsg.): Entnazifizierung. Politische Säuberung und Rehabilitierung in den vier Besatzungszonen 1945-1949, München 1991.

Wackwitz, Stephan: Ein unsichtbares Land. Familienroman, Frankfurt am Main 2003.

Wegner, Bernd: Hitlers politische Soldaten: Die Waffen-SS 1933-1945, Paderborn 1997.

Weiß, Hermann (Hrsg.): Biographisches Lexikon zum Dritten Reich, Frankfurt am Main 1998.

Welsch, Marion: Sprich mit mir. Auf der Suche nach der Vergangenheit meiner Familie, Berlin 2005.

Welzer, Harald/Moller, Sabine/Tschuggnall, Karoline: „Opa war kein Nazi." Nationalsozialismus und Holocaust im Familiengedächtnis, Frankfurt am Main 2005.

Welzer, Harald: Täter. Wie aus ganz normalen Menschen Massenmörder werden, Frankfurt am Main 2005.

Wette, Wolfram: Die Wehrmacht. Feindbilder, Vernichtungskrieg, Legenden, Frankfurt am Main 2005.

Wette, Wolfram (Hrsg.): Schule der Gewalt. Militarismus in Deutschland 1871-1945, Berlin 2005.

Zeitschriften und andere Medien

Aly, Götz: Die Wohlfühl-Diktatur. In: SPIEGEL – Special Geschichte, Nr. 2/2005, S. 104-110.

„Die Seele steckt überall." Interview mit Margarete Mitscherlich. In: SPIEGEL, Nr. 27/2007, S. 146-150.

Herwig, Malte: Hoffnungslos dazwischen. In: SPIEGEL, Nr. 29/2007, S. 134 f.

Hinrichs, Per: Mord im Lager. In: SPIEGEL – Special Geschichte, Nr. 2/2005, S. 211-213.

Ludin, Malte: „2 oder 3 Dinge, die ich von ihm weiß", Dokumentarfilm, absolut Medien GmbH, D 2005.

Schanze, Jens: „Winterkinder – Die schweigende Generation", Dokumentarfilm, SUNFILM Entertainment, D 2005.

Schulte, Jan Erik: „... sollen nun im Zuge der Endlösung die Juden ... zum Arbeitseinsatz kommen." Vortrag am 20. Januar 2003 im Haus der Wannsee-konferenz, Berlin, einsehbar auf http://www.ghwk.de/deut/texte/voelker mord.htm, zuletzt besucht am 10.12.2010.

Schulze, Dietmar: Die Wannsee-Konferenz. In: Militärgeschichte. Zeitschrift für historische Bildung. Hrsg. vom Militärgeschichtlichen Forschungsamt, Nr. 3/2002, S. 18-21.

Storz, Stefan: Perfide Rechnung. In: SPIEGEL – Special Geschichte, Nr. 2/2005, S. 208-210.

Thamer, Hans-Ulrich: Nationalsozialistische Außenpolitik: der Weg in den Krieg. In: Informationen zur politischen Bildung, Nr. 266/2000, Nationalsozialismus I, S. 31-47.

Wauer, Britta: „Gerdas Schweigen", Dokumentarfilm, Piffl Medien GmbH, D 2008.

Wette, Wolfram: Erinnerungskultur war gestern. Erinnerungskultur vor neuen Herausforderungen. In: Forum Pazifismus. Zeitschrift für Theorie und Praxis der Gewaltfreiheit, Nr. 29 – I/2011, S. 24-34.

Winkler, Heinrich August: Deutschland, eine Jahrhundertfrage. In: SPIEGEL – Special Geschichte, Nr. 1/2007, S. 152-164.

Bildnachweis: Die Fotos und Dokumente stammen, soweit sie nicht aus dem Familienarchiv des Verfassers sind, aus sowjetischen, DDR-Archiven und dem Donat Verlag. Das Bild auf Seite 109 unten ist aus der „Sammlung Johannes Hähle" des Archivs des Hamburger Instituts für Sozialforschung, dem wir für die freundliche Abdruckgenehmigung herzlich danken.

Dank

Die vorliegende Publikation stellt eine leicht erweiterte Version meiner Magisterarbeit dar, die unter dem Titel „Mein Großvater im Krieg – Erinnerung und Fakten im Vergleich“ von Professor Dr. Wolfram Wette an der Albert-Ludwigs-Universität in Freiburg im Breisgau betreut worden ist. Er bot mir die Möglichkeit, mich im Rahmen meines wissenschaftlichen Abschlusses mit einem doch sehr persönlichen Thema zu beschäftigen. Die zahlreichen Gespräche mit ihm waren mehr als hilfreich und seine scharfsinnigen Nachfragen sind dem Vorhaben sehr zugute gekommen. Privatdozentin Frau Dr. Cornelia Brink zeichnete für das wohlwollende Zweitgutachten verantwortlich, Professor Dr. Ulrich Herbert sorgte für einige nachträgliche, fruchtbare Anmerkungen. In diesem Zusammenhang seien auch die Mitarbeiterinnen und Mitarbeiter der verschiedenen Archive, die mir hilfreich zur Seite standen, genannt, sowie mein Verleger Helmut Donat, der den Text vorzüglich lektoriert hat. Last but not least hat die Bremer Stiftung „Die Schwelle“ die Drucklegung des Buches durch einen großzügigen Zuschuss ermöglicht.

Meine Großeltern haben mich stark geprägt. Ihnen dafür angemessen Anerkennung auszusprechen, ist hier weder Raum noch der richtige Platz. Ich bedauere sehr, dass sie das hier vorliegende Ergebnis nicht mehr lesen konnten. Die anderen Familienangehörigen förderten mich bei der Recherche, obwohl schnell klar war, dass nicht nur entlastende Dinge über die Vergangenheit unserer Vorfahren ans Licht kommen würden. Hervorzuheben sind insbesondere meine Eltern, auf deren Unterstützung ich mich stets verlassen konnte. In vielen Gesprächen haben mir auch Freunde und Kommilitonen geholfen; zu nennen sind vor allem Simon Metzroth, Sabine Schlag, Katrin Koervers, Martin Schwietzke, Nina Hermann, Sonja Arnold, Agnes Schuler, Verena Steinbrecher, Matthias Schelz, Jan Wallauer, Sebastian Ohrmann, Marco Chiabudini und nicht zuletzt Noemi Hermann. Allen Erwähnten danke ich.

Die Autoren

Moritz Pfeiffer, * 1982, Magister Artium, 2002-2008 Studium der Neueren und Neuesten Geschichte und der Romanischen Philologie, Schwerpunkt Spanisch, an der Albert-Ludwigs-Universität in Freiburg im Breisgau, seit 2009 Wissenschaftlicher Mitarbeiter im Kreismuseum Wewelsburg nahe Paderborn, Abteilung „Erinnerungs- und Gedenkstätte Wewelsburg 1933-1945: Ideologie und Terror der SS", zur Zeit in einem Forschungsprojekt mit der Edition des Taschenkalenders Heinrich Himmlers für 1940 befasst; Veröffentlichungen u.a. für SPIEGEL-Online und die Stiftung „Topographie des Terrors".

Wolfram Wette, * 1940, Dr. phil., Historiker und freier Autor, 1971-1995 am Militärgeschichtlichen Forschungsamt in Freiburg i.Br. tätig, Mitbegründer der Historischen Friedensforschung, seit 1998 apl. Professor an der Universität Freiburg, Ehrenprofessor der russischen Universität Lipezk, gilt als einer der namhaften kritischen Militärhistoriker, zahlreiche Veröffentlichungen u.a. zur Geschichte des Militarismus und Pazifismus in Deutschland, zur Geschichte des Zweiten Weltkrieges, über Karl Jäger, den Mörder der litauischen Juden, sowie zur Militärgeschichte von unten; seine Bücher zur Wehrmacht und zum Militarismus in Deutschland sind Standardwerke.

Helmut Donat, * 1947, Bankkaufmann, Verleger, Historiker und freier Autor, Mitbegründer des Arbeitskreises Historische Friedensforschung, Veröffentlichungen zur Geschichte des deutschen Pazifismus und Militarismus, zum „Historikerstreit", zur „Wehrmachtsausstellung", zum Kontinuitätsproblem der deutschen Geschichte, zu den Ursachen und Folgen des Nationalsozialismus sowie zum Völkermord an den Armeniern; für sein verlegerisches und publizistisches Wirken mehrfach ausgezeichnet, u.a. mit dem Carl von Ossietzky-Preis der Stadt Oldenburg; das von ihm und Karl Holl herausgegebene Buch über die Friedensbewegung in Deutschland, Österreich und in der Schweiz ist ein Standardwerk.

Ludwig Quidde

Deutschlands Rückfall in Barbarei

Texte des Exils 1933-1941

Herausgegeben und eingeleitet von Karl Holl

(= Schriftenreihe Geschichte & Frieden – Bd. 16)

144 Seiten, Hardcover, 12.80 €

ISBN 978-3-938275-53-5

Ludwig Quidde, 1927 mit dem Friedens-Nobelpreis ausgezeichnet und 1933 ins Exil gezwungen, befasst sich in seinen hier erstmals veröffentlichten Schriften „Deutschlands Rückfall in Barbarei“, „Das andere, wahre Deutschland“ und in seiner Kritik am Münchner Abkommen von 1938 „Die Kehrseite des Friedens“ mit den Ursachen und Folgen des Nationalsozialismus. Indem er den verbrecherischen und kriegerischen Charakter des „Dritten Reiches“ darlegt, verdeutlicht er zugleich, dass der Zivilisationsbruch lange vor „Auschwitz“ begann. Mit seiner sorgfältigen Edition bekräftigt Karl Holl die Bedeutung der Texte, geht auf Quiddes Motivlage ein und würdigt dessen Bestreben, ungeachtet der Exilsituation und Bedrohung durch das NS-Regime seine Fähigkeiten als Historiker, kritischer Zeitgenosse und NS-Gegner zu nutzen, um die Welt vor Schlimmerem zu bewahren.

Lothar Wieland

„Wieder wie 1914!“

Heinrich Ströbel (1869-1944) – Biografie eines vergessenen Sozialdemokraten

Mit einem Geleitwort von Hans Koschnick

(= Schriftenreihe Geschichte & Frieden – Bd. 15)

408 Seiten, Hardcover, 22.80 €

ISBN 978-3-938275-49-8

Heinrich Ströbel (1869-1944) wirkte u.a. als Redakteur des „Vorwärts“, Mitglied des preußischen Abgeordnetenhauses und des Reichstages, als Ministerpräsident von Preußen und steuer- bzw. finanzpolitischer Experte der SPD. Als Gegner der Kriegspolitik und Mitbegründer der USPD forderte er nach 1918 einen „rücksichtslosen Bruch mit der blutbesudelten Vergangenheit“ des kaiserlichen Regimes. In seinen Leitartikeln für die „Weltbühne“ und „Das Andere Deutschland“ warnte er – wie sonst kein Politiker und Journalist – vor dem Zweiten Weltkrieg und dem weiteren Weg in die Barbarei. Von der politischen Rechten bedroht, emigrierte er Ende 1931 in die Schweiz, von wo er seinen Kampf gegen „Hakenkreuz und Stahlhelm“ fortsetzte. Nach 1945 wurde Ströbel vergessen gemacht. Er passte nicht zu einer Politik und Traditionspflege, die sich der „Unfähigkeit zu trauern“ verschrieb und so tat, als sei Hitler ein „Betriebsunfall“ der deutschen Geschichte gewesen.

Donat Verlag

Borgfelder Heerstraße 29 · D-28357 Bremen
Telefon: (0421) 173 31 07 · Fax: (0421) 275106
E-mail: info@donat-verlag.de